外交官の文章

もう一つの近代日本比較文化史

Haga Toru
芳賀 徹

筑摩書房

外交官の文章　もう一つの近代日本比較文化史　目次

外交官の文章

――もう一つの近代日本比較文化史

カバー・表紙　山口蓬春「岩倉大使欧米派遣」
（聖徳記念絵画館所蔵）

第一章

「攘夷」のなかの日本発見――ラザフォード・オールコック『大君の都』

1

イギリスの初代駐日公使ラザフォード・オールコック（Sir Rutherford Alcock, 1809-97）の人物と事績は、十九世紀英国外交史の上でいったいどの程度に評価されているのだろうか。数年前、ケンブリッジ大学の日本学科を訪ねたときに、私はその点について何度か聞いてみようとした。だが、相手が若手の文学系の専門家でお門違いだったようで、はかばかしい答えは得られなかった。

私から見れば、オールコックは知力、胆力、行動力、それに筆力までも併せもった、誠実で勇敢でまことに頼もしい外交官、十九世紀後半の日英・日欧関係史上のまさにキー・パーソンとなった人物と思われる。同じ幕末動乱のさなかに来日して、それぞれ初代の総領事ないしは全権公使となった、アメリカのタウンゼント・ハリス、オランダのドンケル・クルチウス、フランスのデュシェーヌ・ド・ベルクール、あるいはロシアのヨシフ・ゴシケーヴィチら――オールコックはその誰にもひけをとらぬ、という以上に彼らを上回る能力を発揮して活動し、幕末期対日外交に指導権をとった。それはもちろん、彼の背後に、当時産業・政治・軍事のどの面でも世界最盛を誇りえた「大英帝国」の実力があったからにちがいないが、最極東の未知の危険列島におけるその国の外交機関《エージェント》として、彼はしばしば並の外交官の分をはるかに超えて活躍し、そのことによってかえってよくその本分を全うしたのである。

だから外交官オールコックの研究は、評伝としても日英比較文化史としても興味尽きせぬものがあるにちがいないのに、評伝ものがあれほどさかんな、そして近年いよいよ日本研究がさかんな英国で、さらにアメリカにおいてさえ、まだそれに手をつける人がいないらしいのは残念なことだ。英国では、一八九七年十一月二日のオールコックの死の直後、エディンバラのある雑誌に懇切な追悼文「ラザフォード・オールコック卿と極東」を書き、それを読んだ未亡人からの依頼で執筆したという、故人の旧知アレキサンダー・ミヒーによる伝記『中国におけるヴィクトリア朝の一英国人』(Alexander Michie, *The Englishman in China during the Victorian Era*, 1900) があるのみという。だがこれも、上下二巻、九百五十頁におよぶ大著ではあっても、表題どおりその大半は、初代広東領事、また日本勤務ののちの中国公使としてのオールコックの活動の記述に捧げられているという。そしてこれ以後、少なくとも欧米側では彼についてほとんどなんの研究もないのである。

ラザフォード・オールコック

オールコックは日本側から見てのみ興味深く、大きい存在なのだろうか。英国側、それも十九世紀英国の外交史の分野から見れば、彼はとるに足らぬワン・ノブ・ゼムの外交官にすぎないのだろうか。たしかに十九世紀の英国は、その帝国主義的支配および通商圏の急速な拡大とともに、世界各地に何十人、何百人という領事、総領事、公使、大使を駐劄《ちゅうさつ》させていたのだろう。そのなかでも、伝統的にもっとも目立って華やかなのはヨーロッパ諸国、とくにフランスなどへの大使、公使であって、修好通商条約を結んだばかりの極東の孤島に派遣された外交官、それもキャリアならざる外科医上がりの総領事などは「英国外交界のなかで一番恵まれない裏方のような存在」（増田毅『幕末期の英国人――R・オールコック覚書』有斐閣）で、遠く霞んだ一点にすぎなかったのだろう。

第二帝政フランスの初代駐日総領事・公使デュシェーヌ・ド・ベルクールなどは、たしかにこの遠隔疎遠のポストに似つかわしい気力脆弱にして無能な外交官だった。しかしラザフォード・オールコックは、けっしてそうではなかった。外交官としてこれほどスリルに富んで充実した職務を果たし、みずからそのポストを格上げしてしまったような人物は、同時代欧米にも他にめったにいなかったのではないか、とさえ思われる。彼のような外交官をワン・ノブ・ゼムとしてもっていたとは、さすが国力旺盛なヴィクトリア朝時代の英帝国であったというべきか。さすがサミュエル・スマイルズの『西国立志篇』の時代の気丈な努力家にして開明的な紳士、オールコック氏であったというべきか。そしてまた彼の任地も、さすがに激動しながらもなお文化の奥行き深い徳川末期の日本列島であったと評すべきか。

ヴィクトリア朝英国と幕末日本、その両者のはじめての遭遇の媒体として一八五九年六月二十六日（安政六年五月二十六日）、この「多血質」の英外交官が江戸に到着し、やがて両国と当の媒体との三つ巴の回転がはじまったなかから、外交官文学の一傑作『大君の都――日本滞在三年の記』（*The Capital of the Tycoon: A Narrative of a Three Years' Residence in Japan*, London & New York, 1863）は成立した。そしてこの上下二巻、計九百頁の大冊は、十九世紀末英国におけるジャポニスム流行の一契機となり、やがては英国日本学《ジャパノロジー》の長い系譜の一端緒ともなったのである。

2

右に「血の気が多い」（sanguine）外交官といったのは、オールコックが神奈川・長崎・函館の三港開港後半年、そして自分の着任後半年の日本の概況を本国外務省に報告した文面に、みずから使っていた言葉である。日本との通商の発展や安定した友好関係の樹立がなかなか思うように進まないのは、かならずしも当地の外国代表の熱意の欠如や外交手腕の不足によるものとはいえないことを釈明した上で、彼は外務大臣ジョン・ラッセル卿宛てにこのように書いていた。

一方にたえず暗殺の脅威があり、他方に火事の危険があり、その上毎週のように地震が公館をゆさぶるというようななかで、江戸駐在の外交官のポストはとうてい神経質な人に薦めていいものとは申せません。もっとも多血質で図太い性格（most sanguine and bold of temperament）の人だけが、任期が終わりになったときほっと喜びをおぼえることができるのでしょう。私自身はとても多血質にはなれませんが、だからといって落胆してしまっているわけではありません。

（一八六〇年一月七日、江戸発。引用者訳）

こういった外交官性格論が本省宛ての報告書中に書かれていたということ自体、考えてみれば当時の、とくに僻遠《へきえん》の地での外交が当事者の全人格にかかわる行為であったことを思いおこさせて興味深いが、オールコック自身は、たしかに、単純に楽観的・活動的で気が移りやすいという意味での「多血質」ではなかった。しかし彼は、攘夷派浪士の横行する日本で多少の危難に際会したからといって狼狽し、「落胆」し、フランス公使ベルクールのようにすぐに悲鳴をあげるというような男ではなかった。精神的に十分にタフで、冷静で、衝撃にへこたれずに即座に次の行動をとることができるという意味では、みごとに「多血質」だったのである。

たとえば、右のラッセル卿宛ての報告書を書いてから三週間後の一八六〇年一月二十九日（安政七年一月七日）の午後、高輪東禅寺《たかなわ》の英国公使館で一つの殺害事件が発生した。オールコックが使っていた日本人の通訳伝吉《でんきち》（Dankirche）が、公使館の門前で背後から何者かによって刺し殺されたのである。伝吉《ダン》はもと水夫で、乗船が難破してアメリカに漂着、中国までもどってきていたところを、上海で日本赴任途上のオールコックに拾われて帰国し、以来公使館で働いていた。オールコックは伝吉が「短気で、高慢で、荒っぽい男」で、よく江戸の路上で大名の家来たちと喧嘩をひきおこしていたので、その身の上を心配していたと書いている。だがその伝吉も、自分の主人には献身的に仕えていたようで、前の年の十一月初めには、オールコックが江戸市内で暴漢に襲われたとき、危機一髪のところでこれを救ったこともあった。

オールコックのほうも、はらはらしながらも、この日本人ばなれしてしまった男を可愛がり、便利にしていたようである。『大君の都』には、この使用人殺害事件をめぐって、各国公使館員と外国奉行二名が参列した光林寺での葬儀のことにいたるまで、岩波文庫版で八頁分も述べられているが、そこから伝吉臨終の場面だけをここに引いてみよう（引用は岩波文庫版を元にしたが、訳し直したところもある。以下同）。

私は戸板の上に寝せられた彼のすがたを見た。ほとんど意識はなかった。それでも私が話しかけると、声が聞こえて私だとわかったかのように、目を動かした。口はまったくきけなかった。私にはこれが致命傷であることがすぐにわかった。死神の指はすでに彼のわなわな震える唇の上におかれていた。傷口をしらべるために着ているものを少しぬがせようとしていると、彼は激しい痛みのために一、二回全身を痙攣させた。そしてそれから、もがきもせずに、息を引きとった。この破局の到来はまことにおぞましくも突然だった。一〇分前までは伝吉はまだ元気で、私たちといっしょにいたのだ。彼は大通りに近い広場に面した公使館の門の外に出て、すぐそばの路地の端にかたまっている家のほうに通じる、入口か木戸口かによりかかっていたらしい。それは旗竿の真下で、あたりには男も女も子供たちもおり、白昼のことだった。そのとき、一、二名の男が路地のなかから彼の背後に忍びより、短刀を立ったままの彼のからだに柄《つか》のところまで突き刺した。彼は門番のほうへと数歩よろめいた。門番が彼の背中から短刀を引き抜いたが、伝吉はその場に血まみれになって倒れた。それはまさに急所への一突きだった。切先が背中から入って右胸の上に出ていた。……

（Alcock, *The Capital of the Tycoon*, I, p. 332.『大君の都』山口光朔《こうさく》訳、岩波文庫〈中〉六五―六六頁）

この事件はオールコックの本省宛て報告にも詳述されているが、『大君の都』のこの一節もまことになまなましい臨場感に富んでいる。まだ正月松の内ののどかな雰囲気もただよっていたらしい高輪東禅寺の門前、その午後おそい日だまりのなかを一瞬つらぬいて走った攘夷の殺気。そしてその犠牲となって背から胸まで短刀を刺されて血の泡のなかに倒れた元漂流民伝吉。その伝吉がいまわのときにかすかに恩人オールコックのほうに向けたという最後のまなざし。――まるで池波正太郎の小説の一場面でも読むような感じではないか。オールコックは数奇な運命をたどってあえなく果てたこの勇み足の多かった男に、十分な憐れみをよせつつ、しかも語句あざやかに、その最期を描いたのである。

同日の真夜中、日本側の外国奉行二人があわただしく東禅寺にやってきてオールコックに悔やみを述べ、事後処置の策を相談していると、そこに三田済海寺《さいかいじ》のフランス総領事館が火事だとの報が入り、やがて総領事ベルクールを先頭に館員一同が着のみ着のままで東禅寺に避難してくるという突発事件までが加わった。オールコックらがへとへとになって床についたのは、朝の三時ごろだったという。

伝吉の死からひと月たった二月末には、横浜でオランダ人の船長二人が暗闇のなかで惨殺されるという事件も起こり、攘夷派の跳梁《ちようりよう》は目にあまるものとなっていった。オールコックら諸外国代表は、暗殺事件の起こるたびに、軍艦を使って戦争を始めるわけにもゆかず、幕府側の外国奉行や外国掛閣老と賠償や今後の安全保障をめぐって、延々たる駆け引きを行なわなければならなかったのである。

江戸には火事が多かった。あの不気味な地震もやってきた。だがそれでも、この江戸にもやがて春は来たと、オールコックはお得意の聖書から詩篇の一節「夜はよもすがら泣き悲しむとも朝《あした》には歓びうたはん」を引いて、『大君の都』第十六章の終わりに次のように書いている。

火事と殺人と地震の夜がすぎると、江戸の私たちのもとにも朝はやってきた。翌日、馬に乗って郊外に出てゆくと、騎乗で随行する役人《ヤコニン》たちの存在も――それは日本の閣老たちの熱心な要請によって外国代表たちが不本意ながらついに受けいれざるをえなかったものだが（少なくとも私の場合はそうだった）――春のめぐみの一切に飾られて輝かしくも新鮮な田園の美しさを、だいなしにしてしまうことはできなかった。火事や地震を間狂言《あいきょうげん》にした、死と暗殺の予告のただなかにあっても、春は私たちの上にほほえみかけていたのである。桃の木はいっせいに花ひらき、大気は日に日に暖かくなっていった。目路のかぎり色合いも形も千変万化してやまぬ、この明るい風土、この美しい国土と、この土地に繰りひろげられたさまざまな悪行との、なんという奇妙なコントラスト、なんという不釣合い！

（*op. cit.*, I, p. 345. 同前〈中〉八一―八二頁）

これもまた、なんと切実な実感のこもった文章であろう。一大国を代表する外交官として、任期の途中に公刊される書物のなかに、任地国についての自分の内心の刻々の動きを、これほどパーソナルに、率直に披瀝《ひれき》してしまっていいものか、とさえ思う。

だがオールコックの『大君の都』は、日本の歴史や行政機構や宗教制度や東西間の外交関係について、長い、入り組んだ、饒舌でさえある議論を展開する合間に、このような日本各地の現場での私的な体験と観察、感情と印象とが、随所に間歇泉のように噴き出ては記されるところこそが、その最大の魅力であり、この著作をして一つの「作品」と呼ぶにふさわしいものたらしめている。

3

その上に興味深いのは、オールコックが都市や農村の日常のなかで、あるいは万延元年(一八六〇)初秋の富士登山や、文久元年(一八六一)夏の長崎から江戸までの旅行のような特別の機会に、日本民衆の多様な生態との接触を深め、彼らの生活と文化を少しずつでも知ってゆけばゆくほど、坑《あらが》いがたく日本が好きになり、この極東の島国の「封建」「鎖国」下の文明に対する自分の見方を徐々に修正していったらしいことである。

たとえば、これは安政六年(一八五九)八月半ばのころのことらしいが、オールコックは外国掛首席老中間部《まなべ》詮勝《あきかつ》の邸を訪ね、間部ともう一人の老中脇坂安宅《やすなり》を相手に、神奈川や江戸における条約条項の履行、また通商問題などをめぐって数時間の面倒な交渉をした。それがようやく終わって、好きな馬にまたがって月下の町を高輪の公使館に帰るときの日記体の叙述がすばらしい。

皆は馬に乗った。乗物《ノリモン》〔駕籠《かご》〕はあとからゆっくりと来させることにした。月が昇っていたし、涼しい夕風が吹いていて、濠ぞいにひろがる官庁街の広い通りを馬でゆくのは心地よかった。だが、商店街の往来のはげしいなかに入りこむと、われらの友人たち〔警吏〕がちりんちりんと鳴る警棒と提灯をもって迎えに出、私たちを一地区から次の地区へとひき渡した。江戸湾の縁にそってうねる東海道の大通りに下りてゆくまでに、いくつかの街路を通りぬけたが、それは狭くて、ところどころ暗くて、混雑していた。私が乗っていたのは日本産の馬なのに、警護役の男たちの棒と鈴とがうるさく鳴りつづけるのをあまり好まぬ様子だった。犬が路上に寝そべって起き上がろうとしなかったり、子供たちが犬に負けぬほど図々しく馬の脚のあいだに飛びこみそうになったりして、馬と乗り手を大いに困らせもした。だが、それにしても通りは賑やかで活気に満ちていた。人々はみな家路を急いでいたり、風呂屋にゆく途中だったりした。風呂屋は中が明るく照らされていて、その格子の桟や開けっぱなしの入口をとおして、男客と女客が数学的な分離の一線をへだててその両側に群れているのが見える。はでな色で絵を描いた提灯がいくつもゆらゆられて、本当のことをいえばぼんやりとだけれど、商店街を、ヨーロッパでなら窓があるはずのその店先を、照らしだしている。茶屋はいっぱいになりかけていて、彼らが楽器と称しているものの調子はずれな、荒っぽい音が、あちこちの二階から聞こえてくる。男たちも女たちも家路をたどっている。通りは夜が更けると真っ暗になり、歩きまわるのが危険になるからである。中国と同じくここでも、暗くなったら自分の名前を書き入れた提灯をもたないでは出歩いてはいけないことになっている。……

家々の正面はまだ全部閉ざされてはいなくて、ときどき中がちらりと見えたりする。一家の主はもう夕食の席についていて、その妻がまるで天幕のなかのサラ（アブラハムの妻）のように忠実にお給仕している。妻は夫婦のきずなで結ばれていても、自分の夫を主君としてこれに仕え、主人としてこれを仰ぐのである。何人か微醺をおびた一本差し、二本差しのお侍たちが、陽気に騒ぎながらよろよろと家路をたどっている。——私たちも、鉄の輪つきの棒でそれに劣らぬ騒がしい音をたて、なんべんかお供の警吏を替えながら、公使館へとつづき、東禅寺の参道となっている長い並木道へと曲がっていった。

（*op. cit.*, I, p. 263. 同前〈上〉三八三―三八五頁。〔 〕は引用者、以下同）

一家の主は夕食の席について…
（オールコック『大君の都』）

長い引用となったが、幕末のある初秋の宵の江戸の町なみが、その住民たちの平和なさざめきと、ものの匂いと、家々の燈の明暗とをともなって、ここにみなよみがえってくるような気さえする。オールコックの江戸民衆に対する観察は、これがあの頬ひげの濃い大英帝国公使の眼ざしかと疑うほど、そして攘夷派の暴行のことも幕府役人《ヤコニン》たちの優柔不断ぶりもしばし忘れたのかと思うほど、こまやかで優しく、共感に満ちている。この共感がやがて彼を導いて、日本各地の民衆のつくりだす美術と工藝の美の発見、およびその蒐集へと向かわせる。そして『大君の都』に何十頁も捧げてそれらを礼讃しただけでは足りなくて、ついには帰国後『日本の美術と工藝』（*Art and Art Industries in Japan*, London, 1878）という単著まであらわして、英国におけるジャポニスム運動の一方の旗頭となるのである。

しかもオールコックは、こうして日本民衆の生活の安らぎとそれなりの豊かさを知り、田野の光景の美しさに打たれるうちに、この国の「鎖国」と「封建制」とを打ち破りに来たはずの、先進文明国の初代外交官としての自分の使命に疑いをさえ抱きはじめる。「この封建制によって日本国民は、私たちの考えるような意味では自由でないにしても、幾多の幸福を享受することができた。西欧諸国が誇るいっさいの自由と文明をもってしても、これほど長い幾百年にわたってこれらの幸福を確保することはできなかったのである」(*op. cit.*, II, p. 238. 同前〈下〉一七三頁)と、十七世紀末の先達ケンペルの「鎖国論」にも呼応するような考えを述べるまでになる。そしてこの懐疑は当然、近代西洋の唱える諸価値とそれにもとづく極東政策への自己批判にも導いたのである。

伝記の著者ミヒーのいうように「オールコックは平らな船の上に立つことはほとんどなく、一方から他方からはげしく吹きつける風のなかに立っていた。そのジグザグコースをへて彼はようやく冷静な判断という港に到達したのである」。――だからこそ『大君の都』は、膨大で読みにくいが、それでも読み通してみれば、いまの私たちにまで十九世紀における東西文明遭遇の意味についてなんらかの発見をもたらし、知的勇気に富んだ一外交官の重厚なすがたをそこにゆっくりと、あざやかに浮かびあがらせてくれるのである。

第二章

暁窓残燭の下に

——栗本鋤雲『匏庵遺稿』他

1

栗本鋤雲《じょうん》（一八二二―九七）というやや古めかしい名前は、同じ旧幕系の成島柳北《りゅうほく》や福地桜痴《おうち》といっしょに、いまではむしろ明治の文人、新聞人として記憶されているのかもしれない。だからここに「外交官」としてその名を挙げるのを、意外と思う人もありえよう。

鋤雲はたしかに、明治六年（一八七三）九月、前年創刊されたばかりの「郵便報知新聞」に入社、それまでの旧幕「遺臣」としての隠棲生活から新時代の新聞人の閲歴に転じた。ライヴァル紙「東京日日新聞」に福地桜痴が入ることになったのに対する対抗馬として、懇請されたのだともいう。鋤雲は同紙の編集主任として、みずからこれに数々の含蓄ある幕末回想の文章を寄せて名声を博したばかりではなかった。その社中に藤田茂吉、箕浦勝人《みのうらかつんど》、また犬養毅《つよし》、尾崎行雄、少しおくれて矢野文雄（龍渓）など、慶應義塾出身の気鋭の青年論客をつぎつぎに入社させて、存分に自由開明派の論陣を張らせもした。少なくとも明治十八年、数え六十四歳で老齢を理由に退社するまで、鋤雲は明治言論界の一角に一種隠然たる「精神的権威」としてのぞみ、福澤諭吉ほど広く積極的にではないにしても、福澤とも気脈相通じながら、薩長政府への在野批判者としての役割を果たしつづけたのである。

しかし、鋤雲の歿後にまとめられたその文集『匏庵《ほうあん》遺稿』（明治三十三年）に右の犬養や尾崎、また島田三郎などが寄せた序文などからもよくうかがえるように、彼ら言論人のあいだにおける鋤雲の信望の高さというものは、なによりも幕末の国内外の難局にあって幕府外交の現場第一線の重責を全うしてきた彼の経験の分厚さ、見識の豊かさにこそ由来していた。そしてその経験を通じてつちかわれ、維新後にはいっそう光をましたその「志節」「気節」の高潔と、おのずからその見識と気骨とがにじみでた文章の重厚の美も、また彼らのうちにいっそうの「畏敬の念」(尾崎行雄)をよびおこさずにはいなかったのである。

私自身もフランス留学から帰ってまもなく、『明治文化全集第七巻　外国文化篇』ではじめて栗本鋤雲のフランス見聞記『暁窓追録《ぎょうそう》』を読んで、百年前の先達の異文化観察の緻密さに目をみはったものだった。それではと、神田古書店で『匏庵遺稿』を探し、計七百頁をこえる明治三十三年初版の大冊を買ったが、それは見返しへの私自身の書きこみによると昭和三十六年(一九六一)の二月であった。以来なんどかこの書物に立ちかえっては、この十九世紀人の風貌、風骨に私なりに畏敬の念となつかしみをおぼえ、その精神史的肖像を描いてみたこともあった。いまひさしぶりにこの書を開いて、古人の「古樸切実の辞」(某氏に関する鋤雲の評語)に触れるのは、一夜のひそかな愉しみというものであろう。

2

栗本鋤雲が幕末期の幕府外交に直接にたずさわるようになったのは、文久三年(一八六三)十月、六年ぶりに箱館奉行所勤務から江戸に召還されて以来のことだった。鋤雲は二十代の後半になって幕府奥詰医師の名門栗本家に養子となり、六世瑞見《ずいけん》と称して江戸城内の製薬局や医局に勤めていたのだが、嘉永五年(一八五二)オランダ政府が幕府に贈った軍艦観光丸(スンビン号)が江戸に回航

栗本鋤雲（函館市中央図書館蔵）

されたのに際し、医官の身でありながらそれの試乗に応募したとのかどで、保守派の医官長に譴責《けんせき》され、同年のうちに蝦《え》夷地《ぞち》に左遷されたのである。

　だが、開港後まもない箱館は当時の日本のまさにフロンティアであり、その地の奉行職には堀織部正利熙《としひろ》や竹内下野守保徳《やすのり》、また村垣淡路守範正《のりまさ》など代々外交畑の開明派の幕臣が任じられて、主として対露交渉と蝦夷地開発に当たっていた。満三十六歳の鋤雲はその箱館奉行の管轄のもとで、移住武士集団の頭取を命じられたのだが、もともと本草好きの鋤雲にとっては箱館周辺の山野を開墾し、薬草園や病院を設営し、疏水《そすい》を開き、養蚕や稲作を試み、北海道奥地や樺太、千島の長期探査にまで赴くという五年半の開拓技師の生活は、むしろ大いに充実していて、彼の思想の視野を一挙に押しひらくものともなったらしい。

『匏庵遺稿』に収められた「箱館叢記」「七重《ななえ》村《むら》薬園起原」「養蚕起原」その他数々の回想の文章は、当時の北海道の風物、その地に住みついた無名篤志の人々の風貌を描いて、情理を尽くして美しく、近代北海道史に欠かすことのできない名篇である。

　その蝦夷地から呼び返された鋤雲が、思いがけず母校ともいうべき昌平黌《しょうへいこう》の頭取を命じられ、それもつかの間で、元治《げんじ》元年（一八六四）六月末、転じて幕閣内の監察（目付役）の一員に抜擢されたのは、箱館の奉行所組頭としての彼の活躍ぶりが江戸に聞こえていたのと、幕閣内にふたたび開国派が勢力を得たのとの二つの理由からであった。ところが、目付に任じられて数日後、鋤雲が将軍家茂《いえもち》の御前に呼びだされて申し渡されたのは、外国奉行とともに現在進行中の横浜鎖港《さこう》談判に立ち会えとの命だった。朝廷と攘夷派からの圧力のもとに、幕府はすでに安政の条約によって開港されている横浜をふたたび鎖港することを諸外国に提議し、前年末（文久三年十二月）にはすでにそのための特別使節（池田筑後守長発《ながおき》一行）をヨーロッパに派遣してもいたのである。

鋤雲はまたも思いがけずこの難交渉に任ぜられて、はじめて外交というものに触れることになったのだが、横浜鎖港がまったくの時代錯誤であり、「京師《けいし》への申訳迄」にすぎないことは、彼にももちろんわかっていた。しかし「其難きを避けて他人に譲るは、予が忍びざる所なれば、予が力の為し得可きと思ふ丈《だけ》を尽したる上、真に為し能はざるに至りて、辞するも敢て遅きにあらざる可《べ》し」と覚悟したと、鋤雲はのちに回想している（「下ノ関償金の顛末」、『匏庵遺稿』所収、以下同）。

駐日公使として幕仏合作をはかったレオン・ロッシュ（1809-1901）

鋤雲は翌日（元治元年七月三日）さっそく、外国奉行二人とともに築地から横浜に渡り、本国から帰任してまもない英のオールコック、仏の新任のレオン・ロッシュ、米のプリューイン、蘭のファン・ポルスブルックら四カ国の公使との折衝に入るのだが、その席でも鋤雲にとっては意外な小展開があった。箱館在住時代に彼が日本語教師として親しくつきあい、問答体の当代フランス文明論『鉛筆紀聞《きぶん》』を書くきっかけとなった熟知のフランス人宣教師、メルメ・ド・カション（Mermet de Cachon, 1828-89）が、ロッシュの通訳官に転じて同席していたのである。

横浜仏語学所のカション校長と生徒たち
（『ワーグマン日本素描集』）

　箱館でのカションとの交際を通じてフランスという国にとくに興味をよせていた鋤雲は、この思いがけぬ再会によって、しだいに親仏に傾いていったらしい。当時フランスとイギリスは、元治元年八月の四国艦隊による下関砲撃などでは共同作戦をとったが、その事後処理の過程でしだいに対日政策上の対立と利害の相剋をあらわにしていった。イギリス側が、砲撃を機に攘夷一辺倒から転向した薩摩、長州との結びつきを深めて幕府側をおびやかすようになると、イギリスに対抗して対日交易の権益を拡大しようと求めるフランス側は、公使がロッシュになるとにわかに積極的に大君《タイクン》政府に接近しはじめる。

　国際政局の活発化と朝幕両勢力の対立がぬきがたくからみあって、最幕末期の日本の危機的様相がいよいよ急速に進展することになるのだが、そのなかで外交官鋤雲は、横浜鎖港の要求につづいて、下関戦争に対する幕府償金の支払いの延期とか、四カ国（英米仏蘭）代表による兵庫の先期開港要求への拒否回答といった、当時にあってはもっともつらくきわどい交渉を直接に担当させられ、それぞれをともかくも幕閣の要望どおりに処理していった。それにくらべ、彼がむしろ能動的に働いて成功したのは、フランスからの「技術移転」ともいうべき側面においてであった。「幕府の最末に当り、横須賀造船所と陸軍伝習と、仏国語学所との開設の起原は、尽《ことごと》く予が一身に関し……」と、みずから述べているとおりである（「横須賀造船所経営の事」）。

3

ここでその経緯の詳細に触れる余裕はないが、ことの起こりを回想する鋤雲の文章に、一読忘れがたい印象を残す一節がある。それは同じ元治元年初冬の幕府蒸気船翔鶴丸《しょうかくまる》の修理に関する話で、「軍艦の修理はいつも莫大な費用を要しながら日本側の技術が拙劣で、すぐにまた破損する。目下横浜に停泊中のフランス軍艦の技術者に見てもらうわけにはゆかぬか」との老中からの相談に、親仏派の鋤雲は監察として在勤中の横浜に帰って、ロッシュにはかり、彼を介して提督ジョーレス準将に一切をひきうけてもらうことに成功した。約六十日で作業が完了に近づいたある日――

同年〔元治元年〕十二月中旬、天晴れ風烈《はげし》き日、予税関を退き、将《まさ》に官邸に（反《そ》り目《め》に在り）帰らんとする途中、遥か跡より塵沙《じんさ》を蹴立てゝ二騎馳《は》せ来るあり、予心ともせず将に曲街《きよくがい》に入らんとするに当り、其騎忽ち大声に予が名を呼て、瀬兵衛殿〔鋤雲の通称〕旨《うま》く遣《や》られしな感服々々と云ふに因《よ》り、顧みて其騎を見れば、即ち小栗上野介《こうずけのすけ》と其僕なり、予云ふ何を旨く遣りたるや、上野云ふ、翔鶴の修復《しゆふく》なり、予云ふ卿は既に見られしや、上野云ふ、見た共《とも》見た共併《ともしか》も大見だ、今日英国「バンクヲリヤンタル」に掛合ひ事あり、固《もと》より支配向の者にても済む事ながら、埒《らち》の明かざるを恐れ、午後より〔品川から〕出港したるが、用事忽ち済みたれば、兄《けい》に面し度《たき》事もあり、旁《かたがた》帰り掛け翔鶴に到りしに、兄は既に去れり、因て船底迄入りて尽く検《けん》したるが、「ケートル」（汽罐）も腐蝕の分、残らず割《さ》き棄てゝ補ひあり至極宜し、去るにてもパイプ（鉄管）は能く間に合たり、予云ふ去れば是れには少し困《こう》じたり、「セミラミス」船〔フランス旗艦〕所蓄《しょちく》の品は過大にして用を為さず、上海には相応の品ありと聞き、幸ひ便船ありしかば直に注文せしに、早速に廻り来りしゆへ斯《か》く早く仕上る事を得たり、一体海外注文品は貴局の許可を得ざれば能はずと雖も、ヤレ評議ヤレ廻しと云ひ、永引中《ながびくうち》には時機を失する故、此度は受負ひ普請の仕上げ勘定と極《き》め、武断《むだん》に取計ひて仕舞ひたり、上野云妙々、偖就《さてつい》ては一番兄に相談し骨折貫はねばならぬ一事あり……

（「横須賀造船所経営の事」）

まことにあざやかな、少し古い時代劇映画の一こまでも見ているような、情景ではなかろうか。これを書いたのは、この横浜路上の遭遇から少なくとも十年はたっていたころだろうが、その日の夕刻の天気も、街角のありさまも、馬上から呼びかけてきた小栗上野介の声と語調も、鋤雲にはみな忘れがたいものであったらしい。

小栗忠順《ただまさ》（一八二七―一八六八）は鋤雲よりも五歳年少で、このとき三十七歳の働きざかり、四年前に遣米使節の副使（目付）としてワシントンに往復もしてきた、幕閣随一の開明派の英才であったことはいうまでもない。この邂逅《かいこう》のときは、まだ三度目の勘定奉行の職にあったか、それとも軍艦奉行に転じたばかりであったかはよくわからない。

文中で小栗は、今日は英国のオリエンタル・バンク（東洋銀行）との折衝のために横浜に来たといい、鋤雲のほうは「一体海外注文品は貴局の許可を得ざれば……」（傍点引用者）と語りかけているから、まだ勘定奉行だったのかもしれない（元治元年八月十三日―十二月十八日）。小栗が銀行との掛け合いなどは（融資の依頼ででもあったろうか）、部下の局長（「支配向の者」）クラスに任せてもよいのだが、埒が明かないと困るから、昼すぎから自分で出てきた、というところもいい。「用事忽ち済みたれば」というのは、なおさらいい。いかにも切れ者小栗が、危機の幕府を一人で背負って率先行動、いっさいを切りまわしているとの観がある。

　その勘定奉行が一方で、翔鶴丸修理のことにも熟通していて、担当の鋤雲に会えなかったかわりに、さっそく軍艦の船底まで下りて検分してきたというのも驚くに値する。汽罐の腐蝕部分の修復の細部に注意し、汽罐用のパイプのちょうどいいサイズのものが品不足であったことまで知っていた。鋤雲のほうももちろん、自分に任された仕事のことではあり、六年前（安政五年）には医局員でありながら蒸気船観光丸に搭乗しようとして医局をくびになったほどの男でもあったのだから、小栗の斬りこみに対して丁々発止の応答であった。鋤雲は箱館から江戸に帰ってまだ一年あまり、外国奉行係りの監察となって半年に満たぬ、医官あがりのにわか上士であったはずだが、このころすでに小栗とのあいだには、互いに実力と志とを認めあう信頼関係が生まれていたことも、右の文章からはうかがえよう。

　砂を蹴立てて駆けよりながら大声で「瀬兵衛殿旨く遣られしな感服々々」と呼びかけ、翔鶴丸を見てきたのかとの鋤雲の問いに「見た共見た共併も大見だ（大いに見た）」とはずむように答え、パイプの無断購入についての釈明には「妙々」と片づけて、ところで大兄に折り入って頼みたい一計があるともちかけてきた小栗——寒風吹きまくる路上での立ち話もなるまいと、鋤雲が横浜反り目の自分の官舎に彼を誘って談じあった一夕は、さぞかし肝胆相照らす底《てい》のものであったにちがいない。

小栗の相談とは、佐賀藩が幕府に献上した蒸気工作機械一式を使って相模湾の一角に造船所と製鉄所を開設すべく、ついては現在翔鶴丸の修理にあたっているようなフランス人技師に、これを委託することはできないかとの話であった。鋤雲は小栗を誘って、すぐその晩のうちに横浜公使館にレオン・ロッシュをたずね、ジョーレス提督をも旗艦から呼びよせてことをはかったというから、幕末の危機のさなかとはいえ驚くべく迅速果断な処置であった。これが、さっそく翌慶応元年(一八六五)正月早々から推進される横須賀製鉄・造船所建設の端緒であり、ひいては騎・歩・砲の陸軍三兵におよぶフランス式兵法伝習、それらのためのフランス語学習機関としての横浜仏語学所(Collège franco-japonais de Yokohama)の開設へとつづく、いわゆる幕仏合作事業の端緒でもあった。そしてこの合作のすべての過程に、小栗、栗本の両栗とレオン・ロッシュ(およびカション)の日仏カルテットはかかわってゆくこととなる。

4

しかし、最幕末期における幕仏合作の最大の試みは、実は慶応元年(一八六五)から同三年(一八六七)にわたって両者のあいだに進められた、(一)日本側でいう「(日仏)組合商法」、フランス側でいう「フランス輸出入会社」(Compagnie française d'exportation et d'importation) の設立計画と、(二) 幕府の対仏六百万ドル借款の計画とであった。前者は横須賀製鉄所用の建設資材や武器、軍需物資をフランスから日本に輸出し、日本からは十九世紀後半以来、蚕《カイコ》の病害のためにヨーロッパでいちじるしい欠乏を来していた生糸を、フランスがほとんど独占的に直接に輸入するという商社案であり、後者は蝦夷地の開発権を担保に巨額の借款をし、一挙に徳川政権の安定と強化＝近代化を進めるという大戦略である。

この合作計画の日本側には、四度目の勘定奉行（慶応元年五月―慶応四年一月）を勤めていた小栗忠順を中心として栗本鋤雲を含む幕閣親仏派がおり、フランス側の推進者には一八六四年に設立されたばかりのパリの新銀行ソシエテ・ジェネラル（Société Générale pour favoriser le développement du commerce et de l'industrie en France, 直訳すれば「フランス殖産興業銀行」か）と、ときの農商務相アルマン・ベイク、およびベイクの甥でフランス帝国郵船の取締役ジャック・クーレ（Jacques Coullet）がいた。そして両者のあいだに立ってしきりに周旋し促進したのが、この合作策の本来の提案者でもある公使ロッシュ、および彼と特別の取引関係をもち初代の日本名誉総領事ともなった銀行家フルーリー・エラール（Paul Flury-Hérard）であった。

この計画の進行と結局の挫折の経緯は入りくんでいて、石井孝氏の著書や柴田三千雄氏の論文に譲る以外にないが、慶応三年六月、栗本鋤雲が外国奉行兼勘定奉行格の資格で急遽パリに派遣されることとなったのも、要するに渋滞しがちな合作計画の促進と、齟齬《そご》を来した日仏親善策の修復のためにほかならなかった。周知のように一八六七年のパリ万国博覧会には将軍名代として徳川慶喜の実弟、民部卿徳川昭武《あきたけ》が出席し、博覧会後もパリに残ってヨーロッパ文化の学習をつづけることとなっていた。ところがその随員中、昭武の傅役《もりやく》山高石見守《やまたかいわみのかみ》を中心とする何人かが、フルーリー・エラールやカションなどフランス側の世話役と不和をひきおこして、むしろ英国びいきとなり、鋤雲の評によれば「仏人を悪《にく》む仇讐の如く、ナポレヲンを目して譎詐《けっさ》之魁と称」するほどの「排仏コンペニー」を結ぶにいたっていたのである（川勝近江守宛て書翰、慶応三年十一月十三日。日本史籍協會編『川勝家《かわかつけ》文書《もんじょ》』東京大学出版会、三〇頁。文字使いを改めたところもある）。

八月十一日にマルセーユに着いた鋤雲は、やがて山高を昭武傅役からはずさせたりして「排仏コンペニー」問題を処理し、フランス側との関係を改善することができた。だが肝腎の対仏借款とフランス輸出入会社の促進のほうは、鋤雲の敏腕をもってしてもなかなか埒が明く問題ではなかった。『川勝家文書』に収められた外国奉行川勝近江守広道《ひろみち》宛ての「在仏栗本安藝守《あきのかみ》書翰」十数通のなかでも、この問題は、機密に属するということがあったからかもしれないが、ほとんど触れられていない。ただ一箇所、「御借銀、蝦夷地等、小生一己に御任《おまかせ》相成候御用向、未だ混沌未分、……報命申上ぐ可き様無之《これなく》候間、徒《いたずら》にクーレイ挙動相待居」りと、隔靴搔痒のもどかしさを訴えているのみである（慶応三年九月二十三日）。

在仏中の書簡でむしろ興味深いのは、関係回復がかなったフランス側当事者たちの人物像をスケッチしてみせていたりするところだろう。パリ暮らしにもようやく少し慣れて、ほっとした気分がユーモアのなかに出ている。

○仏人フロリ・ヘラルト〔フルーリー・エラール〕は正直温厚〔前一行の人皆誉居候〕の君子、小島源兵衛〔駿州〈山口駿河守直毅《なおき》〉知人〕にて、富且《かつ》倹なる者、憾《うら》む所は気力稍乏《とぼ》し。コロネル〔昭武付の教育係となったヴィレット大佐〕樸直軽忽にて、乍《たちまち》怒り乍笑ふ、蓋し武官の常にして愛す可し。和春〔カション〕は御承知の通り、外柔内残なれども其き〻所を押へ候はゞ甚だ御し易し。クーレイ〔クーレ〕は略《りやく》も可也《かなり》これ有り、気力も頗《すこぶる》盛なれば、前三人を籠絡して一言も無く駆役せり。故に此者と談ずれば余程面白く御坐候。去《さ》り乍《なが》ら此方にても随分気を取締て交り申さず候ては軽侮を招き申す可しと、中々骨折れ申候。此人〔クーレ〕、甚だ子供を愛する癖あり。日木両曜日には必ず己の子を連れ、生徒〔当時到着したばかりの栗本の養子貞次郎ら日本人留学生八名〕残らず引連れ、簇々《ぞくぞく》擁行、所々見物遊歩致し候。黄人十輩余、ぞろ〳〵連行の事故《ゆえ》、途中人《ひと》立《だち》致し、シノワ〳〵ジャツポン〳〵と喧《かしましく》呼《よび》取囲み候得ども、更に意と致さず厭避《えんぴ》の気抔《など》は勿論なし。且《かつ》二三里の道を歩行候ても一銭も遣はず、真《まこと》に犬の河端也。……

（同前、川勝宛て、慶応三年十一月十四日）

金ももたず目的もなしにただぶらつくことを意味する「犬の河端歩き」などというくだけたたとえが、ひょいと出てくるところが愉快である。手紙の相手の川勝広道と鋤雲が、同志の同僚としてごく親しかったらしいことも、この文面からは察せられる。鋤雲も一度だけこのクーレ先生の散歩につきあってみたが、のどは渇き足は痛くなり、こりごりして、あとは誘われてもおことわりしている、とも書いている。若い留学生たちだけは、なにが面白いのか、いつもこの「犬の河端歩き」

を楽しみにしていたそうだ。そのうえ、クーレもフルーリー・エラールも、日本の京都人なみに「外奢内倹」で、朝飯でも夕食でも、薄い塩肉《ハム》一切れにパン三箇、あとは水を飲むだけというしまり屋ぶりで、彼らに食事に招かれるとかえって閉口するというのも、鋤雲自身実はこれを面白がっている風情で、愉快である。

この一通の書簡からだけでも、先任の向山隼人正一履《むこうやまはやとのしょういちり》（黄村）に代わっていまは第二代駐仏全権公使となった栗本安藝守が、かなりひんぱんに、かなり親しくクーレと会っていたらしいことがわかる。だが実は、この書簡の時期には、当のクーレらを中心とする「フランス輸出入会社」設立の計画はすでに完全に挫折していたのである。柴田教授夫妻の研究によると、同社設立案はたしかに一八六七年三月、ソシエテ・ジェネラル銀行の株主総会で正式に受理・決定され、同年七月十三日からは株式募集も開始されていた。「大きな商取引に不慣れ」で一般に保守的なフランスの実業家たちに代わって、日本のような極東の地に製品の販路を拡大し、同時に原料（主として生糸）を直接に（英国を介さずに）大量に輸入しようという、英国資本に対抗するための英国式発想の、この魅力的な大商社の案は、しかし、残念ながら八月初旬には放棄されざるをえなかった。株の応募が足りなかったからである。

柴田教授はその理由を分析して、ちょうどこの時期（一八六六、六七年）にヨーロッパ全域が経済恐慌に襲われていて、投資家が利潤よりは安全を求めたこと、長期債券の発行を許されていないソシエテ・ジェネラルの制度上の制約、産業投資よりも金融投資を好んだフランス金融界の特質などをあげている。それならば少なくとも徳川政府への借款に応ずる可能性はありえたはずだが、ソシエテ・ジェネラルにとっても当時の日本はトルコやブラジルやエジプトよりも遠かったのだろう。そしていかに電信不通の遠隔の地とはいえ、一八六七年の半ば、日本暦で慶応三年の半ばといえば、将軍慶喜の大政奉還を直前にした日本国内の政情不安の報は、幕府顧問格のロッシュの報告書をとおしてさえ、すでにフランスには伝わっていたはずである。

その大政奉還の報は慶応四年（明治元年）正月二日（一八六八年一月二十六日）パリにとどいた。凶報はさらにつづいた。徳川政権の起死回生の策をはかるべく来仏した栗本公使は、彼我ともにいかんともしがたい歴史の廻転のもとに、ついにその使命を、同志小栗上野介からの委託を果たすことができなかった。あるいは鋤雲自身のうちにも、彼が小栗のうちに読みとったのと同じ「中心久しく既に時事の復《ま》た奈何《いかん》する能はざるを知ると雖も、我が事《つか》ふる所の存せん限りは、一日も政府の任を尽さゞる可からず」（「横須賀造船所経営の事」）との一種の達観が、とうに宿されていたのかもしれない。

鋤雲は渋沢栄一とともに残務を処理し、徳川昭武だけは残留させて、慶応四年四月パリを去り、五月十七日、横浜に帰港した。小栗忠順はその一月ほど前、官軍によって斬殺されたとのことだった。上野で彰義隊が戦って敗れたのは、鋤雲帰着のわずか二日前のことだった。鋤雲は小石川大塚に隠棲し、「暁窓残燭酒醒夢冷の際」に、八カ月あまりのあいだ暮らして見聞してきたばかりのパリの壮麗を回想し、文章に綴った。それが翌明治二年（一八六九）刊行の『暁窓追録』である。その緊張して美しい文章は「転んでもただは起きぬ」鋤雲の剛毅さを伝えているといえる。横須賀造船所建設について、小栗上野介が、これは末期《まつご》の徳川幕府が「土蔵つきの売家」を出すようなものだ、と述べたというのと似た心境であったかもしれない。『暁窓追録』はたしかに、夜明けの窓辺でかすかに明治を予感しながら、徳川から明治への一遺産として書きのこされた卓抜な観察と洞察の文章であった。

第三章

文学としての幕末外交回想記——田辺太一、福地源一郎、栗本鋤雲

1

幕末外交の急展開になんらかの資格で直接にかかわり、明治になってからその忘れがたい経験、見聞を文章に綴ったのは、もちろん外国奉行栗本安藝守《あきのかみ》ひとりではなかった。といって、たとえば幕末の海軍奉行、軍艦奉行であった勝海舟の『開国起原』（明治二十六年〔一八九三〕）は貴重な一書だが、これは勝編纂の外交史料集というべきものだから別とし、福澤諭吉の『福翁自伝』（明治三十二年）のたぐいも、幕府外国方《かた》の一員として幕末のうちに三回もアメリカ、ヨーロッパに派遣された稀な経験を語っていて興趣尽きないが、これは「外交」というにはあまりに個人的な回顧録だから、やはり別扱いとしよう。

栗本鋤雲《じょうん》の回想の記とならべて、忘れずにあげなければならないのは、田辺太一の『幕末外交談』（明治三十一年）や福地源一郎の『懐往事《かいおうじ》談《だん》』（明治二十七年）などであろう。これらは、明治に数多く書かれた幕末維新期回想の文学のなかでも、出色の作といってよいものである。渋沢栄一の『雨夜譚《あまよがたり》』（明治二十年）や右の『福翁自伝』をはじめ、大隈重信の『大隈伯昔日譚《せきじつたん》』（明治二十八年）、内務省衛生局長長與《ながよ》専斎の『松香私志《しょうこうしし》』（明治三十五年）、旧土佐藩の志士佐佐木高行の『勤皇秘史佐佐木老侯昔日談』（大正四年〔一九一五〕）、あるいは陸軍軍医総監石黒忠悳《ただのり》の『懐旧九十年』（昭和十一年〔一九三六〕）や桂川甫周《ほしゅう》の娘今泉みねの『名ごりの夢』（昭和十六年）にいたるまで、あの維新の大変動をさまざまの身の上で目撃し、生きぬいて、明治の体制の建設にたずさわった人々は、後になってその波瀾の経験を自伝風に、回想記風に語って記録せずにはいられなかった。みなそれぞれの語り口をもち、内容もさすがに劇的で濃密で、史癖のある中年以上の読者には、いちど読みだすとやめられなくなるような、興趣津々たるノンフィクションの分野である（大隈、佐佐木のものをのぞけば、大半は岩波文庫や平凡社東洋文庫に収められている）。

2

これらの回顧録《メモワール》や自伝のたぐいは、近代日本文学史のうえでも、当然一つのジャンルを設けて今後もっと尊重されてゆかねばならぬ、というのが私の年来の説なのだが、そのなかでも、こと幕末外交に関する限りとくにすぐれた作品が、鋤雲の文章とともに右の田辺や福地の「談」であった（明治外交にかかわる青木周蔵の『自伝』、陸奥宗光の『蹇蹇録《けんけんろく》』、林董《ただす》の『後は昔の記』などについては後に触れる）。

両者とも「談」とはいっても、それは渋沢や大隈の場合のように実際に談話を筆録し補筆したという意味ではない。漢文や漢文読み下し体ではなく、和漢混淆体で自由に語るように書いていった、との意であろう。田辺、福地の両者とも語るべきことが脳裡胸中に溢れ、それを一気呵成に筆に託していったという感じで、文にメリハリがあり、その主張は明快、しかも維新に敗れた幕府方の当事者としての無念の思い、ないしは自己正当化の情念が、それを抑制しようとしながらも年経てなおひそかに流れつづけており、読むものに伝わる。達意の文とはまさにこのような作を指していう評語なのだろう。

蓮舟田辺太一（一八三一―一九一五）は幕府儒官の子で、栗本鋤雲と同じく江戸の昌平黌に学ん

田辺太一（渋沢資料館蔵）

で、同様に早くからその秀才ぶりを謳われたという。彼が幕府外国方《かた》にかかわるようになったのも、最初はその明敏と文才のためで、横浜開港に関する外交交渉の記録係としてであった。だがその仕事を通じて、岩瀬忠震《ただなり》や小栗忠順《ただまさ》とともに「幕末三傑」のひとりと称される外国奉行水野筑後守忠徳《ただのり》（一八一〇―六八）の知遇を得、水野の推挙によって外国方に年々深くコミットするようになった。田辺は一時、その父と同じく甲府徽《き》典《てん》館の教授となっていたこともあるから、いわば文学部助教授が時局の展開のなかでにわかに割愛されて、外務省文書課に転じたようなものである。

鋤雲の場合と同じく途中から外交官のキャリアに入ったのであり、儒官というその家柄からいっても、当時の制度では外国奉行のトップにまで昇進することはついにありえなかった。だが、それゆえにこそ『幕末外交談』のようなすぐれた同時代記録を残しえたのでもあったろう。しかし、文久三年（一八六三）末、横浜鎖港談判のために池田筑後守がヨーロッパに派遣されることになると、田辺は一挙に外国奉行支配組頭（一等書記官）に抜擢されてこれに随行した。その使命は果たされるはずもなく、急遽パリから帰国すると、彼は池田らとともに幕府の譴責《けんせき》を受けて、免職、閉門に処せられた。だが、慶応三年（一八六七）徳川昭武のパリ万国博覧会参列に際しては、再び組頭を命じられて渋沢栄一らとともに再度渡仏し、パリ駐箚初代日本公使向山一履《むこうやまいちり》および第二代公使栗本鋤雲の下に勤務することとなる。
福地源一郎と同じく、幕末のうちに二度渡欧という稀な経験をもつことになるが、それは当時危機に直面する幕府のなかに、もはや家柄などに固執しない人材登用の路が開けていたことと、同時にその人材が乏しかったことの両方を意味していたろう（田辺は明治になると新政府に乞われて外務少丞《しょうじょう》となり、同四年からの岩倉使節団にはヴェテランの一等書記官筆頭として参加する）。

3

田辺はこうして幕末外交の展開のなかで、おのずから開国派の有能な実務官僚として転身し、成熟していったが、それならば親仏派の「巨頭」としてその外交を操舵した上司小栗忠順を、この元儒学教官はどのように見、どのように評していたか。『幕末外交談』の達意の名文の一例としても、その一節をここに引いておこう。

幕閣最後の志士・小栗忠順

小栗は、幕府の世臣《せいしん》にして、所謂旗下《はたもと》八万の一なりき、短小精悍、事に臨《のぞ》んで踔励《たくれい》風発、目中人なきの概あり、其勘定奉行たりし時、先例によりて国費の精算書を閣老参政列座の席に朗読報告すべき時に当り「今これを朗読すとも、閣下方《がた》にはこれを解せざるべし、上《こう》野《ずけ》かくてあらんには、ゆめ御為《おんため》あしくはゝかり候はじ、しか観念あるべし、」と放言せしは、その自任自信の篤きいかんを見るべし、されば人其才の用《もちう》べきを知るといへども、亦これを忌むもの多く、加《くわう》るに夙《つと》に開国の論を執りしを以て、世に容《いれ》られず、屢々用られて屢々退き、貶黜《へんちゅつ》〔降格〕せらるゝこと数十次に及べり、漸くこの時〔慶応年間〕に至りて任用せられ、少しく其抱負を実施するを得しも、既に幕府将《まさ》に倒れんとするの両三年前にありて、大に胸中の経綸を行ふを得ざりしは遺憾といふべし、されど其職にあるにあたりて、水野閣老を輔けて、多年の政弊を掃除し、財政を釐革《りかく》〔改革〕し、守成《しゅせい》の時に於て、建設の政を施さんとす、故に征長の事起るに方《あた》りて、此機を以て徳川氏の武威を張り、長州は勿論、われに不利を計れる薩藩をも殪《たお》し、勢に乗じて、各大藩を削弱《さくじゃく》して、大に強幹弱枝の畧を施さんとの思念は、其方寸に蟠《わだかま》る所なりき、……（明治三十一年版、四六四頁。原文中の傍点略）

右の文頭に出てきた「踔励風発」とは、卓論が風のごとく口をついて出るとの意で、唐宋八家のひとり韓愈《かんゆ》が或る人物の墓碑銘に用いた表現だそうだ。さすが漢学者上がりの外交官、いい言葉を適切に使っていると評すべきだが、この一節それ自体も、幕閣最後の志士小栗上野介に捧げられた紙上の墓碑銘と呼んでいいのではなかろうか。前章に引いた栗本鋤雲の小栗との路上邂逅の回想といい、田辺のこの一節といい、もっとも身近にいた同志の部下たちによって、これだけ心のこもって躍如たる肖像を描かれたことを思えば、慶応四年（一八六八）閏四月、知行地の上野国烏川《こうずけのくにからすがわ》のほとりで無念の思いを抱いて斬首された小栗忠順も、もって冥すべしといってよいのだろう。田辺は右の一節のあとにつけ加えて、「この積弱積貧の幕府をして、伏見の一役まで、其命脈を保維せしめしは、実に小栗の力にありといふも、虚誉ならざるを知るべし」とも書いている。

4

桜痴福地源一郎（一八四一―一九〇六）は、幕府の外交官というよりは、通訳官として外交にかかわることになった人物のひとりである。長崎生まれの早熟の才子で、父に漢学を習い、十代半ばで蘭語を学んで稽古通詞にまでなり、江戸で森山多吉郎に英語を学んで、そのつてで安政六年（一八五九）幕府の外国奉行所に入った。福澤諭吉とよく似たコースを福澤にまさるスピードと要領のよさで進んだのである。文久二年（一八六二）の遣欧使節竹内下野守一行には、満二十一歳の若さで、傭通詞の福澤などより一ランク上の定役並《なみ》通詞として加わって、全ヨーロッパを一周した。帰国して三年後の慶応元年（一八六五）には、こんどは横須賀製鉄所創設準備のための特命理事官柴田貞太郎（剛中《たけなか》）一行に選ばれて、再度フランスに渡った。福地はその出自と若さと身分の軽さとからか、明治になっても栗本らのように旧幕府の運命に殉じるなどということはなく、明治三年（一八七〇）にはさっそく大蔵少輔伊藤博文に随行して半年、アメリカの財政制度調査に出張し、翌明治四年には田辺太一とともに一等書記官として岩倉使節団にも参加した。

福地源一郎（国立国会図書館蔵）

その後『東京日日新聞』の社長兼主筆（明治七―二十

一年）に転じてからは毀誉褒貶《きよほうへん》さまざまで、九世市川團十郎のためには改良劇の脚本を書きまくるという才人ぶりだった。だが、結局、福地の仕事として今日もなお評価されるのは、徳富蘇峰の『国民之友』に連載してまとめられた、反維新史観による幕末史論――『幕府衰亡論』（明治二十五年）と『懐往事談』（明治二十七年）と『幕末政治家』（明治三十三年）の三冊であろう。いずれも、さすがジャーナリズムで鍛えた筆致で、田辺の『幕末外交談』にもまして平明暢達《ちょうたつ》な行文。にわかに国際関係のなかに引きだされた幕末日本の政局と、幕閣人士たちの奮闘や挫折のさまを、意外なほどに冷静な眼でとらえ、回想し、描いている。これらの史論が今日では栗本の『匏庵《ほうあん》遺稿』や田辺の著とならんで、幕末維新史関係最大の史料集「日本史籍協会叢書」の新シリーズ（東京大学出版会）に収められているのも、当然と思われる。

ここには『懐往事談』のなかの一節だけを引いてみよう。栗本鋤雲にも小栗忠順にも縁の深い横須賀製鉄所（造船所）設立に関する話で、福地が慶応元年、柴田理事官に随行して渡仏し、彼らより一足さきに帰仏して準備を始めていた造船技師フランソワ・レオンス・ヴェルニー（François Léonce Verny, 1837-1908）とはじめて会ったときの印象である。

柴田は曾てウヱルニーに一面識したる事も無く一行中にも同氏を知りたる者なし、思《おもえ》らく如是《かくのごとき》の大任に当る程の人物なれば年齢は四十の境を越え容貌魁偉威儀自重の人物なるべしと我も人も想像したりけるに馬里塞《マルセーユ》の埠頭に来りて自ら姓名を通じ上陸及旅宿の斡旋をなせるを見れば年齢廿八九歳にして軀幹は細長く短視疎髯の若年士官これが即ちウヱルニーならんとは実に意外の思を成したりき、此の人言語挙動更に辺幅を修めず質樸なる田舎士官にて一見すれば恰も大学卒業の一書生に類せるを以て柴田の老練なる眼より見て頗る不安の思を為したるも敢て其理なきに非ざりき。柴田は陰《ひそ》かに随行員に向ひて小栗栗本等が仏国公使等の甘口に乗せられ斯《かか》る若年士官を横須賀製鉄所長の重職に挙る事を約したるは軽忽なりしが如し兎も角も其伎倆才幹を試みたる上にて大に決する所あるべし先づ其成《な》さん様を見るべしと云ひて夫《それ》よりツーロンの巡回を畢《おわ》り巴里に来りて同居したるに其行状才幹ともに凡ならざるには流石の柴田も感服の外は無かりき、当時仏国にては日本に於て新たに海軍造船廠を設けん為に其工事に付きウヱルニー主任官となりて技師工師を雇入れ諸般の器械を注文し日本理事官現に巴里に滞留すと聞えければ縁故を求め友誼を尋ねてウヱルニーが許へ達したる依頼状は幾《ほとん》ど千通にも及び其中には情に於て謝絶し難きものも尠《すく》なからざりしにウヱルニーは其書状を尽《ことごと》く柴田に示し依頼は此通なれども今度の人選雇入および注文は一切理事官の権内にあれば余に於て力の及ぶ所にあらずと云ふ趣意の返書を出し或は海軍大臣に諮《はか》り或は造船所長に詢《うかが》ひなどして人選も注文も頗る精確を旨とし毫も其間に私を挿む所なく加ふるに事を処理するに果断ありて同時に緻密にして柴田が云ふ所を謹恪《きんかく》して敢て苟《いやしく》も専断する等の事無かりければ柴田は大に其人を悦び一行も亦皆讃嘆して扨《さて》も欧洲の人は斯も敏捷なるものかなと驚き入たりけり、斯てウヱルニーの推薦にて雇入の契約調印済と成れば其人は其日よりして直に事務に服役して其労を執り孜々《しし》として勉強する程に事務は日々に其緒に就き少しも阻滞する所なく、要するに日本官吏ならば三月か四月も掛るべき事を僅か二週間か三週間に処理して然も其間綽々《しやくしやく》余裕あるは一行みな舌を巻て恐れ入り初めて欧洲人の処務に感服したるなり。

（改造文庫版、一二五―一二七頁）

当時のならいで句読点のごく少ない文をそのまま引いたが、なんら渋滞することなく明快、当時満二十八歳のフランス人技師に対する柴田らの不安と讃嘆の念をあざやかに伝えている。フランスとヴェルニーにとって名誉ともなる一節であり、今日でいうならば発展途上国への技術移転に奮闘する日本人技師たちのすがたを彷彿とさせる一文ともいえよう。ヴェルニーはこの年（一八六五年）の春、フランス人の技術者、工員、医師らを引き連れて日本にもどり、さっそく横須賀で着工して、維新の政変にもかかわらず明治四年に工事を完成、明治九年、長い滞在を終えて日本人に惜しまれつつ帰国したのである。

5

しかし、ここで再び栗本鋤雲に帰ろう。前章に書名のみをあげて引用の余裕のなかった、その著『暁窓追録』（他の随筆とともに『匏庵十種』と題して明治二年三月刊）である。田辺太一や福地源一郎の書物は、外交の現場を離れて二十数年後の回想記で、それはそれで幕末外交史上の貴重な証言となるものだったが、それにくらべると『暁窓追録』は、慶応四年（一八六八）五月パリから帰国するとすぐに書かれて、十カ月後にはもう出版されたパリ見聞録である。だから印象と観察は、前にも触れたように新鮮で周密、まことに生彩ある記述となっている。ただ、いわゆる外交に関する記事は皆無に近い。しかし、幕末維新期の日本外交官は、同時に「先進」文明の観察研究者であることをもその身に期待されていた。鋤雲はおそらく福澤のベストセラー『西洋事情』(慶応二〔一八六六〕—明治三年〔一八七〇〕)などをもどこかで意識しながら、みずから課したその観察報告の使命を果たし、これをもって一徳川人からする明治日本の出発へのひそかなはなむけともしたのであろう。

『暁窓追録』の記述は、かならずしも順を追わぬ短章の積みかさねながら、ナポレオン三世治下のフランスとその文明を、自分の見聞に即して意外なほど多岐にわたって紹介し、礼讃している。ナポレオン法典《コード》の完備を讃え、訴訟と裁判の簡潔と公平を日本人の経験によって紹介し、オスマン知事の大計画のもとに進行中のパリの市街改造工事の現状を報告し、動植物園、博物館、公園、パノラマ館、劇場、とくに完成後まもないオペラ座などの文化施設とその充実ぶりを語り、フランス陸軍の操練を見てその強弱を論じ、ヨーロッパ各国の現況についての聞き書きをもしるす。その間に、ナポレオン三世はもちろんのこと、ビスマルクやガリバルディなどの同時代の英雄たち、さらに自分も何回か面会し問答したフランスの前外相ドルアン・ド・リュイスや日本通の奇人レオン・ド・ロニーなどの巧みな人物像も入ってくるから、なかなか多彩で華やかである。

「文明」紹介の幾項目かは当然『西洋事情』の記事とも重なるが、福澤の記述はアングロ・サクソン寄りで百科全書風であるのに対し、鋤雲のはあくまでもパリが舞台で、しかもすべて個人的《パーソナル》な見聞に終始しているところが魅力といえよう。以下にほんの幾節かだけを、原文にはない句読点や濁点を補って、引いてみよう。

予巴里ニ在ル、秋ヨリ冬ヲ経テ夏ニ渉《わた》ル、九月ノ久《ひさしき》ニ至レリ。其間家ニ蚤蚊鼠齧《そうぶんそごう》ノ患《わずらい》ナク、途《みち》ニ酔人盗偸《とうゆ》争闘高歌ノ喧《けん》ナク、且《かつ》火災地震ナシ。真ニ楽土楽邦ト称スベシ。然ル所以《ゆえん》ハ屋《おく》皆六七層、石ヲ畳《かさね》テ壁ト為シ隔《へだて》ト為シ、鉄ヲ展《のべ》テ板トシ桁《けた》ト為シ、柱礎榱桷《ちゅうそすいかく》〔たるき〕亦皆然リ。間《ま》マ階級〔階段〕戸扇《こせん》〔扉〕ノ木材ヲ以テ造ル者アリト雖ドモ僅ニ過ザレバ、蚤蚊鼠火ノ四災ナキ理《ことわり》ニシテ、又法令ノ密、邏卒ノ厳、加レ之《これにくわうる》ニ気燈〔ガス燈〕ノ明ナル、街衢《がいく》終夕《しゅうせき》〔一晩中〕白日ニ不レ異《ことならず》。是其《これその》酔歌盗争ノ喧ナキ所以ナリ。

（井田進也校注『幕末維新パリ見聞記——成島柳北「航西日乗」・栗本鋤雲「暁窓追録」』岩波文庫、一四九頁）

パリの街を「真ニ楽土楽邦ト称スベシ」とは、あの「鋤雲先生、古貌古心」とも表された武骨の人に似合わぬ、まるで両手《もろて》をあげてのパリ讃美とも聞こえるだろうか。だが「古貌古心」とは、もっと晩年になってからの鋤雲を某清国人が評した言葉。四十代半ばで駐仏公使の鋤雲には、この感受性の若々しさと、よきものをよしと讃える真摯さとがあったというべきだろう。それにこのパリ礼讃は、四年後の岩倉使節団の随員久米邦武《くめくにたけ》も、ほとんど異口同音に発する讃辞であり、今日の私たちでさえパリに着いたときには、内心ほっとしてこの言葉をつぶやいている。そして鋤雲にとってはその理由が、家屋が石と鉄でできていて「蚤蚊鼠」のいないこと、また火事も酔漢の姿もないことであったとは、実に即物的で、まことに愉快である。彼の祖国の江戸の町の、あの平べったい暗色の家並みのひろがりと、そこを徘徊していた尊攘派浪士の群れとを想いおこせば、これが彼の実感であったことも察しがつこう。

6

右にすぐつづいて鋤雲は、ガスの街燈の構造と機能を次のように説明している。

> 気燈ノ源ハ巴里ノ外ニアリ。大鉄炉ヲ設ケ石煤《せきばい》ヲ焼キ、鉄管ヲ以テ地下ニ通ジ、支管旁布《ぼうふ》シ〔行きわたり〕到ラザル処ナク、以テ其気ヲ通ジ毎燈引《ひき》テ以テ点明ス。其人家《じんか》ニ列スル者ハ大抵夜十二時ヲ限リ、燈源ニテ管ヲ鎖《とざ》セバ一瞥《いちべつ》ニ撲滅シ、街上ニアル者ハ夜《よ》明天白《あけてんぱく》ニ至リ一斉ニ鎖滅ス。満都百万、一ノ遅速アルコトナシ。気燈ノ街上ヲ照ス、其明《そのめい》、俯シテ虫蟻ヲ拾フベシ。故ニ暗黒無月ノ夜、風雨晦冥《かいめい》ノ際ト雖ドモ、更ニ行歩ヲ礙《さまた》ゲズ。又其気《き》極メテ煖《あたたか》ナレバ、人家引テ暖炉ニ換ユル者アリ。現ニ予「リウジヤコフ」ノ客舎ニ寓スル日、食室中ニ設《もうく》ルヲ見タリ。
>
> （同前、一四九頁）

この説明もまたなんと明確で、かつ簡潔なことか。ガスの街燈が明るいから、夜の路上で「俯シテ虫蟻ヲ拾フベシ」とは、あるいは実際に鋤雲先生、試してみたこともあるのかと思わせて愉快だ。文明とはすなわち夜の市街の明るいこと、とでもいいたげな言い草ではないか。「現ニ予「リウジヤコフ」ノ客舎ニ寓スル日」と出てくるのも、また嬉しい。セーヌ左岸の rue Jacob は、画廊と市場で賑わうリュ・ド・セーヌにすぐ近く、私も遠い昔の留学生時代、よく歩きまわったなつかしい

白いカラーにゆるいネクタイ姿のパリ時代の栗本鋤雲（渋沢資料館蔵）

一角だ。

たまたま岩波文庫版の渋沢栄一『雨夜譚』をあけると、パリ時代の洋服姿の鋤雲の写真が載っている。昌平黌時代から「軀幹偉大、容貌魁梧」のゆえに「お怪《ば》け喜多村（鋤雲の実家の姓）」とも呼ばれたという鋤雲が、いまは頭もまるく禿げたうえに濃い頬ひげ口ひげをのばし、白いカラーにゆるいネクタイを下げている。こんな一見警視ないし探偵風の、ダボダボの格好をした偉丈夫鋤雲が、しきりにパリの文明に感心しながら、あの同じセーヌ街の一角をクーレの宅などに通っていたのかと想像すると、古人がいっそう慕わしく、またほほえましくも思われてくる。彼はどこかで、『月世界旅行』（一八六五年）のジュール・ヴェルヌや、『テレーズ・ラカン』（一八六七年）を出したばかりの若いゾラと、またマネやモネと、すれ違い、互いにちらと目を交わしたのではないかとまで、空想はひろがってゆく。

右の一節のあとにつづく、パリの有名な地下の下水道についての記述や、市内の街路の清掃と塵芥処理、また車道歩道の構造と舗装法についての詳細な観察など、実に興味深い文章がいくつもあるが、一々をここに引く余裕はない。鋤雲の若い日以来の博物癖、箱館時代の開発技師としての経験、そして幕末の危機への対応に腐心した外交官としての識見が、これらの着眼点を選ばせ、その強靭な観察と把握と記述のスタイルをつちかったのであったろう。

島崎藤村は「栗本鋤雲翁四十六回忌に」という一文で、この鋤雲の文章を指して「短い言葉の底に隠れた雄々しい気魄」といい、「その簡潔で、しかも精緻な筆は、味はつても味はつても尽きない風致を内に湛えてゐ」ると述べている（『栗本鋤雲遺稿』序、鎌倉書房、昭和十八年〈一九四三〉）。私もまったく同感である。藤村は明治女学校の高等科教師となり、北村透谷らと『文學界』を始める（明治二十六年〈一八九三〉前後の二十一、二歳のころ、本所北二葉町の「借紅園」にしばしば老鋤雲を訪ね、漢詩漢文を学びながらその昔日談を聞いたことがあった（同じころ、彼は田辺太一について「支那近代文学」を学んでもいる）。また第一次大戦中、フランスに暮らす間に、わざわざ祖国から『暁窓追録』をとりよせて読み返し、『夜明け前』の登場人物となる喜多村瑞見の像を、すでに予感していたこともあったのである。そのとき藤村が書いた『仏蘭西だより』の美しい一節をここに借りて、あらためて幕末日本の気丈な外交官、徳川の駐仏公使栗本鋤雲のための紙上の墓碑銘とすることとしよう。

偉大なるマテリヤリストとしての先生の気魄は、恐らく当時の欧羅巴人に拮抗して敢て下らなかつたで有らうと思はるゝに関《か》はらず、『暁窓追録』中の記事には『実に驚嘆欽羨《きんせん》に堪へざるなり』といふやうな言葉が随所に用ひて有るには、心を動かされます。そこに私は先生の自責の精神と強い把握の力とを感じます。真実《ほんと》に他の好いものを受納《うけい》れるやうな同情に富んだ天性を五十年も前の日本の武士に見つけることを心強く思ひます。

（『島崎藤村全集』第十二巻、二四六頁、新潮社、昭和二十四年）

第四章

岩倉使節団と日本の近代化

――久米邦武編述『特命全権大使米欧回覧実記』

I 『米欧回覧実記』と私

1

久米邦武編著の『特命全権大使米欧回覧実記』全五巻、二千頁（博聞社、明治十一年〔一八七八〕刊）は、私にとっていわば「青春の書」である。

一九五七年にフランス留学から帰ってまもなく、本郷の古本屋でこの五冊を見つけ、背革に金の背文字の題名と、なかにたくさん入れられた銅版の挿絵になんとなく惹かれて、大枚三千円を投じてこれを買った。そのとき、私はこの書物についてはもちろんのこと、岩倉使節団のことさえ、なにも知らなかった。しばらく放ったらかしにしたあと、ある日、自分が行ってきたばかりのフランスについての編から読みだしてみて、私は愕然とし、はじめて事の重大さに気づいたのである。『米欧回覧実記』は、まず第一に、それまでE・H・ノーマンや羽仁五郎や遠山茂樹などによってばかり眺めていた明治維新について、まったくちがう角度から、思いもかけず広く明るくいきいきとした展望を、私の眼の前にくりひろげてくれることとなった。さらに、編著者久米邦武や使節団参加者たちの来歴を調べてみるうちに、この明治日本への新しい視野は、さかのぼって徳川期の佐賀や江戸や薩長にまでおのずから広がり、武士知識人たちの集中的な西洋文明学習の歴史へとつらなってゆかずにはいなかった。鍋島閑叟《かんそう》も佐野常民《つねたみ》も渡辺崋山も、幕臣川路聖謨《としあきら》や小栗忠順《ただまさ》や栗本鋤雲《じょうん》も、実はこの過程ではじめて私の前に登場してきたのであり、福澤諭吉や勝海舟でさえ、この視野の一角にあらためて見直されてきたのである。

『米欧回覧実記』は、第二に、それまでの明治文学史とか近代日本文学史とかの枠組みのとりかたに、その美文学《ベル・レトル》（詩、小説、戯曲など）に限られた見方の狭苦しさに、大いなる疑問を抱かせずにはいなかった。久米邦武の文章は、頁を開くとそれが真っ黒に見えるほどに漢語の多い、片仮名混じりの漢文体である。はじめはたしかにとっつきにくい。だが、数頁我慢してつきあうと、短いセンテンスのなかに散りばめられた黒い漢語の高いひびきと、その映像喚起力の強さが、読者をとらえて一種緊張したリズムのなかにまきこみ、読者を放すことがなくなってしまう。そこには、西洋文明の現場に立った明治指導者たちの「驚嘆欽羨《きんせん》」の情と、身も焦げるほどの好奇心の熱さと、祖国の現状を思いやるときの不安と、その後進性を認識しさらに克服しようとする責任感とが、こもごもにあらわれて、交響する。これは、単に外交文化史の記録として卓抜であるばかりでなく、明治の全文学史上にも傑出した一雄編、少なくとも記録文学というジャンルでは前後に比類をみない名品なのではなかろうか。

明治文学はいつもきまりきって仮名垣魯文や坪内逍遥や二葉亭四迷から始まるように説いている、あの貧弱

久米邦武（久米美術館蔵）

で退屈な国文学者たちの文学史というのは、要するにみずからの貧しさをそのまま映しだした兎小屋のようなものなのではないか。

そのように思いながら調べはじめてみると、第三に、『米欧回覧実記』はこれだけ重大な意味をもつはずの作品であるにもかかわらず、これについての研究らしい研究は、少なくとも一九五〇年代の当時、いかなる分野からも皆無であることがわかった。岩倉使節団についての外交史的研究は、戦前戦後を通じてさすがに数点発表されていたが、それらも『回覧実記』については、これが条約改正などの外交交渉になんら触れるところないとの理由からか、ほとんど言及さえしていない。国文学者の側も同様で、彼らは『実記』の存在さえ知らないのか、たとえ知っていてもこの種の硬派の作品は「文学」と認めぬことにきめていたからか、彼らの文学史研究にもこれに触れる一行の記述さえ見当たらなかった。

当時、そしてなおしばらくのあいだ、学界・論壇には、なににつけても「体制」「反体制」という安易な用語が流行し、おしなべて「体制側」はすなわち「悪」とする風潮が支配的だった。そのため、明治の悪の権化とみなされた岩倉具視を首席全権大使とし、「明治絶対主義官僚」と定義された大久保利通、木戸孝允《たかよし》、伊藤博文らを副使とする外交使節団は、歴史学の分野でも文学の分野でも、それに触れることさえためらわれる、一種のタブーともなっていたのだろう。明治維新史にたまたま数行言及されているのを見つけて読むと、それは岩倉使節団があたかもはじめからプロシャ型の専制政治を学ぶことに狙いをつけていたかのごとく書き、彼らはビスマルクに励まされて絶対主義的専制官僚として「色揚げ」されてきた、などと述べていた。私は、自分の無知ゆえにおそらく公平な『回覧実記』への感嘆と、この種の専門家たちの一方的、党派的なきめつけとのあいだの齟齬《そご》の大きさに、またあらためて驚かずにはいられなかったのである。

2

こうして、幸か不幸か、『特命全権大使米欧回覧実記』という宝の山は、まだ駆けだしの学徒にすぎなかった私の前に、ほとんど手つかずのまままとり残されていた。そのことに気がつきはじめたとき、最初いささか不安だっただけに、私のよろこびは大きかった。比較文学比較文化という新しい学問分野に従っているからこそ眼の前に見えてきた研究対象であり、また逆にこのような絶好の研究対象の発見が日本におけるこの学問の存在理由をいちだんと強め、その活動の方向をさらにおしひろげてくれることを実感したからである。

それに、『回覧実記』を読みすすめてゆくと、使節団の体験には意外なほどにわが身の見聞にも近いところがある。私の留学よりも八十数年前（一八七一―七三）に米欧を回覧した彼らは、けっしてそれほどかけはなれた、手もとどかぬような存在ではない。私がそれまでいくらか親しんでいた中江兆民や西園寺公望、あるいは森鷗外や夏目漱石にもまして、明治日本を設計し造営した偉大な先達たちにはちがいないが、しかし彼らも思いがけず同学の先輩といった感じの顔をあちこちで見せている。たとえば、第一巻冒頭の「例言」は普通の書物の序にあたるものだが、そのなかに編著者久米邦武は、回覧中の連日の分刻みの忙しさを回顧して――

故ニ瀛車其都ニ達シ、僅ニ笈《きゆう》ヲ「ホテル」ニ弛《ゆる》ムレハ、回覧即チ始ル、昼ハ輪響汽吼《きこう》ノ際、鉄臭煤気ノ間《かん》ヲ奔《はし》ル、烟埃《えんあい》満身ニテ、瞑《めい》ニ及ヒ方《ほう》ニ帰レハ、衣ヲ振フニ遑《いとま》アラス、宴会ノ期已ニ至ル……（岩波文庫版第一巻、一二頁。以下、「同書一、一二頁」と記す）

と、現代の外交官でもおそらく身につまされるようなことを述べたうえで、この『実記』がかならずしも岩倉使節団の諸国諸所観察の細部すべてを正確に記録しえたものではないことを弁明して、次のような理由をあげている。以下の文中にいう「畠山氏」とは畠山義成《はたけやまよしなり》（一八四三―七六）のことで、慶応元年（一八六五）、五《ご》代友厚《だいともあつ》、森有礼《ありのり》らとともに薩摩藩留学生として英国に密航、翌二年森らとアメリカに移り、ラトガース・カレッジを卒業、明治四年四月、明治新政府の召喚によって帰国して岩倉使節団に加えられ、佐賀藩出身の漢学者久米邦武（一八三九―一九三一）とともに大使直属の随員となって、もっぱらその通訳をつとめた秀才である。久米はいう――

諸場館ニ於テ記述スル所ハ、其行走ノ際ニ、親ク審問セルヲ録ス、此ニ当テ、畠山氏実ニ其慇《いん》勤《ぎん》ヲ竭《つく》シタリ、然レトモ其間ニ誤謬欠略ナキヲ保チ難キハ、蓋其故《けだしそのゆえ》七アリ、一ハ場主ノ秘シテ示サヽル所アルニヨル、二ハ場内ノ諸員モ亦審知セサルコト多キニヨル、西洋ノ工芸ハ、分科分業繁ク、其場ニアリ事ヲ操ルモノモ、只自己ノ一科ヲ審《つまびらか》ニスルニスキス、故ニ各舎各番、ミナ其主長ニ問ハサレハ、他人ハミナ辨知セス、因テ場内ノ諸人延引シ、親ラ懇《ねんごろ》ニ其工事ヲ説クヲ、傍《かたわら》ヨリ筆記シタルコト多シ、三ハ猛力ノ器械ヲ運用スル製作場ハ、輪響槌声ノ言語ヲ乱ラスニヨル、四ハ明細ノコトハ、各場ヨリ報告書ヲ送リシニ、皇城炎上ニ罹《かか》リテ、焼燼セルニヨル、五ハ時促《うなが》シ途《みち》ニ急ニ、詳覧ニ遑《いとま》アラサルニヨル、六ハ西洋ノ俗ハ、解説ニ順叙アリ、卒爾《そつじ》ノ際ニ、其要ヲ抄撮シ説《とく》コトヲ欲セス、故ニ倉皇間《そうこう(の)》ニ、術理ヲ問フトモ、答フ所ハ猶叙言ノ半《なかば》ニ及ハサルニ、時促シ去ルコト多カリシニヨル、七ハ工芸ノ術理ハ、其技術ニ通セサルモノ、能《よく》スル所ニアラサレハナリ

（同書一、一一三―一一四頁）

このなかで、「四」の送付資料の焼失というようなことをのぞけば、他は実は私自身も一九五〇年代半ばのパリ留学中に、程度の差こそあれ、みな経験したことがあるような項目ばかりである。当時日本は、敗戦から十年あまりたって、産業技術復興に懸命になっていたさなか、フランスにも日本の各社技師はつぎつぎにやってきて日本への「技術移転」を試みた。留学生たちは大使館経由でよくその通訳を依頼され、私も絶好のアルバイト（一日十ドル）として、ソルボンヌの講義など放ったらかして、それに応じたのである。

あるときは、日野ヂーゼル工業（現・日野自動車）がもはや小型ルノー車の輸入部品組立てだけを行なうのではなく、その製造から始めねばならぬとして、その研修のために技師・職工のグループをつぎつぎに派遣してきたことがあった。パリ郊外の工場で私が担当したのは、車体の打ち抜き《ポワンソン》工程の部門で、巨大な鉄槌が落ちつづけるなか、まさに「輪響槌声ノ言語ヲ乱ラス」現場であった。日本人技師とフランス人工員とのあいだの質疑応答の通訳に、私は終日のどを嗄《か》らさなければならなかったのである。

またあるときは、日立の技師二人（高木正、山本秀幸両氏）の通訳として、ヨーロッパ中の主要工場を駆けめぐった。彼らの眼目の一つはセンジミール式冷熱スチール圧延機の設計特許の購入、もう一つは日本の某アルミ工場設営のために必要な直流・交流の各種整流器の研究であった。一カ月あまりに及ぶその通訳行のあいだに、私は久米が右にいう「一」から「七」の事由のほとんどすべてを経験せざるをえなかった。ゲルマニウム整流器となれば、その細部のほとんどすべては文科人間たる私の理解をこえて通訳不可能、日欧両技師が片ことの英語と図とで通じあうありさまだった。バーゼル郊外の有名な工作機械製造会社ブラウン＝ボヴェリの工場では、とある機械の前で高木技師が質問を発しても、相手側が回答を拒否するという「一」のケースであった。ところが、なんと、工場を出てきてみると、同技師はポケットのなかの紙にちゃんと要点のメモをとっていたのである。

このような体験がわが身にあってこそ、『米欧回覧実記』は格段に面白く、その西洋文明への観察の周到さ、洞察の深さ、そして個々の対象把握の力強さに驚嘆することもできるのだ。私は編著者久米邦武を仰ぎみるべき大先輩とみなし、自分の留学体験を乏しいながらも自信のよりどころとして、『回覧実記』を読みとくことを試みていった。

3

いずれにしても、出発の年の満年齢で四十六歳の右大臣岩倉具視から十七歳で最年少の権少判《ごんのしょう》事長野文炳《ぶんぺい》にいたるまで、明治新政府の中枢のエリート約五十名を擁する、前代未聞の大使節団である。そのなかには前記の木戸、大久保、伊藤、山口尚芳《なおよし》（外務少輔《しょう》）ら四人の副使のほかに、田辺太一、福地源一郎、林董《ただす》、あるいは川路聖謨《としあきら》の孫の川路寛堂《かんどう》などの旧幕臣が、外交実務担当の一、二、三等書記官として名をつらねていた。そして実は、使節団員の半数以上が内務（戸籍頭田中光顕《みつあき》）、宮内（侍従長東久世通禧《みちとみ》）、陸軍（少将山田顕義《あきよし》）、文部（文部大丞田中不二麿《ふじまろ》）、工部（造船頭肥田《ひだ》為良《ためよし》）、司法（司法大輔《たいふ》佐佐木高行）など各省庁の次官、局長級の理事官と、それぞれの一名ないし七名の随行専門官とからなっていたことをみれば、この使節団の任務が、条約改正交渉の期限延期の提案といった外交実務以上に、米欧の制度文物の全面的調査学習にこそ重きをおくものであったことが、よくわかる（この使節団本体に、さらに金子堅太郎、團琢磨、鍋島直大《なおひろ》、中江篤介《とくすけ》「兆民」、牧野伸顕《のぶあき》、山川捨松、津田梅子等々の男女留学生六十名近くが、米欧諸国をめざして同行したことは周知のとおりである）。

山口蓬春「岩倉大使欧米派遣」（聖徳記念絵画館所蔵）

西洋文明研究のためのこの大エリート集団は、明治四年十一月十二日（一八七一年十二月二十三日）に横浜港を出帆、同六年九月十三日、完全に地球を一周して帰港するまで、約一年十カ月にわたって、アメリカ、イギリス、フランス、ベルギー、オランダ、ドイツ、ロシア、デンマーク、スウェーデン、イタリア、オーストリア、スイスの諸国、諸都市を、それぞれ七カ月（アメリカ）から数週間の長さで歴訪した。そしてその間に、一行は分流しまた合流しつつ、政治諸機関や陸海軍の軍事演習はもちろんのこと、港湾施設や造船所から、造幣局、農事試験場、製鉄・紡績・染物・皮革・陶器・ガラス等々のあらゆる工場、小学校から大学にいたる教育施設、監獄、鉱山、道路・橋梁《きようりよう》・公園などの土木工事、そして博物館、図書館、劇場、動植物園、寺院、名所旧蹟にいたるまで、西洋近代文明の所産いっさいを、見られる限りのものはすべて現場に立って見、調査し、考察し、記録し、学んだのである。彼らが見なかったものは――ただ各国の文学作品のみ、といって過言ではない。それを学ぶことは彼らの使命のうちにはなく、森鷗外、二葉亭四迷、夏目漱石、上田敏、永井荷風ら、次世代の秀才たちに残された仕事であった。

4

このような、「空前」であることはもちろんだが、また「絶後」とさえいってよいような欧米文明の総合的研究の集大成、使節団が帰国後日本国民に対する「公務用件ノ一」（例言、同書一、一一頁）として公刊した唯一の報告書である『特命全権大使米欧回覧実記』――その二千頁のなかから、それならば、ここの限られた紙数のなかに、どのような一節を引いてみたらよいのか。私はいつもその選択に当惑する。

編著者久米邦武は、使節団がいくつかのチームに分かれて動いたときでも、つねにその中心たる岩倉大使に密着し、岩倉の眼となり耳となってその見聞を記録し、帰国後各理事が提出した報告（理事功程）をも参照して、この『実記』を四年がかりで編纂・執筆したのだという。だからこれは、岩倉全権および使節団一行の公の見聞報告にちがいはないが、同時に、そしておそらくそれ以上に、使節の一員としての旧佐賀藩士久米の個人的な感覚と感慨、観察と批評をも盛った旅行記なのである。その公であり私でもある、両者の間のたえざる緊張が、久米邦武筆『実記』にその文体の美を生んでいるのでもあろう。

ここには、幕末遣欧使節らが繰り返した即物的なパリ礼讃を承《う》けるかたちで、久米のサンフランシスコの道路および上下水道についての記述を、まず引いてみることとしよう。岩倉一行は三週間の太平洋航海ののち明治四年十二月六日（一八七二年一月十五日）サンフランシスコ着、二週間の同市見学を終えて、いよいよ翌日はサクラメント経由シカゴへの汽車の旅に出発するという日（十二月二十一日）の、日記体の一節である。

○府中街路ノ修繕ハ多クハ未タ整ハス、土ヲ削リテ平衍《へいえん》ニシ、車輪ヲ支《つか》ヘサルニ止ル、空気燥《かわ》ケハ、車輪塵《ちり》ヲ蹴起シ、人目ヲ眛《くら》スルコト、其憂ヒハ、雨後ノ沮洳《ぬかるみ》ヨリ甚シ、中央繁昌ノ区ニ於テモ、磚形《せんけい》ノ木材ヲ甃固《カタメ》シテ、修メタル車道多ク、甃石《しゅうせき》ヲナシタル路ハ、甚タ少シ、車道ニ木材甃固ノ法ハ、木材ヲ截テ、煉瓦石ノ如クシ、其切口ヲアツメテ道面トナシテ、地上ニ密敷《みつぷ》ス、猶煉火石ヲ甃《タヽム》カ如シ、如此《かくのごとく》スレハ、車輪ヲ受テ、激動少ケレトモ、修復屢《しばしば》至ルニ弊アリ、両側ノ人道ニハ石ノ砌《みぎり》ヲ施シ、全地灰土ヲ鞏固《きょうこ》セルアリ、板石ヲ平敷シタルアリ、或ハ煉火石ヲ甃固シタルアリ、新開町ニハ、板ヲ敷キタル所多シ、曾《かつ》テ南部ニ赴クトキ、新街ヲ開ク状ヲ目撃スルニ、家屋ヲ未《いまだ》起サヽル以前ニ、先《まず》人道ヲ修メ、板ヲ平敷シ、瓦斯《がす》管上下水管ヲ埋メ、而テ後ニ車路ヲ修ム、土功此《ここ》ニ進ムトキハ、已ニ家屋ヲ営繕スルモノアリ、故ニシル、都市ヲ開クモ、田野ヲ開クト同シ、地方官ヨリ、先之《まずこれ》ニ道路ノ便ヲ与フレハ、人輒《すなわち》来リテ生理ヲ図ルモノアリ、之ニ反シテ、道路ノ便ヲ奪ヘハ、人乍《たちまち》生理ヲ失ヒ、散スヘシ、○府中応用ノ便ニ至リテハ、毎町毎家ニ送ル瓦斯上水ノ管、及ヒ下水ヲ流ス管ヲ埋メ、其支条ヲ屋壁ノ内ニ伝フ、室々皆気点ニ照サレ、汲《くま》スシテ、清水ヲ用フヘシ、是等ノ便ハ、新開ノ都府、反《かえっ》テ旧来名都ニ勝ルトナリ、但当港ノ繁昌ニ従ヒ、水道ノ便ハヤヽ欠乏ニ属ス、此地ハ海角ノ半島ニテ、山ニ水ヲ出サス、用水ハ西方三英里《マイル》ノ地ナル、「マウチン」湖ヨリ引キ、管ヲ伝ヘテ府中ニ送ル、其工費ハ僅ニ金十万弗ナリト

（同書一、一〇二頁。圏点原著者、以下同）

一八七〇年代初頭、西部劇の時代の、「合衆国ニ於テ第十ノ大都会」（久米）サンフランシスコの実景が、その街路を行く人々の足もとのありさままでふくめて、手にとるように立ちあらわれてくる。久米はこの「桑方斯西哥《サンフランシスコ》ノ記」の章末に、文庫版で四頁を費やして、一八四五年には人口わずかに「百五十人」（同書一、一〇三頁）だった小村が、四八年以後のゴールド・ラッシュをへて急成長し、七一年の現在「十四万九千四百七十三人」（同、七九頁）の人口を擁する「東洋西洋往来ノ枢区」（同、七九頁）とまでなった歴史を、横浜、長崎、上海、香港などアジアの諸港と対比しながら論評している（物の量を挙げるときは一の単位まで明示するのが『実記』の記述の一特徴である）。その知識を踏まえて、右の一節では、この西部第一の都市の急成長ぶりが、かえって都市基盤の整備のしかたを岩倉使節たちにその現在進行形の断面において示してくれることに、興味を向けていたの

である。

幕末の栗本鋤雲も、おそらく、オスマンによるパリの大改造が進行中であったからこそ、いっそうその都市の市街計画や上下水道施設に目を惹かれたのであったろう。その実学的関心の系譜をうけついで、明治新政府の使節団はいま彼らの長途視察の最初の滞在地で、はやくも抜け目なく市街路の舗装法や、都市開発と上下水道施設との関係などに着目している。まことに見あげたものだというべきではなかろうか。

久米邦武の自叙伝『久米博士九十年回顧録』（下・一九四頁、早稲田大学出版部、昭和九［一九三四］年）によれば、そもそもサンフランシスコは幕末以来日本人のあいだで「攘夷の気抜場《きぬけば》」と呼ばれたものだという。万延元年（一八六〇）の遣米使節以来明治のはじめまで、何十人という日本人が「打倒夷狄」を唱えながらも太平洋を横断してこの港にやってきたが、その彼らも開発のブームに沸くこの町で、蒸気車の疾走のさまを見たり、立派なホテルに泊まって歓迎宴に招かれたりすると、いっぺんに攘夷の元気が揮発して、「どうも、どうも」といいながらしょぼん

明治4年12月6日、使節団は「景色ウルハシ」きサンフランシスコ港に到着。写真下は、一行がその3日後に訪れた「ウードワルト」公苑（いずれも『特命全権大使「米欧回覧実記」銅版画集』久米美術館）

としてしまったものだ、というのである。

いかにもさもありなんと思われて、愉快な話だ。岩倉使節団ももちろん、この都第一の宿舎「グランドホテル」に泊まって、市をあげての大歓迎をうけた。久米もこのホテルの室内装備の美麗には目をみはり、「大鏡ハ水ノ如ク、氍毹《カーペット》ハ華ノ如ク、上ニ気燈《ガス》ヲ鈎下《こうか》シ、昼ハ稜角《りようかく》ノ玻瓈《ビードロ》七色ヲ幻《げん》シ、贋金粉《マガヒキンノコ》ノ光ト相射ル、夜ハ螺旋《ネヂ》ヲ弛《ゆる》メテ火ヲ点スレハ、五曜七曜環匣《メグリ》シテ、光ヲ白玉ノ中ニ輝ス……顔ヲ洗フニ水盤アリテ、機ヲ弛《ゆる》ムレハ、清水迸《ほとばし》リ出ツ」（同書一、七九―八〇頁）と、ありったけの華麗な漢語をつらねて讃美していた。そこまでは幕末のアメリカやヨーロッパへの使節たちの日記と同じだ。

だが岩倉たちのサンフランシスコは、これで「気抜け」して終わるような場ではなかった。列車の不通で長びいた滞在の間にオークランドの「小学校、兵学私校、盲唖院、大学校」（以上、同書一、九七頁）まで見学したうえに、さらに前引の一節にあったように「曾テ南鄙ニ赴クトキ、新街ヲ開ク状ヲ目撃スルニ……」と、郊外開発の現場をも見落とさず、そのような途上の景観にさえ学ぶべきものを学んでいた。そこが、幕末期とちがう明治の新しさであり、なかでも廃藩置県の大改革の直後に国を出てきたnation building第一線の指導者たちの、全面開放の好奇心の鋭さ、責任感の強さ、というものであったろう。

それにしても、この郊外でのガス、上下水道、道路の工事の矚目《しよくもく》から、「故ニシル、都市ヲ開クモ、田野ヲ開クト同シ、地方官ヨリ、先之ニ道路ノ便ヲ与フレハ、人輒《すなわち》来リテ生理ヲ図ルモノアリ……」（同書一、一〇二頁）と、都市基盤整備の重要性、公のイニシャティヴによる計画的都市開発の必要性を、すでに認識し、指摘しているのは驚くに値する（「生理」とは久米愛用の漢語で、生計、生業の意）。

岩倉たちは、すでに新首都としての東京の改造などを考えていたのだろうか。まだ、さすがにそこまでは構想は及んでいなかったかもしれない。だが、このような現場を目撃することによって、日本でもこれからの近代化とともに都市の再開発に新しい工夫がやがて要請されることを、強く予感していたのである。岩倉使節団はこののち、ワシントンやロンドンやパリでも、都市のインフラストラクチャー整備の技術にかならず注目し、社会福祉の一環としての工場労働者街の環境整備の問題にまで目を向けてゆく。

産業革命・工業化の進展とともに、欧米の都市も十九世紀後半には、それぞれの歴史を負いながら急速な変化を迫られていたのであり、特命全権大使一行はまさに見るべきときに見るべきものを、しかもよく見た、と評すべきであろう。久米邦武の『米欧回覧実記』は、こうして、近代日本の文学史、外交史、科学技術史、比較文化史のみならず、都市論の歴史の上においてまで、重要な興味深い意味をもつこととなった。いまなお世界のさまざまな都市を歩けば思いおこす、マテリアリスト久米の名言の一つをここに引いておこう。——「其国ニイリ、其道路ノ修美ヲミレハ、政治ノ修荒、人民ノ貧富、頓《にわか》ニ判然ヲ覚フナリ」（同書一、一九九頁、於ワシントンD・C）。

岩倉使節団のアメリカ体験

5

サンフランシスコでの使節団首脳
(左より木戸孝允、山口尚芳、岩倉具視、伊藤博文、大久保利通。岩倉公旧蹟保存会蔵)

岩倉使節団と留学生の一行計百余名の大集団が、セントラル・パシフィック鉄道の五輛仕立ての特別列車でサンフランシスコを出発したのは、明治四年十二月二十二日(一八七二年一月三十一日)。三年前にユタ・テリトリー内でユニオン・パシフィック鉄道とつながって、文字どおり大陸横断鉄道となったばかりのこの汽車で、一行は厳冬のロッキー山脈を越えてシカゴに出、少なくとも明治五年の正月元旦は首都ワシントンでゆっくりと祝うことができるはずだった。

ところが、十二月二十六日、ネヴァダ州からユタ準州に入ってまもないところで、ロッキーの山路が例年にない大雪のために交通途絶との報が入った。そのため日本使節一行はやむなく予定外のソルトレーク市に迂回を強いられ、このモルモン教の町になんと二十日近くも淹留《えんりゅう》して鉄道の再開を待たなければならぬこととなった。もちろん、転んでもただでは起きぬ岩倉であり、大久保であり、久米邦武でもあったが、それにしても「山中ノ僻邑《へきゆう》」(同書一、一四七頁)での三週間近い強制休暇は、明治の人間にとってもさすがに長すぎたらしい。関ヶ原の雪で新幹線が一、二時間遅れても大騒ぎになる今日の日本からは、想像を絶する状況だが、前途に大使命をもつ岩倉一行の焦燥のほども十分に思いやられる。

しかも彼らは、やがて小林清親《きよちか》が「光線画」『高輪牛町《うしまち》朧月景』(明治十二年)に描くような、いじらしくも健気な蒸気車に引かれて、真冬のロッキーを越えようとしていたのである。思えば、十九世紀後半の汽車の旅、それもワシントンまで「総程三千百九十六英里《マイル》」(同書一、一九一頁)というような大陸横断の長旅は、このソルトレークでの思いもかけぬ長逗留までふくめて、まことに劇的ともいうべき緊張と忍耐と昂揚とをともなうものであった。

そのためもあってか、一月十四日(一八七二年二月二十二日)、ようやく汽車が動きだして、ユタからワイオミング・テリトリー、そしてネブラスカ州へとロッキーと大草原を走りつづけてゆくあたりの『回覧実記』の文章は、筆者久米邦武の知る限りの漢詩風漢語や中国故事の知識を動員して、使節団全員にとって生涯はじめてのこの大旅行の感覚と感慨とを伝えようとしている。

6

一月十四日の午後おそく、オグデン駅で「且庖車《かつほうしや》《ダイニンクカール》」二輛を増結して出発すると、特別列車はたちまちロッキーの「荒寥」たる山あい深く入り、登りつづけて、海抜二千メートルをこえる峠

雪搔車（『特命全権大使「米欧回覧実記」銅版画集』久米美術館）

の寒村ワーサッチ（Wahsatch）に向かっていった。

○「エコー」ヨリ鉄道ノ傾斜ヲマシ、時ニ洞道《きりとほし》ヲスキ、又ハ山厓《さんがい》壁立《へきりつ》ノ間《かん》ヲスク、二十五英里《（マイル）》間ニ、一千三百尺《（フィート）》ヲ上リ、一村駅ニアフ、此ヲ「ワッサック」山村トス、亦一ノ勝景ノ地ナリ、時ニ日ハ已《すで》ニ瞑《くら》シ、飛雪モ初メテ晴タレハ、寒月洗フカ如ク、清輝ノ峰々ノ岩稜ニカ、ヤキタルハ、白刃ノ上ニ照《てる》ヤト疑ハレタリ　（同書一、一五〇頁）

岩倉たちはこのような寒月の下の山景を記憶にとどめ、記録にとどめることまでも、彼ら外交官の旅の使命の一端と心得ていたようである。翌一月十五日の朝、前途の鉄道橋の修理が終わったとの報がとどいて、汽車はユタからワイオミングへと入っていった。まだ州となっていなくて、テリトリー（準州）と呼ばれていた「極目《きよくもく》千里ノ曠野」（同書一、一五一頁）であり、白人と先住民インディアンとの抗争があちこちで始まっている「西部劇」の一つの舞台でもあった（「インヂヤン」については、「是ハ日本人ノ流裔《りゆうえい》ナラン」という勇猛の部族のことなどまでふくめて、久米はすでにネヴァダ州横断の部分で詳述していた（同書一、一三一―一三四頁））。

萎薾《いじ》タル野艸《やそう》、莽莽《ぼうぼう》トシテ天ニ連リ、処々ニ印甸《インヂヤン》土蕃カ穴居スルニ逢フ、只鉄道ノ側ニハ、十余英里《（マイル）》ヲ隔テ、二三家ノ人家アリ、鉄道ヲ離ルレハ、千里ノ荒艸崖畔《がいはん》ヲシラス、飛鳥ノ翔《かけ》ル影タニミサレハ其景況ノスサマシキコトハ想像サレタリ、米国ノ広漠ナルコト、固《もとよ》リニ耳食《じしょく》ニ飽《あき》タレトモ、実況ヲ目撃スレハ、猶驚クニアマリアリ　（同書一、一五四頁）

この種の文を読むと、日本使節団一行はまるで宋・元の峻厳な水墨山水画のなかを旅していたかのごとき観がある。実際に彼らはこの荒漠たる大高原をつらぬいて進むとき、連想のよりどころとして、もはや日本の古典ではありえず、中国の古画や古文しか自分のなかに見いだしえなかったのかもしれない。一日、雪晴れの二千メートル級の高地を、それでもその景観の変化をつぶさに観察しながら走りつづけて、夜になると旧暦正月の満月がこの風景を照らした。一行が横浜を出立してから、はやくも三度目の満月である。

シエラネヴァダ山脈の鉄道。要所要所に「雪覆ヒ」が設置されている（『特命全権大使「米欧回覧実記」銅版画集』久米美術館）

夜ニ入《いり》テ、寒光ノ玻窓《はそう》ニ映スルニ驚キ、車中ニ首《かうべ》ヲ擡《もた》ケミレハ、猶茫々ノ荒原ナレト、道ノ左右ニ撥《ひら》キタル雪塊ハ、氷ノ岡ヲナシテ、明月ノ光ニカヽヤキ、玉《ぎょく》ノ中ヲキリヌケル心地ソセリ　（同書一、一五五頁）

こういう文章は、このとき車中で矢立の筆で手帳に書きしるしたものか、それとも二日後にシカゴに着いてから、その宿で書いたのか。あるいはそれから一年半後の帰国ののちに、車中での覚え書きを見て回想しながら、まとめたものか。いずれにしても、車窓の明るさに驚いて「首ヲ擡」げてみると……などというところは、そのときの実況と実感を直接に伝えていて、みごとな措辞《そじ》というべきだろう。「玉ノ中ヲキリヌケル心地」で終夜走りつづけて、翌正月十六日、日の出とともに目をさましてみると、それは人家数十戸の「ルワメー」村、つまり西部劇の決闘で有名なララミー牧場の駅だった（同書一、一五六頁）。

7

この日の午前中に汽車はワイオミング準州からネブラスカ州に入り、車窓に見る河にはじめて小鳥の飛ぶのを眺めて、「是ヨリ人境ニ入タルヲ覚ヘ」た。夕刻、このグレート・プレーンズをサウス・プラット河（South Platte）沿いに走るころの感慨をしるした『回覧実記』の次の一節は、三十数年前にはじめてこれを読んだときから私の心をとらえた文章として、これまでも『実記』を論ずるとよく引用したのだが、いままた読みかえしてみても、やはりすばらしい。明治の外交官はこのような名文をも書きえた一例として、再び引いておこう。

○是ヨリ南《ソーツ》「プレッチュ」河流ニソフテ走ル、夕陽《せきよう》野ニミチテ、千里ノ黄艸《こうそう》ハ茫トシテ寒烟ヲ生シ、河水清クシテ時ニ瀬声《らいせい》ヲキク、青山ノ目ニ上《のぼ》ルナキモ、自《おのずか》ラ気色《けしき》ノ愛スヘシ、況ヤ三日ノ間、無人ノ荒原ヲスキ、弐師《じし》カ未タ征セス、張騫《ちょうけん》カ未タ探ラサル、遼遠ノ漠野ヲ始テ鑿空《さっくう》シ来リ、

此矚目《しよくもく》ヲナシツヽ、東方繁庶《はんしよ》ノ域ニ達セントス、車廂《しやしやう》穏カナルモ、転輪ノ猶渋《しぶ》キヲ覚フナリ
（同書一、一五七―一五八頁）

スリルに富んだ厳寒のロッキー山地を走りぬけてきて、ようやく人里近い地域に入ってきたことを感じる安堵感と、夕日の高原をゆく若干の感傷とが、文章の語彙とリズムのうちにおのずから流れていて、美しい。しかも、ようやく「人境」に入った以上、一刻も早く東海岸の「繁庶」の域に達したいと、心はかえってはやりだし、車輪の速度さえ遅く感じられるという。これは明治四、五年の日本の使節、留学生一同の、このときの焦燥と期待の心理を、そのまま代弁するような一節でもあったろう。

「東方繁庶ノ域ニ達セントス、車廂穏カナルモ、転輪ノ猶渋キヲ覚フナリ」とは、どこか他でも知っているような文のリズムだと思う。するとそれは、三十三年後の明治三十八年五月、日本艦隊の佐世保出撃に際し、参謀秋山眞之《さねゆき》が大本営宛てに発信したという有名な電文の後半、「本艦隊ハ直チニ出動、コレヲ撃滅セントス、本日天気晴朗ナレドモ、波高シ」であることに気がつく。両者の底にはなにか共通の、はやり昂ぶる精神の緊張、いわば「西洋」に対決するときの明治日本人の武者ぶるいがあったことは、たしかであろう。右の文中に「弐師カ未タ征セス、張騫カ未タ探ラサル」と、またにわかに中国漢代の故事への言及が出てくるのも、前に一言触れたように、著者久米がこの回覧中とくに精神の昂揚をおぼえたときに愛用する一種の誇張の修辞法であった。このように表現することによって彼は、異文化のただなかで自分を見失ってしまうことなく、かえって対象

をわがものとして「領略」することもできたのである。

右にいう弐師とは、漢の武帝の命で弐師城を攻略した将軍李広利のことだが、張騫はいうまでもなく紀元前二世紀に西域に派遣された外交使節であり、偉大な探検旅行家であって、それゆえに久米の連想にもすぐに浮かんだのであろうが、さらに興味深いのは久米がここにすぐつづけて「鑿《さつ》空《くう》」（新しく道をうがち開く）という熟語を使っていることである。これはまさに『漢書』の張騫伝に「西北国《ノ》始《メテ》通《ズ》二於漢《ニ》一矣。然《シテ》騫鑿空《ス》」（傍点引用者）とある言葉である。つまり、『回覧実記』の執筆者はこの古典の典拠をちゃんと心得て右の熟語を使っていたことになる。驚くべき博識だが、これは漢学出身の久米個人の放れわざであったのか、それとも幕末維新期の知識人にとってはごく普通の教養の一端であったのか、私にはその識別ができない。だが、幕末の佐賀藩では経書よりも史書、地誌の類いが尊重されたというから、おそらく久米ならではのファイン・プレーだったのであろう。

8

岩倉使節一行はこうして西部の大山脈と大平原をつらぬく長い汽車旅のあと、大火直後のシカゴにはわずか一泊だけで旅を急ぎ、二夜連続の夜行で走りつづけて、明治五年一月二十一日（一八七二年二月二十九日）、みぞれの降る午後三時に、ついにワシントンD・Cのユニオン・ステーションに到着した。サンフランシスコを出発してからちょうどひと月がたっていた。

その旅の途中、オハイオ州からペンシルヴァニア州に入ってまもないところで、久米邦武は『実記』の日記体の記述から一字下げて、それまでの旅中の見聞と感慨とを一括して次のように述べている。やや長いが、よく一行の回覧の方法を示しているので、引いておこう。

> 一行ノ汽車、桑港ヨリ海岸山ノ隧道《トンネル》ヲ出テ、茫漠タル加利福尼《カリホーニヤ》ノ平地カ、天ニ連リ平衍《へいえん》ナルヲ一見セショリ、米国開拓ノ情実ニハ、人ミナ感触ヲ生シ、川ヲミレハ其漕運灌漑ニ注意シ、野ヲミレハ其分田道路ニ注意シ、山ヲ走レハ其材木礦利ニ注意シ、村駅ヲ過レハ其鳩聚《きゅうしゅう》〔集落戸数〕生理ノ状ニ注意シ、目ノ撃《う》ツトコロ、車中ミナ開拓ノ談ナラサルハナシ、「ネヴァタ」「ユタ」ニテ、已ニ貴金ノ利ヲ説《とき》タリ、落機山《ロッキー》ニテ漠野鉄路ヲ説キ、密 河《ミスシッピ》ヲ渡リテ水路運輸ヲ説キ、「オマハ」ニテ玉蜀黍及ヒ移民ノコトヲ説キ、其他橋梁ノ設ケ、道路ノ修否ヨリ、「モルモン」宗徒カ鹵地《ろち》〔塩気地〕ヲ開墾シ、羊毛ヲ紡織スル等、ミナ荒地開植ニ於テ、多少ノ感触ヲ与フルモノナリ、今市高俄《チカゴ》ヲ発シ、此州〔オハイオ〕ニ至レハ、野熟シ林茂シ、人烟稠密《ちゅうみつ》、已ニ洋々タル開明《シヴィル》ノ域ナリ、因テ前路ノ景況ト相較シテ、此ニ其進歩ノ順序ヲ述ル、左ノ如シ、
>
> 抑《そもそも》米ノ合衆国ハ、其始メハ圧瀾《アタラン》海ノ平地ヨリ開拓ヲハシメ、独立ノ後ニ、密河谷平地ニ開拓ヲ広メ、約三十年ツヽニテ、漸々《ぜんぜん》東〔西？〕ニ及ホセシコト、已ニ第五巻〔第一冊アメリカ編〕ノ末、桑港ヲ論スルトキニモ謂ヘル如シ、彼《かの》港ヲ発シテヨリ、当州ニ至ルマテ途上景況ハ、合衆国開化ノ歴史ヲ、順次ニ目撃シ来ルト謂《いう》ヘシ　（同書一、一八一―一八二頁）

車窓に顔を貼りつけるようにして沿線の景観をうかがい、また座席に直って矚目の事柄を論じあ

い、同行の駐日アメリカ公使デロング夫妻に質問してはまたざわめく――そのような岩倉一行の車中の旅すがたまでが彷彿とするかのようだ。ここでは、右の文中にいうような沿線各地各駅での観察の記事は、あまりに盛りだくさんなので引用を省略し、私自身の好みもあって、むしろ一行の汽車旅の感覚《センセーション》を伝えるような詩的紀行の部分のみを引くことが多かったが、実は彼らの大陸横断はもちろん漫然たる観光ではありえず、道中すべてこれ、多様な国土開発の実際に関する学習・考察の旅であったといってよい。「米国開拓ノ情実ニハ、人ミナ感触ヲ生シ」（傍点引用者）という面白い表現は、まさに現在進行中の西部開拓第一線を目のあたりにしたときの一行の感興と感銘とを意味するものであったろう。

9

たとえば、列車がネブラスカ州の州都オマハを出た直後には、ミズーリ河を仮の橋で渡るために河原に数時間停車するということがあったが、岩倉一行はその間にも、すぐ近くに建設中の新しい大鉄橋の橋脚埋設工法をつぶさに見学したらしい。そのとき、工事現場の河原を粗末な一列車が走ってきたが、見るとそれは州内に新移民を運ぶ格安の「エミグラシ、カール」（エミグレーション・カー）であったという（同書一、一六一頁）。

そこでさっそく日本人一行は、「蒸気車《(ロコモチフ)》ノ便ト、玉蜀黍《たうもろこし》ノ利トニヨリ、漠野ヲ化シテ烟花《えんくわ》ノ場トナス、是《ここに》モ米国開拓ノ一般ヲミルヘシ」（同右）との学習をあわせてすることになり、久米はさらにそこから進めて「人多ケレハ天ニ勝ツ、米国ノ曠土モ、人鳩《あつま》レハ開ク、東洋ノ沃土モ、其人力ヲ用ヒサレハ、国利ハ自然ニ興ラス、収穫モ自然ニ価ヲ生セス」との考察におよぶ。そして従来、東洋の指導的知識層は、学問するといえばそれは「高尚ノ空理」か「浮華ノ文藝」のみ、富殖開発というような「民生切実ノ業ハ、瑣末ノ陋事トシテ、絶《たえ》テ心ヲ用ヒス」「夢中ニ二千年ヲ経過シタリ」（以上、同書一、一六三頁）と、この漢学者は『学問のすすめ』（明治五―九年）の福澤諭吉そのままの日本旧文化批判の持説を展開せずにはいられなかったのである。

久米邦武が福澤をどれほど読み、どれほど意識していたのかは、よくわからない。『回覧実記』全五冊に福澤の名は一度も出てこない。だが彼の『西洋事情』（慶応二―明治三年）や『西洋旅案内』（慶応三年〔一八六七〕）などは、少なくとも米欧回覧への出発までには当然読んでいたものと想定される。だから、若干はその影響もあるかもしれないが、それ以上にこの両者の伝統的虚学批判における共鳴は、幕末日本の実学派知識人としての共通の背景に由来するものであったろう。

ただ、福澤の『西洋事情』は、万延元年（一八六〇）と文久二年（一八六二）のアメリカおよびヨーロッパへの幕府使節の一員としての旅行体験を巧みに生かしてはいるにしても、その主要部分「外編」はジョン・ヒル・バートン著の『政治経済学』（John Hill Burton, *Political Economy*）の翻訳（驚嘆すべき名訳！）であったし、『西洋旅案内』は慶応三年の二回目のアメリカ行きの見聞を織りこんでいるにしても、軽便な一種のハウツーものにすぎなかった。それにくらべて久米の『回覧実記』全二千頁は、一貫して米欧文明の現地・現場に立っての即物的観察の日記体の記録であり、その観察にもとづいての東西比較文明論であり、さらには「実学」よりは「虚学」に属すべき詩的紀行体の文章さえその間に随所に織りこんで、使節団のムードの多様な転調を奏でていた。久米の編著は福澤の数々の名著に比すべき卓抜な西洋事情・西洋文明論の書でありながら、またそれとはまったく別個の独自の文学的価値をもつ作品だったのである。

10

右の長い引用の末尾で、カリフォルニアからオハイオまでの長い横断旅行は、そのまま「合衆国開化ノ歴史ヲ、順次ニ目撃シ来ルト謂《いう》ヘシ」というのも、使節団一同の感想ではあったろうが、まことに適切な、みごとな把握ではなかろうか。ワイオミング準州の大草原のあたりは、コロンブス（一四五一頃─一五〇六）やアメリゴ・ヴェスプッチ（一四五四─一五一二）の新大陸発見の時代そのままかと思われるほどの原始さながらのすがたであり、カリフォルニアもサンフランシスコから一歩奥に入れば「猶依然タル混濛《こんもう》ノ世」であり、ネヴァダ、ユタまたしかり。ネブラスカからアイオワに下ってようやく開け、オハイオまで来れば「已ニ洋々タル開明《シヴィル》ノ域」、しかしそれでもまだ「猶穉《ワカ》キヲ知ル」、というのである。

地理と歴史とを結びつけて、しかも実感のこもったこのような北米開拓史の展望は、少なくとも日本ではこれがおそらく初めてであったろう。ペリーの黒船が来てからまだ二十年にも満たぬ間に、日本人の西洋知識と西洋体験が一挙にこのレベルまで広まり深まったことに、あらためて一種の感慨をおぼえないわけにはいかない。万延元年の新見《しんみ》豊前守、村垣淡路守、小栗上野介らの遣米使節は、パナマ地峡経由でワシントンに向かったのであったし、慶応三年の福澤の二回目の渡米のときも同経路であった。

岩倉たちのちょうど一年前、明治三年十二月二十六日にサンフランシスコに着いた西園寺公望（一八四九―一九四〇）は、その一年半前に開通したばかりの大陸横断鉄道でニューヨーク、ワシントンに向かい、やがてイギリス経由でフランスに留学するのだが、その汽車旅も満二十一歳の若い貴族には「身恰《あたか》も翼を生し心持にて、愉快不可言《いうべからず》」とただ面白いのみ。山中の車窓に先住インディアンのすがたを見かければ、「今日に至ても、如此姿なり、実に夷狄禽獣とも云べし」と勇ましく言い捨てるだけだった（『欧羅巴《ヨーロッパ》紀遊抜書』一九三二年）。

こうしてみると、当然のことながら、日本側には幕末以来『海国図志』や『瀛環《えいかん》志略』など久米も愛読した中国系の西洋地理書と、福澤ら洋学者の研究による西洋知識の急速な蓄積、および開国と維新による急激な社会変化があり、アメリカ側にもまったく同時期に、南北戦争（一八六一―六五年）による混乱と停滞、そして大陸横断鉄道の開通というような急速な開発の進展があった。岩倉大使一行はその両国の文化がまさにはじめて真っ向から出会うべきときに、その歴史的な遭遇を演じた、しかも一挙に、画期的というべき知的レベルの高さにおいてそれを演じた、外交・文化の大使節団であったといえるだろう。そして彼らが当時最盛のヨーロッパを回覧する前に、まず「未開」から「開明《シヴィル》」にいたるアメリカを体験したことは、彼らにとってなんといっても適切な文明学習・西洋研究の教程であった。

Ⅲ　西洋文明の学習と領略

11

前節の『回覧実記』からの引用に、岩倉使節団がアメリカ西部の荒涼たる風景を走りぬけてようやくオハイオ州に入ってきたときの感想として、「已《すで》ニ洋々タル開明《シヴィル》ノ域ナリ」（同書一、一八二頁）という面白い表現が使われていた。いったい、明治五、六年の日本使節一行にとってこの「開明」とは、つまり十九世紀西洋の文明《シヴィリザシオン》とは、なにを意味していたのだろうか。

それは『米欧回覧実記』全巻を通じて、たえず、いたるところで問われ、観察され、論究されている問題であって、とてもここで一言に要約できるようなものではなかった。

近代西洋の文明とは、岩倉たちにとっては、さきのオハイオ州の一節でいうならば「野熟シ林茂シ、人烟稠密《ちゅうみつ》」となることであった。ロッキーを越え大草原をつらぬいて彼らが乗ってきた、大陸横断の鉄道そのものでもあった。サンフランシスコではやくもつぶさに観察し、以後ワシントンでもパリでも繰り返し詳述する、瓦斯《ガス》・上下水道から街路舗装や街路樹植樹、また公園や市内交通網にまでいたる、いわゆる都市基盤の整備の問題でさえあった。そしてそれらの整備を得ていよいよ商業、工業と人口が集中し、そのため石炭の黒煙濛々と天に薫じて「落霞《らっか》〔夕霞〕モ為ニ黒」き

（同書一、一八〇頁）ピッツバーグ、イギリスに渡ってからはなおさらのこと、「全府石炭ノ烟、天ヲ掩《おお》ヒテ空気為メニ昏黒《こんこく》」（同書二、一五八頁）のマンチェスター、「夜中ニ此府ヲ望メハ、所所《しょしょ》ノ烟突ヨリ、炎火ヲ噴キ、赫赫《かくかく》天ヲ焦《こが》シ、殆ト火災アルカト疑愕《ぎがく》セシム」（同書二、一九一頁）というグラスゴー、またバーミンガムなど、名だたる「雄都」の、ここを先途と昼夜旺盛に「公害」をまきちらして活動するさまにほかならなかった。

副使大久保利通も、とくにイギリスで各地各都市のあらゆる分野の工場を歴訪し、その黒煙が天に「朝《ちょう》シ」てやまぬ壮観に驚嘆し、心奮いたつのをおぼえたらしい。その種の感慨を後輩大山巖に宛てた手紙（明治五年十一月二十日付）に洩らしているし、久米邦武はまた彼なりに、貿易と金融と商工業と交通が集中して昼夜「喧闐《けんてん》」と「殷賑《いんしん》」（いずれも久米の愛用語）のやむことのない大都市、ニューヨークやロンドンの活況には、またも中国古典『戦国策』にいう斉の都臨淄《りんし》の「車轂《しゃこく》（車輪のこしき）撃《う》チ、人肩摩《ま》ス」、そして「汗ヲ揮《ふる》ヘハ雨ヲ成ス」との、繁栄の修辞を想いおこさずにはいられなかった。

12

つまり、岩倉使節団の米欧回覧は、前から繰り返し述べてきたように、その文明のほとんどあらゆる面におよんだが、なかでも彼らの関心の最大の焦点の一つが、十九世紀初頭以来とくにイギリスを先頭にして進められてきた産業革命の成果——政治・経済また教育の制度と蒸気車・蒸気船の新交通手段に支えられ、またそれらの新しい展開をうながしながら推進されてきた工業化と都市化

雄都マンチェスター（『特命全権大使「米欧回覧実記」銅版画集』久米美術館）

と諸地域間交易の隆盛にあったことは、疑いえない。岩倉一行はこの十九世紀ヨーロッパにおける産業革命の展開の歴史と、そのさまざまの動因とを、「産業革命」という用語こそまだ使ってはいないにしても、すでによく認識していたらしい。大久保などはイギリス各地で、黒煙濛々たる工業化の盛況にときに圧倒されて、自分はとてもこのような時代に適応できない、このような富国の域にまでいまの日本を導いてゆく自信はない、と深刻な挫折感を洩らしたと伝えられる。同じく副使木戸孝允が、その『日記』を通じてみても、しだいに神経症を昂じさせていったようにみえるのは、その持病のせいばかりではなく、この文明度の格差を前にしての焦燥のゆえでもあったろう。

だが少なくとも大久保は、一八七二年におけるイギリスと日本との間のこの「富強」の格差は、文明の格差というよりも、むしろ産業化（工業化）の時差であって、それも「蒸気車発明アツテ后ノ義」、つまり「五十年以来ノ事」（前掲、大山宛て書簡）ないしは四十年以来のこと、ということを知っていた。そのことを知ったとき、彼は「それくらいならば、あるいは」とふたたび勇気をふるいおこしたという。そのような知識と知恵を大久保に吹き込んだのは、岩倉一行の渡英を迎えるために帰国していた駐日イギリス公使ハリー・パークスか、その書記官で日本学者のウィリアム・ジョージ・アストンか。あるいはやはり歴史家で勉強家の久米邦武自身であったかもしれない。久米は『回覧実記』第二冊英国篇の「倫敦《ロンドン》府ノ記」の一節に、次のように繰り返し書いている。

当今欧羅巴各国、ミナ文明ヲ輝カシ、富強ヲ極メ、貿易盛ニ、工芸秀テ、人民快美ノ生理ニ、悦楽ヲ極ム、其情況ヲ目撃スレハ、是欧洲商利ヲ重ンスル風俗ノ、此ヲ漸致《ぜんち》セル所ニテ、原来此洲ノ固有ノ如クニ思ハルレトモ、其実ハ然ラス、欧洲今日ノ富庶ヲミルハ、一千八百年以後ノコトニテ、著シク此景象ヲ生セシハ、僅ニ四十年ニスキサルナリ……千八百三十年間ニ、汽船鉄道ノ便始メテ起リシハ、欧洲ノ貿易、一変ノ運ニテ、英国ノ人民、首《はじめ》ニ此ニ注意ヲ生シ、政府ハ衆ノ渇望ニ迫ラレ、製作ノ芸術ヲ開クヘキ、教育ヲ興サント議ヲ起セシハ、今ヲ距ル僅ニ三十四年前ヨリセリ（同書二、六六頁）

日英ないし日欧間の工業化の時差を、大久保は「五十年以来ノ事」としたのに対し、久米は右のように「著シク此景象ヲ生セシハ、僅ニ四十年ニスキサルナリ」と、十年も短く見積もった。さらにイギリス政府が工業技術教育の振興に本腰を入れはじめたのは「僅ニ三十四年前」と、いちだんと短く考えることも可能なことを示したうえに、アルバート殿下の尽力によってハイド・パークで世界最初の万国博覧会が開催されたのは一八五一年、つまりいまから二十年前の「我嘉永四年ノコトニスキス」（同書二、六七頁）とも書き加えている。

この文明の時差とは、蒸気車鉄道の敷設とか石炭の使用量というような項目を別とすれば、かならずしも客観的に測定しうるものではなく、主観的な見立て、それも後進国の者の側からの目測である部分が大きいはずだが、岩倉使節団がとくに当時最盛のイギリスでこの時差を強く自覚し、しきりに問題にしたらしいことは興味深い。それを自覚し問題にすること自体が、いかにも明治的な（そして日本的な）「欧米に負けるな、追いつけ」の意識の発動であることはいうまでもなく、岩倉たちがすでに一種の単線思考型の進歩史観、ジョージ・サンソムの『西欧世界と日本』での用語を借りれば、“the dogma of perfectibility”（進歩向上可能というドグマ）にとりつかれていたことをも示していよう。そしてその時差を五十年から二十年へと、なるべく小さく見積もりたがっている点も、彼らの切々たる自己激励の心情をよく伝えている。

岩倉一行の対英時差見積もりの平均が四十年と三十年の間ぐらいにあったとすれば、それは意外に的を射ていたかもしれない。そのイギリスと日本が、ロシア、中国、インドを包囲して日英同盟を結ぶのが明治三十五年であり、その三年後には日本は対露戦争に勝利して世界の「列強」ないし「一等国」に伍することにもなるからである。そして面白いことに、その日露戦争前後のころから急増する留日中国人学生のなかには、西洋での岩倉たちと同様に、故国の後進性を慨嘆して、日本への遅れを五十年、四十年と見立てる者もいたらしい（厳安生『日本留学精神史』岩波書店、一九九一年）。ちょうどそのころ、夏目漱石『三四郎』（明治四十一年）の主人公たちは、西洋近世三百年来の文明の歴史をわずか四十年でなぞろうとする明治日本の性急さ、浅薄さを、批判しはじめてもいたのであった。

13

だが、前にも触れたように、西洋人文に原語で接して、その文明の奥行きの深さを学ぶようになるのは、鷗外、漱石、敏、荷風、あるいは西洋画の黒田清輝《せいき》、原田直次郎ら、岩倉使節団一行のすぐ後の世代に残された仕事である（それにしても、このバトンタッチは驚くべく早くすみやかに行なわれた）。岩倉使節一行にとってまず喫緊の最大の課題は、日本国民の生き残りを賭けて富国強兵をはかり、そのために殖産興業のあらゆる方式と国民教育の制度とを西洋先進諸国の現場に立って学びとり、「領略」することにほかならなかった。これらを最優先の政治課題とすること自体、一行が米欧回覧の途上に得た重要な認識であったといえるが、その学習のために傾けられた彼らの禁欲的努力の密度たるや、いかに明治初期の場合とはいえ、ただ驚嘆に値するものである。

それは『米欧回覧実記』における詳密をきわめた観察と記述のスタイルそのものに、如実にあらわれている。『回覧実記』のどの頁を開いてもそれはうかがえるが、ここでは殖産興業策の学習の点でもっとも充実していたイギリス滞在中（明治五年七月十三日〈一八七二年八月十六日〉―同年十一月十六日〈同年十二月十六日〉）の、各地の工場歴訪の日々の記述から、一、二の例を引いてみよう。まるで、久米邦武はこれらの記述から、やがて日本でそのままその機械の構造や工程を再現することを期していたかのような詳細さ、精密さである。

まず、明治五年九月二十二日、曇りの日、ヨークシャーの商業都市ブラッドフォードの南郊にリスター紡績会社（Lister's Manningham Mills）の工場を見学したときの記事の一節である。この日の朝、岩倉一行は同じく近郊に、まず企業家「タイトル」氏（Sir Titus Salt, 1803-76）が設計して完成したばかり（一八七一年）の、一種のユートピア的工場村（industrial village）ソルテヤ（Saltaire）を訪ね、そのアルパカ製造工場と、労働者のための学校、病院、養老院、集合住宅などの施設を見学した。そのあとふたたび汽車でリスター工場のあるミッドランドに廻ったのである。

ここで彼らは、中国・日本から輸入した屑繭、屑糸を紡いで繊美な絹糸とし、やがて絹布を織りだす「機巧絶倫」の紡績機械を見て、感嘆した。その絹糸精練の工程の一端——

○此糸ヲ数条一束シ、梳櫛ノ盤ニカケ引切ル、梳櫛《そしつ》ノ盤トハ、銕盤ノ上面ノ周囲ニ、銕針ヲ以テ、細密ナル梳歯ヲ施シタルモノナリ〈此盤ハ已ニ羊毛ヲ紡スル器械中ニモアリ〉、此盤ハ三箇相集リテ転回ス、第一ノ盤上ニ向ヒ、連環櫛ヲ出タル絹ヲ束シ、垂下シテ漸漸ニ降ラシメ、此《ここ》ニ機アリテ其糸ノ端ヲ銕歯ニ挂《か》ケ、幷《あわ》セテ之ヲ引切レハ、糸ハ盤ノ周囲ニ、白髯《はくぜん》ノ如ク、参差《しんし》トシテ垂レ、盤ノ回ルニ従ヒ、糸ハ風ヲ帯ヒ宛《アタカ》モ白犀《しろさい》ノ槍鞘《ヤリサヤ》ヲ振回スルカ如シ、盤回一周ニ至ル処ニ、盤下ニ管ヲ設ケ、蒸気ヲ吹出ス、此力ニテ軽軽ニ絹糸ヲ吹キ、糸ハ倒《さかさま》ニ飛揚スル勢ニテ、第二ノ盤ナル鋼歯ニ吹カヽル、盤ノ転スルニ従ヒ、第一ノ盤ヨリ離レ、第二盤ノ櫛ニ挂《かか》リテ回リサリ、第一盤ノ梳根ニハ、渣屑《させつ》ヲ残セルノミ、第二盤ヨリ第三盤ニ移ルモ亦然リ、第三盤ノ末ニ至リ、挨次ニ其白毛ヲ収メ、一条ノ大糸トナス、両ケノ輪盤交接ノ際ヨリ吹ク、蒸気ノ煦嘘《くきょ》ニヨリテ、糸質ニ光潤ヲ生セシメ、盤ヲ出テ大糸トナルトキハ、已ニ純粋ノ白綿トナルヲ、又紡シ、更ニ紡シ、遂ニ至繊ナル絹糸トナス、之ヲ瓦斯ノ火中ニ貫キ、輪ヲ以テ急ニ繰レハ、糸ニ生シタル細芒ノミ焼ケテ、糸ハ更ニ粋白ナリ、此烈火中ヲ過キシムルハ、細芒ヲ焼クノミナラス、又布糸ノ質ニ存スル垢膩《こうじ》ヲ焼キ去テ、色ヲ白クセシムルモノナリ、布ヲ晒ストキニモ、此法ヲ用ヒルトナリ

（同書二、二九〇—二九一頁）

ほんの一節を引いただけなのに、書き写してみればずいぶん長い。「連環櫛《しつ》」とか「渣《さ》屑《せつ》」とか、「挨次《あいじ》」（あとからあとからと続いて）とか「煦《く》嘘《きょ》」（息を吹きかけてあたためる）とか、見なれぬ難しげな漢語も少なくない。しかし、それだからといって『回覧実記』の随所に、という以上にいたるところに、詰めこまれたこれらの近代工場見学記録の部分を敬遠し、飛ばして読んでいたのでは、『回覧実記』の醍醐味、そして岩倉使節団回覧の実質は伝わらないままだろう。

だいたい、手もとの漢和辞典を文庫版の一ページにつき二、三回引くのをいといさえしなければ、いまの大学生にとってもけっしてわかりにくい文章ではない。いや、むしろ、右の一例でいうなら、紡績機のさまざまの部分が次々に巧みに連動して、荒い糸束がついに「至繊」「粋白」の絹糸に練りあげられてゆく工程が、私のようなまったくの素人にさえ眼に見えるように、手にとるように、浮かびあがってくる。重厚かつ明快であり、そのうえに「機巧絶倫」の工程を息をころし目をこらして追う者の感動をさえ裏に宿した文章といえるだろう。

ユートピア的工場村ソルテヤの教会
（『特命全権大使「米欧回覧実記」銅版画集』久米美術館）

岩倉大使の随員久米邦武の職務は、終始大使に密着して行動し、その眼その耳となって大使の見聞を記録し、これを日本国民に報告することだった（外交使節団がその視察報告を国民に対する「公務」の一件とするということ自体、これ以後今日の首相、外相の「外遊」にいたるまで、二度と企てられたことがないのではなかろうか。

明治新政府とは、なんと理想主義的に民主的でまた国際派であったことか!)。だが、多くの場合、とくに各種工場施設や博物館や政府機関や史蹟視察の際には、随員久米は大使岩倉よりもはるかに鋭く、はるかに先の細部まで凝視し、耳を傾けていたのではないかと思われる。明治十一年(一八七八)、『米欧回覧実記』全五冊がついに公刊され、さっそく一部が前特命全権大使岩倉具視のもとにとどけられたときも、岩倉はこれを一瞥して「なるほど、私の眼にはこのようなことまで見えていたのか」とはじめてさとり、愕然としたにちがいない。

それほどまでに、久米邦武は右の一節でも、熾烈な好奇心をもって機械の作業の工程を追究している。元佐賀藩漢学者久米が、実は一方では、すでに明治初期のころから西洋系の物理や化学に興味をもってこれを学習していたことは、北海道大学『回覧実記』研究グループの高田誠二教授らの研究によって明らかにされている。だから久米はマンチェスターの染糸工場でも、イギリスのミントンやフランスのセーヴルの陶器工場でも、化学用語を駆使してその工法、工程を説明することができた。だが彼は、単にその種の知識を披瀝するというよりも、その理科的興味をもって製造過程を逐一追うことに一種の禁欲的快感をおぼえ、さらにその複雑さを漢語によって表現しつくし、「領略」しおおせることに、維新期の文科人間としてのスリルに富んだ快感をもおぼえていたにちがいないのである。

そのように思わせるに足る右の一節であったが、久米はたしかにこれを自分の感覚の記憶によって、後日、あるいはその日のうちに書いているのだろう。紡績機械の「仕様書《がき》」をかたわらにして書いているのかと思われるほどに精密だが、リスター工場が当時そのようなものを見学者に配布するはずもないし、使節一行中の他の理事の報告書に依拠してこれを書いているとも思われない。右の文中の「糸ハ盤ノ周囲ニ、白鬚《はくぜん》ノ如ク」とか、「盤ノ回ルニ従ヒ、糸ハ風ヲ帯ヒ宛《アタカ》モ白犀《しろさい》ノ〔革で作った〕槍鞘《ヤリサヤ》ヲ振回スルカ如シ」とかの、具象的な比喩の用法からいっても、筆者久米邦武自身がなみなみならぬ驚嘆をもって工程を観察し、その印象のなまなましいうちにこれを書きしるしたことが察せられるのである。

このリスター工場は当時すでに二千五百人から三千人の工員を擁し、改造・拡張工事の完成のあかつきには、その倍の規模になるとの予定であった。岩倉一行は当時六十余歳の社長リスター氏に会見して説明を聞き、その子息がちょうど横浜に出張して繭糸を仕入れているはずとのことも、その社長から聞いた。

14

一九八九年秋、シェフィールド大学で「岩倉使節団研究国際会議」が開かれたとき、私は他の約二十名の参加者とともに、バスでこのリスター紡績会社や、岩倉らが翌日見学したハリファックスのディーン・クロウ羊毛紡績工場(Dean Clough Mills)跡などをも見学した。だが、それらはいまや「跡」としか呼べないほどの廃墟に近いありさまで、そのごく一部が細々と操業しているだけであったり、工業博物館やイヴェント・ホールへの転換を計画していたりした。工場はとりこわすのも容易でない立派な石や煉瓦の建物で、岩倉たちが感心して仰いだリスター工場の高さ八十メートルの大煙突は、ヴェネチアのサンマルコ広場の鐘楼を模したという美しいすがたで、もはや煙を吐くこともなく曇り空にそそり立っていた。
岩倉一行はソルテヤおよびリスター工場見学の四日後、九月二十六日、ブラッドフォードから同じヨークシャー州内のシェフィールドに移り、当時のイギリス最大の製鉄工場、チャールズ・カメル氏（Charles Cammell, 1810-79）の工場現場を、二十七日のまる一日かけてつぶさに見学した。

朝九時ヨリ車ニ駕シ、「カメロ」氏会社ノ鋼鉄製造場ニ至ル、此場ノ盛大ナルコト、一区ノ広域中ニ、大小ノ煙突、参差《しんし》トシテ天ニ朝シ、石炭ノ煙ハ、墨ヲ撥《はね》クカ如クニ、大空ヲ滾《こん》シテ驀起《ばくき》スルハ、暴風大雨ノ至ラントスル気色《ケシキ》ヲナス、外ヨリ望ミテモ、已ニ人ノ心胆ヲ驚カス、前後ノ製造場ニ、如此《かくのごと》キ壮大ナル場ヲ見ス
（同書二、三〇〇頁）

との一節に始まるカメル工場見学記は、岩波文庫版で十一頁にもおよぶ。ドイツ篇のクルップ工場見学の記とならんで、『回覧実記』中の圧巻の一章と称してよく、十六年前（一八五六年）に発明されたベセマ式回転熔鉱炉を用いての鋼鉄精錬の工程や、その鋼鉄による軍艦用の甲鉄板や、蒸気車用の車輪、スプリングなどの製造工程の叙述は、『回覧実記』の他章におけると同じく、編述者の漢語語彙のストックを総動員し、自在に合成し駆使して、まことにみごとなものである。福澤諭吉の主張に反して、明治日本人はこの漢語の知識、漢学の教養があったからこそ、西洋文明の総体と細部を的確に把握・領略することができ、それによって自国の近代化を遂行しえたことを、立証するような一章でもある。

だが、このような工業技術についての観察記述ばかりを重ねると、岩倉使節団はやはり西洋近代文明のとらえやすい外面的成果のみを学んできたのだと、従来のステレオタイプ化した日本近代化批判の言をまたも繰り返されかねない。だが、事実はそんなことではなかった。久米の前に引いた一節にも、よく読めばすでにうかがわれるように、彼らはまさに、執拗なほどに西洋近代文明の物的側面を観察し、洞察することをとおしてこそ、その背後に宿る近代西洋の思考様式に探りを入れ、ここにいたる精神の歴史の長い豊かな営みさえ知って、これに敬意をはらうようになった。最後に、この明治四年の外交使節団が、どこまで十九世紀西洋世界の精神史的背景に触れ、それを理解しえたのかを、探ってみることとしよう。

Ⅳ　異文化への寛容と洞察

15

岩倉使節一行は明治五年正月二十一日（一八七二年二月二十九日）ワシントンに着くと、代理公使森有礼やアメリカ側迎接委員に迎えられて、まっすぐに宿舎のアーリントン・ハウスに入った。冷たい雪の降りつづく午後だった。

いくら気丈な明治人たちでも、サンフランシスコから一カ月半かかった大陸横断の旅には、さすがに疲れはてていたのではなかろうか。一行がワシントンでの公けの行動を開始するのは、到着四日後の月曜日、正月二十五日からである。その日の昼、使節団の首脳部は宿舎からほど近いホワイト・ハウス(「白館」)を正式に訪問し、第十八代大統領グラント将軍に謁見した。第十六代リンカーンが暗殺された(一八六五年)あと、副大統領であったアンドルー・ジョンソンが昇格して一期つとめ、そのあとに選出された共和党の大統領(任期一八六九―七七年)である。

アメリカは南北戦争(一八六一―六五年)が終結してから七年目、国政の再編と国力の開発に全力をあげ、着々とその成果も見えはじめているときだった。「御一新」から五年目の明治新政府の指導者たちには、その点が単に歴訪の最初の国であることをこえてきわめて刺戟的に作用し、彼らの親身な共感を呼んだばかりでなく、彼らの開化向上への意欲を鼓舞するところもまたはなはだ大きかったようである。

アメリカ政府と開始した条約改正交渉が、日本側国書に全権委任の記載がないことで蹉跌し、副使の大久保と伊藤がその信任状を得るために急遽いったん帰国する(旧二月十二日ワシントン発)などという、思いがけない展開になったのは周知のことだが、その間にも、もう一人の副使木戸孝允は何人かの随員とともにアメリカの法制、教育制度、さらに憲法の研究にとりかかりはじめた。憲法については、副使たちの不在でやや暇になった久米邦武が、通訳官畠山義成を相手にアメリカ憲法の翻訳を進めていたところに、そのことを知った木戸が途中から参加してきたのだという(『久米博士九十年回顧録』早稲田大学出版部)。久米はそのような勉強を踏まえてのことか、正月二十七日、岩倉一行が国会(「カピトル」)を訪問し演説もしたことの記事のあとに、アメリカの「コングレス」と憲法の成立の歴史を簡略に紹介したうえで、さっそく次のような評価を下している。

如此ニ論理ヲ尽シ、日月ヲ経テ、商定セル憲法ナレハ、其良善ヲ尽シ、人心ニ入ルコト、猶《なお》天教ヲ奉戴スルカ如ク、于《いまに》今九十六年、三十七州ノ多ヲ致シテモ、敢テ違戻《いれい》スルコトナシ、……固《もとよ》リ人為ノ法ニ、完全ノモノアルヘカラス、人民ニ伸ヘハ、政府ニ縮ム、自由ニ切ナレハ、法度ニ慢《ゆるやか》ナル、一得一失、理ノ自然ナリ、米国ノ民ハ、此政中ニ化育セラレ、百年ニ垂《た》レタレハ、三尺ノ童《わらべ》モ亦君主ヲ奉スルヲ恥ツ、習慣常ヲナシ、其弊《へい》ヲ知ラサルノミナラス、只其美ヲ愛シ、世界ヲ挙テ、己ノ国是ニ就《つか》シメントス、造次《ぞうじ》〔わずかの間〕ノ談ニモ、其感触ヲソナフ、到底其意想ノ移スヘカラサル、純乎タル共和国ノ生霊ナリ　（同書一、二〇七―二〇八頁）

「三尺ノ童」以下がことのほか愉快な一節ではないか。これは正月二十七日の記事につづいていても、例によって一段下げて添えられた感想・批評の部分であるから、その日だけではなく後日の経験も含めて書かれているのだろう。いずれにしても、岩倉、久米らが、アメリカ人に会うたびにアメリカ式民主共和制の自己礼讃を聴かされ、「天教ヲ奉戴スルカ如」きその自信の強さに、ほとほと感心し、かつ呆れもしたことがよくわかる。

「只其美ヲ愛シ、世界ヲ挙テ、己ノ国是ニ就シメントス」とは、アメリカ人の今日まで変わらぬ楽天的独善主義が、南北戦争による混乱の直後であるだけに当時いっそう強調されていたことを思わせよう。アメリカ人はあのころからすでにそうであったのか、と私たちは岩倉らの当惑顔を思いうかべながら微苦笑せざるをえないのである。

「造次ノ談ニモ、其感触ヲソナフ」というから、日本使節団が政治制度の研究をも使命としていることを知って、アメリカ政府の高官たちが会談の合間に、あるいは日米相互に催された大宴会で隣席になった紳士淑女たちがその会話のなかで、アメリカ型民主制がいかにすぐれているかを吹聴し、明治日本がこれを採用することを勧めたのであろう。あるいはそんな機会でなくとも、おのずから彼らの口をついて出るのが、自国の制度の正しさ、偉大さを讃える言葉であったのだろう。「到底其意想ノ移スヘカラサル、純乎タル共和国ノ生霊ナリ」とは、この経験の繰り返しから発せられた久米邦武の名言であった。

16

一八七〇年代当時も明るい顔で声高に話し、大声でよく笑ったにちがいないアメリカ白人たちの自信満々の振舞いに、岩倉一行はときに辟易しながらも、けっしてこれに悪感情を抱くなどということはなかったようだ。いや、むしろ彼らの言行のすべてに溢れる新興アメリカの進歩向上のエネルギーに、共感と好意を寄せるようにさえなっていたらしい。久米邦武にいたっては、彼自身、後年のどんな自由民権派よりも民権派となり、共和主義者となったかのように、『回覧実記』の随所に熱っぽい言葉でアメリカ民主主義礼讃を述べている。

ワシントン滞在もすでに二カ月をへた三月二十三日、岩倉一行は昼前から「ポスト、オッフィース」(「郵便院」)と「勧農寮」を見学し、それぞれの事業の盛大かつ周到なことに打たれたが、その日の記事につづけて、久米はたとえば次のように書いている。

米国ハ、欧洲人民ノ開墾地ナリ、欧洲ニテ自主ノ精神ニ逞シキ人、已カ不羈独立ノ智力ヲノベ、新ニ一大生業ヲ興サント志《こころざ》セハ、其游刃《ゆうじん》〔余裕、余力〕余リアル、米国ノ広土ニ向ヒテ、開墾ヲ試ム、是此国ノ開ケシ原由ニテ、英ノ貴族「バルチモール」、及ヒ「ウィリヤムペン」等ニテ証スヘシ、英国ノ属地タリシトキヨリ、已ニ此国ハ自主民ノ移住営業場トナリシヲ以テ、欧洲自主ノ精神、特ニ此地ニ鍾《あつま》リ、其事業モ自《おのずか》ラ卓落豁達《たくらくかったつ》ニテ、気力甚タ旺《さかん》ナリ、……自主ノ論ト、共和ノ議トハ、欧洲ニモ充チタレトモ、多ク理上ノ談ニテ、其国ノ実際ニ適セス、只米国ハ純粋ノ自主民集リテ、真ノ共和国ヲナス、其由来スル所ハ、固《もとよ》リ開国ノ元素ヨリス、此《これ》採風者ノ眼光ヲ着クベキ所ナリ
（同書一、二四三頁）

アメリカに文明学習に来る者は、とくにこの民主主義が住民にとって根生いのものであることに着目せよ、とまでいっている。明治四、五年の日本外交使節団の一員としては、よく相手国の歴史の概略をも把握して、意外といっていいほど鋭く遠くまで新興アメリカの精神構造をとらえている、と評すべきだろう。久米はこのあとに、欧州から新大陸への移民のなかには、もちろん「逋逃《ほとう》ノ藪《そう》〔罪を逃れた人々〕」、「無頼ノ群」も多かった、と『左伝』のなかの難しい漢語を使っていっている。だがその種の移民をも「其首領トナル士君子カ、自主ノ精神、他ニ優レ実用ノ学術ヲ教ヘタル功」（同書一、二四五頁）によって指導し、国土開発に向かわせたために、今日の成功にいたったのだ、

と評価はあくまで肯定的である。

岩倉一行は、前にも触れたように、原住インディアンに不穏の動きがあることも知っていた。とくにワシントン滞在中には、黒人差別の長い歴史がアメリカ社会に難問を呈していることを、みずからの偏見はあっても、それなりに洞察していた。またアメリカ人が、その共和制信奉と同じほど強烈にプロテスタンティズムを信奉していることを経験させられては、「孩嬰《がいえい》〔赤ん坊〕ノ胎ヲ出レハ、〔その教えは〕乳漿《にゅうしょう》ト共ニ心髄ニ浸漬《しんし》シ、身ヲ終ルマテ、其教中ニ薫蒿《くんこう》ス」、「論高カラサルモ守ルニ篤ク、説怪ナルモ信スルニ誠ナリ、水火モ避《さけ》ス、白刃モ踏ヘシ、困窮愁苦、愈信守シテ失ハス、言論ノ屈スヘクモ、精神ノ奪フベカラサル、即チ之ヲ嘲《あざけり》テ頑習骨ニ入ルト言フモ可ナリ」（同書一、三四四頁）と、新井白石のシドッチ審問後の感想をも思わせるような、これまた讃嘆と辟易の入りまじった言葉をしるしてもいた。

だが、そのようなアメリカ社会の抱えるさまざまな問題に対する懸念、懐疑、当惑を随所に洩らしながらも、全体としてこのアメリカ合衆国に対してほどはっきりと、露骨に、一国の政治の制度と成長のダイナミックスを肯定し、礼讃している論は、『米欧回覧実記』全五冊を通しても他にないといってよい。明治五年七月三日（一八七二年八月六日）の朝、いよいよボストンの港から英国リヴァプールに向かって出帆するにあたっては、上下市民の熱烈な見送りを受け、「米国ノ人ハ、外国人ヲ視ル一家ノ如ク、交誼ニ厚キコト、同胞ニ於ルカ如シ」、「嗚呼《ああ》此開明ノ際ニ当リ、鎖国ノ宿夢ヲ醒《さま》シ、世界交際ノ和気ニ浴センコト、我日本ニアリテハ、皆人喫緊《みなひときつきん》ニ心ニ銘セサルベカラサルナリ」（以上、同書一、三六八—三六九頁）と、岩倉一行もさすがに深い感銘を催したことを述べている。そのうえで、この「第一編米利堅《メリケン》合衆国ノ部」の結論として、久米は次のように書いて、いわば一行のアメリカ像について念押しをした。

桑港ニ着セショリ、波士敦《ボストン》ヲ出船スルマテ、米国ヲ経歴シ、実境ヲ目撃シタル情実ヲ簡略ニ言ヘハ、此全地ハ、欧洲ノ文化ニ従ヒテ、其自主ノ力ト、立産ノ財本ト、溢レテ此国ニ流入シタルナリ、米国ノ地ハ、欧洲全土ニ比スルトイヘト、欧洲ハ頗ル荒寒ノ野ニテ、其開化繁庶ノ域ハ、三分ノ一ニスキス、王公、貴族、富商、大社アリテ、其土地、財産、利権ヲ専有シ、各習慣ニヨリ国ヲナス、晩起ノ人ハ、其自主力ヲ逞《たくまし》クスルニ由《よし》ナシ、因テ此自由ノ境域ヲ開キテ、其営業ノ力ヲ伸フ、故ニ其国ハ新創ニカヽリ、其土ハ新開ニカヽリ、其民ハ移住民ニカヽルト謂フト雖モ、実ハ欧洲ニテ尤モ自主自治ノ精神ニ逞キ人、集リ来リテ之ヲ率《ひき》フル所ニシテ、加フルニ地広ク土沃《ゆたか》ニ、物産豊足ナレハ、一ノ寛容ナル立産場ヲ開キ、事事ミナ麁大《そだい》〔大まか〕ヲ以テ世ニ全勝ヲシムヽ、是米国ノ米国タル所以ナリト謂《いひつ》へシ（同書一、三六九頁）

岩倉使節団がビスマルクのプロシヤばかりを目指していたかのように論ずるのが、いかに事実を歪めているかは、この一節を読むだけでも察せられよう。この一節が当時の日記に属するものではなく、おそらくヨーロッパ諸国をも回覧したあとに書き加えられた批評であることを考えあわせれば、なおさらそうである。岩倉使節団の米欧回覧当時、明治日本はその進路において、政治の面でも、経済や教育の面でも、このアメリカまで含むなお幅広い選択肢を擁していたのである。そして一八七〇年代初めに、日本人がアメリカ文明の基幹について、すでにこれだけ精細でしかも寛容な肯定的理解をもっていたことは、今日なお摩擦の多い日米交渉の場で、彼我ともにときおり想いおこしてもよいことではなかろうか。代々の駐日アメリカ大使、あるいは駐米日本大使にはぜひ知っておいてほしい史実である。

17

岩倉使節団がその米欧回覧の道程において、産業革命の所産である技術革新の面や政治経済の制度などばかりでなく、このように、それらの背後にある西洋近代の精神の働きにまで眼を向けつづけていたことは、『回覧実記』が他の各編でも随所に雄弁に証し立てている。

それらの箇所を次々にあげて註記と批評を加えてみることは、もちろん興味深いし、大事な仕事である。たとえば、明治五年八月二十五日、ロンドン滞在中の一行は「ブリツチ、ミジエァム」（大英博物館）を見学したが、『回覧実記』の評言は博物館というものの意味を次のように論じている。

> 博物館ニ観《み》レハ、其国開化ノ順序、自《おのずか》ラ心目ニ感触ヲ与フモノナリ、蓋《けだ》シ国ノ興ルヤ、其理蘊《りうん》ノ衷《うち》ヲ繙《ひもと》クコト、俄爾《がじ》トシテ然ルモノニアラス、必ス順序アリ、先知ノモノ之《これ》ヲ後知ニ伝ヘ、先覚ノモノ後覚ヲ覚《さま》シテ、漸《ぜん》ヲ以テ進ム、之ヲ名ツケテ進歩ト云フ、進歩トハ、旧ヲ舎《す》テ、新キヲ図ルノ謂ニ非ルナリ　（同書二、一一四頁）

文明とは知識と技術と知恵の蓄積があってこそ、ゆるやかにほんものの展開をしてゆくのだという、ヨーロッパの歴史を通じて正統な一種の文化的保守主義を、久米らはこの大博物館の見学をとおして感じとり、それによって圧倒されるような気さえしたのである。それと同様に、基礎の原理の把握とそれにもとづく研究の積み重ねの重要性ということも、さまざまな製造工場の現場で彼らが痛感させられたことだった。

たとえば、「総《すべ》テ製作場ニハ、図引〔設計図〕ノ肝要ナルコト、人体ニ脳アルカ如ク、工業ノ綱領トナルナリ」とはリヴァプールの造船所で学んだことであり、この実感に立って久米は日本の産業と学問の現状を次のように反省せずにはいられなかった。

> 我邦ノ工事、多ク粗鹵《そろ》ナルハ、其原則物理、化、重ノ学〔力学〕、及ヒ度学〔幾何学〕ニ暗キニヨレトモ、畢竟《ひっきょう》ハ図引雛形〔模型〕ニ精神ヲ用ヒ、費用ヲ擲《なげう》ツヲ欲セス、一念心ニ浮メハ、空《くう》ニヨリテ意想ヲ回《めぐら》シ、大略慮至レハ、直ニ工業ニ下手シ、成否ヲ一擲《いってき》ニ試ミ、成ラスシテ家ヲ傾ルモノ、比比《ひひ》ミナ然リ、工ノ進マサルハ、蓋シ此ニ本《もと》ツク、学術ノ開ケサルモ、亦此ニ本ツク
>
> （同書二、一四〇―一四一頁）

緻密でかつ遠大な企業家精神が日本人に不足ないし欠如しているということは、慶応三年（一八六七）、完成間近なスエズ運河掘鑿の事業を遠望しながらフランスに向かった渋沢栄一も、同様に

感じたことであった（『渋沢栄一滞仏日記』）。そして久米邦武がこの日本文化批判を、ニューカッスルの羅紗《ラシャ》工場での所感として、さらに徹底した言葉で述べなおすと、それはこんどは福澤諭吉の『学問のすすめ』の学問観と言々句々相呼応するかのごときものとなったのである。

東洋ノ西洋ニ及ハサルハ、才ノ劣ナルニアラス、智ノ鈍キニアラス、只済生ノ道ニ用意薄ク、高尚ノ空理ニ日ヲ送ルニヨル、何ヲ以テ之ヲ証セン、東洋ノ民、其手技《テワザ》ニヨリテ製作スル産物ハ、高尚ノ風韻アリ、警抜ノ経験ヲ存シ、西洋ニ珍重セラル、是才優《ゆう》ナルナリ、応対敏機ニ、営思活撥ニシテ、模擬ノ精神強ク、当位（ママ）即妙ノ智ヲ具ス、是智敏《びん》ナルナリ、西洋ノ民ハ之ニ反シ、営生ノ百事、皆屹屹《きつきつ》トシテ刻苦シタル余《アマ》リニ、理、化、重ノ三学ヲ開キ此学術ニモトツキ、助力器械ヲ工夫シ、力ヲ省キ、力ヲ集メ、力ヲ分チ、力ヲ均クスルノ術ヲ用ヒ、其拙劣不敏ノ才智ヲ媒助シ、其利用ノ功ヲ積テ、今日ノ富強ヲ致セリ　（同書二、二五三―二五四頁）

ここには東洋人の「敏」、西洋人の「鈍」といったステレオタイプが出来かかっているが、これはあるいは「文明」の圧力をいちばん強く感じたイギリスでの、日本人の自己激励の一法でもあったかもしれない。日本人の「手技」の工藝品、とくに陶磁器類が、折からの日本趣味《ジャポニスム》の流行のはじまりともあいまって、イギリスのミントンでもフランスのセーヴルでも高く評価されていたのは、有田代官の子息たる久米邦武を大いに得意がらせたことでもあった。この「当位〔意〕即妙」の東洋流の名人藝に対し、西洋人は「屹屹トシテ刻苦」というのは面白い用語だが、これは同じ箇所の他の表現によれば「物ニツキ理〔法則性〕ヲ抽《ぬきん》テ、刻苦〔する〕ノ精神」のことであり、物に即して「疑《ぎ》款《かん》ニヨリテ、其原因ヲ討究スル力」（以上、同書二、二五四頁）、つまり福澤のすすめる「学問」だったのである。

18

近代的工業化の最先端をゆくイギリスと明治日本との「文明の時差」を、五十年いや三十年と性急に論じあう一方で、岩倉一行は、この産業革命をもたらした根本の動因たるべき思想の営みを、それなりに探りあてた、とまでいわなくても少なくとも探ろうとしていた。明治五、六年というあの性急な変化の時代にあって、すでに森鷗外のいう "Forschung"（実験追究）の問題に近いところまで眼を向けていたことは、やはり卓抜な洞察力であったと評すべきだろう。

フランスの首都パリは、普仏戦争とパリ・コミューン（一八七一年）の大争乱をへたばかりであったのに、ここに二カ月滞在した（明治五年十一月十六日—明治六年二月十七日、この間、明治五年十二月三日〔一八七三年一月一日〕を陽暦に改暦して明治六年一月一日とした）岩倉使節一行にとっては、冬のロンドンから来ればなおさらのこと、「雲霧ヲ披《ひら》キテ、天宮ニ至リシ心地スル」（同書三、四一頁）「麗都」（同書三、五五頁）であった。「黄金ノ気、庭ヲ包ンテ起」り（同書三、五〇頁）、市民は「歌舞終日無二戚容《せきよう》〔憂い〕一」き（同書三、五二頁）欧州の「都雅ノ枢軸」であり、「文明都雅ノ尖《せん》点《てん》」（同書三、五五頁）でもあった。

といって、岩倉一行はこの都市美を絶賛しながらもこれに眩惑されていたわけではなく、これまでの各地におけると同様に精力的にさまざまの都市施設、国家機関、諸工場を視察してまわって、それぞれについて詳しい記述を残した。そのなかで、ここでは、明治六年（一八七三、この年から陽暦）一月六日午後、パリの国立図書館を見学した折の所感を引いて、岩倉一行が同時代西洋文明の基本について得た一つの結論と見なすこととしよう。

西洋ノ日新進歩ノ説、日本ニ伝播シテヨリ、世ノ軽佻慮《おもんぱか》リ短キモノ、逐逐然《ちくちくぜん》トシテ、旧ヲ棄テ新ヲ争ヒ、所謂《いわゆる》新ナルモノ、未タ必モ得ル所ナクシテ、旧ノ存スヘキモノ、多ク破毀シ遺《のこり》ナキニ至ル、噫是豈《ああこれあに》日新ノ謂ナランヤ、進歩ノ謂ナランヤ、百年ノ大木ハ、一夕ニシテ成長セス、古ノ萌芽モ、今ニ至テハ斧柯《ふか》ヲ用フ、吾人ノ身ハ、嬰孩《えいがい》ノ長セルナリ、新陳ノ交代ヨリシテ謂ヘハ、傾刻《けいこく》モ故吾《こご》ナシ、其成形ヨリシテミレハ、昔日ノ嬰孩ナリ、是ヲ進歩トイフ、是ヲ日新ト云、大陸地方ノ人種ハ、資性重厚ナリ、殊ニ西洋各地ノ民ハ、物ヲ棄廃スルニ渋シ、其積成ノ跡ヲミレハ、日新進歩ト称スレトモ、元ハ磨切ノ功ヲ重ネテ、光沢ヲ発セルナリ、（中略）西洋ノ書庫、博物館ヲミル毎ニ、其用意ノ厚キ、我東方ノ遠国ノ物モ、重貨ヲ惜マス、労苦ヲ厭ハス、収拾採録セリ、以テ我邦人ニ示スニ、往往ニ驚異自《みずか》ラ知ラス、却テ其解説ヲ聞テ、我内地ノコトヲ詳悉シ帰ルニ至ル、西洋ノ能ク日新シ、能ク進歩スル、其根元ハ愛古ノ情ニヨレリ、試ミニ見ヨ、凱旋門ノ壮大ハ、羅馬ノ古城門ニ脱化シ、「セイン」河橋ハ「タイハル」〔テーヴェレ河〕橋ニ脱化セリ、千百年ノ智識、之ヲ積メハ文明ノ光ヲ生ス、之ヲ散スルトキハ、終古葛天氏《かつてんし》〔中国神話中の無教化主義の帝王〕ノ民ナリ

（同書三、七〇—七二頁）

当然、大英博物館での所感とかさなるところはある。だが、ここでは一段と明瞭に、軽佻な進歩主義、「文明開化」主義を批判して、文明は「積成」によってこそその重厚な「光沢ヲ発」すべきことを説いている。アメリカ人の楽天的な共和思想と開発開化のイデオロギーに浅からぬ共感を示す一方で、この「文明都雅」の中心地で反「文明開化」の文明観に強くコミットするとは、岩倉使節団の見識たるや、まことに見あげたものではなかろうか。あるいはこれは、もともと史癖が強く、やがて帰国後は修史館編纂官となり、東京帝国大学史学教授となる岩倉秘書官久米邦武の個人的見解に近いものだったろうか。たとえそうであったとしても、このような見識の持主を終始擁して回覧をつづけ、その観察と考察とをまとめさせた外交使節団とは、またなんと度量が大きかったことか。

ゴンドラに乗った一行は「登仙スルカ如シ」となった。向こう岸はサン・マルコ寺院（『特命全権大使「米欧回覧実記」銅版画集』久米美術館）

岩倉使節一行は、この後、戦勝に酔う新興ドイツの首都ベルリンでは、その風俗の頽廃と俗物の跋扈《ばっこ》に顰蹙《ひんしゅく》して、ニーチェの『反時代的考察』そのままの反応を示す。帝政ロシアの停滞ぶりを目撃しては、レザノフ艦隊の長崎来航（一八〇四年）以来日本人がひさしく抱いていた「虎狼心ヲ以テ露国ヲ憚《はばか》ルノ妄想」からはじめて目覚める思いをし、「従来妄想虚影ノ論ハ、痛ク排斥シテ、精神ヲ澄センコト、識者ニ望ム所ナリ」（以上、同書四、一〇九―一一〇頁）との名言を吐く。そしてイタリアのローマでは、サン・ピエトロその他の寺院の豪華さに反発して、このために搾取された人民の膏血《こうけつ》を思えば「厭悪《えんお》ノ意ヲ起サシム」としるすが（同書四、三一五頁）、初夏のヴェネチアでゴンドラに乗って運河を滑れば、「水調一声」の瀏漣《りゅうりょう》として響くとき、「文明」の官能性のただなかに「登仙」することもできたのである（同書四、三四六頁）。

明治五、六年という内外の危機のさなかから出帆して、変動する西洋文明の限りない多様さに触れ、それをこれほど「屹屹トシテ刻苦」学習しながら、なおその根本の動因を洞察するとともに、豊かな感性をもってその多彩さを享受することもできた特命全権大使岩倉一行の能力に、私たちは『回覧実記』を読み返すたびに感嘆を繰り返し、なおいっそうの関心を寄せずにはいられない。

第五章　清国外交官の見た明治日本——黄遵憲『日本雑事詩』

1

岩倉大使一行が一年十カ月の米欧回覧からようやく横浜に帰帆したのは、明治六年（一八七三）九月十三日のことであったが、その五、六年後にははやくも一行のことが一人の在日清国外交官の詩のなかに出てくるのは興味深い。久米邦武編述の『特命全権大使米欧回覧実記』が博聞社から刊行されるかされないかのころである。黄遵憲《こうじゅんけん》の『日本雑事詩』全百五十四首（のちに二百首）のなかの一首と、各首ごとにそえられた記とには、次のようにあった。いま、平凡社東洋文庫111の実藤《さねとう》恵秀《けいしゅう》、豊田穣《とよだみのる》訳によってそれを引くと——

玉牆《うるわし》の旧国　維新を紀《き》し
万法　風《かぜ》に随いて　倏《たちま》ち転輪す
杼軸《ちょじく》空しと雖も　衣服粲《さん》たり
東人贏《か》ち得たり　西人に似ることを

「由緒ある古い国（日本）が維新を起し、一切が世界の新風に従って変化した。国はなお貧しく（杼軸空し）とも、外容はまばゆいばかり。東洋人はこうして西洋人に似て余りあるほどとなった」——と七言絶句で維新日本の開化ぶりをいささかの皮肉もこめて礼讃した上で、次のような記をそえるのである。

もはや外夷を攘《はら》うことができないのを知って、明治四年には大臣を欧羅巴、美利堅《メリケン》の諸国に派遣した。彼らは帰国すると鋭意専念、西洋の法に学び、これを法令として国内にひろめて、維新と称した。立派な政治は数えきれぬほどだが、開国通商以来、税関を通る輸出〔これはおそらく「輸入」の誤記〕が輸入〔同「輸出」〕をこえること毎年七八百万銀銭におよぶという。それでも服制を易《か》え、新風の建築をたて、諸政まばゆいばかりに一新した（煥然一新）。

（『中国詩人選集二集15　黄遵憲』島田久美子注、岩波書店、一五一頁。但し意訳した箇所もある）

この記にわざわざ「明治四年」として言及する大臣の欧米派遣が、岩倉使節団のことを意味するのはいうまでもあるまい。私はまだ網羅的に調べてみたわけではないが、同使節団のことが、やや過大に評価されたにしても、同時代の中国側に伝えられたのは、おそらくこの黄遵憲の記事が最初であったろう。

黄遵憲は外交官であり、詩人でもあった（『中国詩人選集二集15　黄遵憲』岩波書店）

黄遵憲（一八四八―一九〇五）の『日本雑事詩』原版が北京の同文館から官版として刊行されたのは、光緒五年（一八七九、明治十二）であったが、百五十四の各首が作られたのは、重刊（一八八五年）の自序によれば、その前の年、明治十一年の秋から翌春にかけてのことであったという。すなわち遵憲三十一、三十二歳の交《こう》で、日本に着任してから一年と少々のころということになる。これが日本、中国で何回も版を重ね、定本が完成するのは遵憲のロンドン駐在書記官時代（一八九〇年）で、増補改訂をほどこして全二百首となった（刊行は一八九八年、於長沙）。

それにしても初版ですでに、日本の「天地開闢《かいびゃく》」や「三種の神器」の神話から始まって、「明治維新」「日中修交」「富士山」「貿易」「観兵式」「病院」「博物館」「女子師範学校」をへて、「日本の漢詩」「婚礼」「芸妓」「地獄女《ぢごく》」「夏休み」「たばこ」「囲裙《ゆもじ》」「三味線」「芝居」「写真」「農書の翻訳」「西陣織」等々までをおおう、その好奇心と観察の旺盛、表現の才気煥発ぶりは、まことにみなみならぬものがある。

久米邦武の『米欧回覧実記』の重厚にして体系的、周到にして細緻なのにくらべれば、『日本雑事詩』は遊びごころに富んでいて軽妙洒脱、いかにも清末開明派の詩人外交官の作というおもむきがある。これを一連の「外交官の文章」の一つとしてここにとりあげるゆえんだが、黄遵憲はしかし『雑事詩』の制作とほとんど同時に、『日本国志』という体系的な日本文明論の述作を構想し、アメリカのサンフランシスコに総領事としての三年半の駐劄《ちゅうさつ》（一八八二―八五年）をはさんで、約八年をかけて全四十巻の大著を完成するのだから（一八八七年）、『雑事詩』だけで久米邦武にくらべるのは片手落ちというべきだろう。だが『日本国志』はまだまだ日本語訳もないらしく、そう容易に読めるものではない。ここでは『雑事詩』の何篇かを読んで、清国の才子外交官の眼に映った文明開化日本のすがたを楽しんでみよう。

2

黄遵憲が広東省の嘉応州という町に生まれたのは道光二十八年（一八四八）、アヘン戦争終結後しばらく経って、さすがに清朝帝国内にもやがて太平天国の乱におよぶような不穏の気があちこちにきざしはじめたころだった。黄家は客家《はっか》の一族で、代々土地の名門、遵憲はその家柄にふさわしい早熟の少年で、のちに彼の詩集『人境廬詩草《じんきょうろしそう》』に収められるような作品はすでに十代半ばから書きはじめていたという。だが、科挙の試験にはなかなか合格せず、北京の郷試についにパスして進士受験資格のある挙人《きょじん》となったのは、遵憲二十九歳の一八七六年（光緒二）の秋であった。そしてすぐにその年の冬十二月、初代駐日清国公使何如璋《かじょしょう》（一八三八―九一）一行に加えてもらったが、日本側の西南戦争による混乱のため一年遅れて、翌七七年（明治十）の冬に、来日したのである。

明治新政府と清国との正式の外交関係は、すでに明治三年（一八七〇）に最初の交渉が始まり、同四年大蔵卿伊達宗城《むねなり》が天津に差遣されて日清修好条規が締結され、同六年三月には外務卿副島種臣《そえじまたねおみ》が渡清して批准書交換もおこなわれた。そして翌七年七月には初代駐清日本公使として二十五歳の公卿外交官柳原前光《さきみつ》が北京に赴任したが、清国側からは二年遅れて公使派遣決定、三年遅れての着任となったのである。

清国欽差大臣何如璋一行は一八七七年九月十九日北京発、十一月二十七日上海を軍艦海安号で出航、同三十日長崎着、それから瀬戸内をへて神戸で上陸、京大阪の見物ののちに再び同じ軍艦で横浜に入港したのは十二月十六日であった。日本に着任して、公使館ただ一人の参賛官（書記官）黄遵憲の第一の仕事は東京の市内に適当な公使館用の建物を見つけて借りることで、それがようやく芝増上寺山内の月界院ときまって引っ越しがすんだのは翌明治十一年一月二十三日であったという。

いまから見れば、万事まことに悠長だが、これが当時のテンポであり、清朝風のペースでもあったのだろう。着任の年に四十歳の何公使のもとには、副公使として六十二歳の張斯桂《しけい》があり、三十歳の黄遵憲の他には七人の随員と一人の通訳がいるだけで、他は公使の弟と子息、副公使の孫、遵憲の弟、随員の弟そして使用人が二十名余り、という公使館員の構成だったというから（さねとうけいしゅう編訳『大河内文書——明治日中文化人の交遊』平凡社東洋文庫18）、これもまだまだ一族郎党で固める清朝式であった。

そのようななかで初代駐日公使が第一に手がけねばならなかった外交事務は、日清間の琉球帰属の問題であり、これをめぐって外務卿寺島宗則《てらしまむねのり》への抗議と折衝がさっそく始まり、結局明治十二年、何（清）は寺島（日本）に屈服させられることとなる。黄書記官も当然その間、生まれてはじめての外交交渉を経験しながら、本国政府への報告書執筆などで多忙をきわめるのだが、その一方で日本の官界（伊藤博文、榎本武揚、大山巌ら）、また詩壇（重野安繹《やすつぐ》、青山延寿《えんじゅ》［山川菊栄の母方の祖父］、岡千仭《せんじん》、森槐南、秋月種樹《たねたつ》、また旧高崎藩主大河内輝聲《てるな》［『大河内文書』の筆談記録者］など）の人士との交友を深めつつ、『日本雑事詩』の諸篇を次々に制作していったのである。

3

『日本雑事詩』の諸篇はただ雑然と並べられているのではない。日本国の歴史、地勢から政治、教育の制度、文学、風俗、衣食住、物産と、しだいに日常生活に密着したものへと、ゆるやかに移りながら配列されている。そして後者の具体物へと進むほど詩人の皮肉っぽい観察や、異国趣味に打ち興じるさまがあらわになってきているようで、いまの私たちには面白い。だから、「東京」「富士山」はむしろ陳腐、「印紙」「税金」「貿易」「観兵式」「法律」などは、あたかも福澤諭吉の『西洋事情』を七言絶句に焼きなおしたかの観なきにしもあらずだとすれば、たとえば「監獄」の次におかれた「警察」の一首はどうだろうか（以下、すべて前記平凡社東洋文庫による）。

時に楼羅《じゆんさ》の日歴《てちよう》を検《けみ》してみる
沈々たる官屋　街弾《こうばん》と署す
市頭に白鷺《はくろ》（巡査）　巡環して立つ
最も鳩民（一定区画の住民）に善きは　是れ鳥官

黄遵憲はこの詩につけた「記」のなかに、「だいたい戸数二万以上に一つの分署を設け、六十戸について〔詩人はこれを古代中国の井田法《せいでんほう》の呼称にならって「鳩民」と呼んだ〕一人の巡査をおく。巡査は手に棒をもって巡りあるき、時間をはかって交代する。みな手帖をもっていて、それにしるして局長に報告する」と、なかなか細かい解説をほどこしている。黄詩人も日本の新制度をかなりの細部まで調査していたらしい。彼はこの市内警備の職にあたるものを中国制度史のなかに探せば、北魏の時代の見張り役「白鷺」がそれか、とも述べて、この語を詩中に使い、それを「鳥官」とも

言いかえてみせた。すると両語が「鳩民」とよく呼合して、そこに一種のおかしみを生むこととも
なった。

江戸の与力同心から近代化された巡査たちが、いまや文明開化の最先端といった気まじめな顔で、手帖になにかメモしたり、交番所に控えたりしているさまが、この詩から彷彿とする。遵憲はこれを「西洋の制度のうち最もよいもの」とも評しているが、それがすでに明治市民の生活のなかに信頼を得て定着していることは、なるほど清末外交官の眼からすれば、十分に一篇の詩を献げて讃えるに値する一達成だったのである。

（右引用詩中に「楼羅」「日歴」「街弾」などと、難しげな漢字に日常口語体のルビがふってあるのは、みな訳者実藤、豊田両氏の工夫だが、これによって『日本雑事詩』は幕末詩人寺門《てらかど》静軒の『江戸繁昌記』のような一段と皮肉なおかしみをおびることとなった。「消防」の詩中の「花棒《いろぬりぼう》」「まとい?」、「竟日《いちにちじゅう》」などというのも同様である。）

すでに日本を東洋のなかの西洋と見、日本を通じて西洋近代を学ぼうとしていた開明派の外交官は、福澤や岩倉使節団の人々と似て、近代的教育の制度にとくに関心を寄せ、あちこちの学校の見学にもよく行っていたらしい。「学校」「留学」「儒者」「海陸士官学校」等々と、珍しい七言絶句がつづき、それぞれに日中洋の一種の比較教育論ともいうべき「記」がつけられているが、ここでは「女子師範学校」を詠んだ二首のうちの一つを引いてみよう。黄遵憲は女子教育の意義に注目した最初の中国人、少なくともその一人なのではなかろうか。

書を捧じて長跪《ひざまず》きて　紅　毹《あかげつとう》を藉《し》き
吟罷《や》んで鍼《はり》を拈《うごか》して　繡襦《したぎ》を弄す
帰れば爺娘《ちちはは》に向い　花果を索《もと》め
間《ひま》を偸《ぬす》んで鉤出《かかげいだ》す　地球の図

声を張りあげて英語のリーダーかなにかを朗読していたと思うと、こんどは「婦功」の一つとしてのお裁縫も習う。家に帰ると「花果を索め」るというのは、「おやつ頂戴」ではなくて、それを写生するのが図画の宿題ででもあったのか。そしてその合間には世界地理の勉強をするという。——女子もこれでなければ、というのが自国を顧みての黄書記官の思いでもあったろう。十八歳で結婚した黄には、三十歳で来日する前にすでに二男二女があり、娘たちは八歳と二歳、みな妻とともに故国においてきていたのである。それがあってかなくてか、女学校附属の幼稚園を詠んだ詩も、珍しいだけでなくてなかなか美しい。

都《すべ》て孩児〔あかんぼ〕を繃《おぶ》って　甲科《しけん》に赴き
垂髪《たれがみ》〔幼童〕囲坐して　書を抱いて哦《ぎん》ず
間来〔休み時間〕花面〔かわいらしい顔〕に　塗抹〔どろんこ〕を粉し
愛らしげに師の衣を挽《ひ》いて　踏踏《あしぶみ》して歌う

遵憲は前の詩の「記」にお茶の水の女子師範だけでなく、私立跡見女学校の名もあげていたが、この幼稚園はその跡見あたりでの見聞か。女学校で生徒たちが体操をしているのを見かけて驚嘆し、煙草屋の娘が店先で新聞を読んでいるのを見て感心するのは、日露戦争前後に大量に来日する中国人男女留学生たちであった（厳安生『日本留学精神史』岩波書店）。

4

黄遵憲は日本の漢字、仮名、漢詩、漢籍、儒学の歴史とその評価から、日本の宗教、日本人の結婚と出産と死にいたるまでを、みな次々に七言絶句に転じては註記《コメント》をつけてゆくのだから、その体系的詩心（?）たるやすさまじい。『日本雑事詩』が大著『日本国志』の妹篇にあたるといわれるのもむべなるかなである。だが、それらはあまりにも百科事典の項目めいて、詩人の心情を盛ること乏しく、興が薄い。

ここではやはり、初代駐日外交官としての個人的見聞が生かされているらしい日本風俗詩の方面から、数篇を選んでみることとしよう。

地獄《ぢごく》女

琵琶偸《ぬす》み抱き　昏黄《たそがれ》に近し
唱徹す声声　夜《や》度《たく》の娘《おんな》〔売春婦〕
薄命自ら憐む　地獄に沈み

女青亭裡〔木立のかげで〕鴛鴦《えんおう》を学ぶを

酒宴

斜陽紅に映じて　酒旗低《た》る
食榼《おり》を　帰る時に　袖に各々携《たずさ》うるは
都《す》べて細君のために　割肉を留むるなり
自ら拚《うちす》つ　空酌《のみつく》して酔うこと泥の如くなるに

浴場〔混浴〕

蘭湯煖霧《だんむ》こめて　鬱として迷離《ぼんやり》たり
背面《うしろむき》して　羅衫《うすぎぬのしたぎ》　乍《たちま》ち解くの時
一水盈盈《えいえい》として　曾《か》つて隔てず
未だ消《もち》いず　金餅もまた偸《ぬす》み窺《うかが》うを

いずれも、あらためて語釈を要するような作ではないだろう。田舎の温泉の無邪気な男女混浴の景など、広東省名門の出の外交官には最初は驚天動地の矚目《しよくもく》であったろうが、しばしの後にはそれをこのようにさらりと詩にしてしまうとは、さすが清末文人のソフィスティケーションというべきか。「背面して」などというところは、なかなか隅におけない観察眼であろう。そして、宴席からの帰りぎわには、留守宅の女房のために料理の残りを折詰めにしてもらって、ぶらさげて出ていながら、酔がまわって自分でそれをひっくり返してしまう日本の男たちのあわれと滑稽――モースも、チェンバレンも、ラフカディオ・ハーンも、この酔っ払いたちの大田南畝《なんぽ》的情景までは描くことはなかったし、また描くことができなかったのではなかろうか。

遵憲のまわりには、大河内輝聲のような中国崇拝の、遊び上手の粋人、文人、学者たちがしきりに出入りしていて、漢文筆談を楽しみながら日本に関する情報をいくらでも与えてくれる一方で、日本のさまざまな遊びへの手びきをもしてくれたのであろう。「夏休み」という詩では遵憲は、熱海温泉でまるまるひと月のヴァカンスを過ごすことの快適さを讃えたりもしていた。遵憲によれば、この暑中休暇という制度も明治日本が西洋から学んだものの一つだという。なるほど、いわれてみればたしかにそうにちがいない。

『米欧回覧実記』があれほど徹底して西洋文明の総体を叙述してゆきながら、なおそこでめったに触れられることがなかったのは、同時代米欧の文学や哲学ばかりではない。意外なことに欧米人の食生活のこともほとんど言及されることがなかった。そのようなことにあらためて気がつくのも、『日本雑事詩』に日本の食物を詠んだ詩が三首並んでいるからである。うなぎの蒲焼きを詠んだ一首には、さらに刺身についての記をそえているし、別の一首では「落葅《のり》と芦菔《だいこん》を家常《じょうしょく》となす／稲《こめ》を飯《くら》い魚を羹《おつゆ》にし　肺に沁《し》みて涼《ひややか》なり」と詠んで、日本人は冷たい生《なま》ものが好きだと説明している。それをさらに敷衍して第三首では――

瓊芝《ところてん》　菜となし　緑荷《はすのは》の包み
槐葉清泉《ちやさゆ》にて　尽く冷淘《おちやづけ》す
蔬　筍《しようじんりようり》　総《す》べて烟火の気なく
居然《さながら》寒食　朝朝を渡《わた》るがごとし

日本人の食生活は簡素で冷たくて、中国でいうなら毎日が「寒食《かんしよく》」（春の末、風雨が激しいために火の使用を禁じて冷食した三日間）のようなものだというのである。いささかの誇張はあるが、当時の日本人の普通の暮らしがこれに近いものであったのもたしかだろう。黄遵憲は公使館で傭った日本人使用人の食卓でものぞくことがあったのだろうか。だが、その日本人も仏教による禁を守りながらも、薬食いと称して、牡丹（猪肉）やもみじ（鹿肉）を食べていたのである。

甚だ囂《かまびす》しくして塵《ちり》上り　人を逐《お》いて行く
日本橋の頭《ほとり》　晩市の声
別に菜場魚店あるの外
丹楓落葉　山鯨《やまくじら》〔猪肉〕を売る

この一篇など、あたかも文化文政のころの江戸市井の情景を詠んだ菅茶山《かんちやざん》か亀田鵬斎の詩を思わせるものがある。遵憲が東京でしきりにつきあった日本漢詩人たちのなかには、その江戸詩壇の流れにつながる人々がまだたくさんいたはずで、彼らと日本の制度や風物を競いあい面白がって論じ、詩に詠むうちに、このような作も生まれたのであろう。

外交官として赴任した国の制度文物を片端から詩に詠んで、それを一巻にまとめてその任地の文明への入門書とする、というはなはだしゃれた、ソフィスティケートされた文化的営為は、詩文の大国中国の長い歴史の上でも、おそらくこの黄遵憲がはじめてしたことだったのではなかろうか(黄の上司、何如璋公使にも『使東雑詠』という詩集があったようだが、その内容については大埔何如璋子峨甫『使東雑詠』〔明治十三年十二月〕)。黄はどこからこのような想を得たのか。あるいはそれも、黄が幾篇かをためしに作って日本の友人たちに見せると、彼らがしきりに面白がって連作をうながした、というようなことであったかもしれない。彼らはさらに黄先生に荻生徂徠や新井白石から大橋訥庵《とつあん》や佐久間象山にいたる漢学者たち、また右に名をあげた菅茶山や亀田鵬斎や頼山陽などの漢詩人たちの名を自慢げに教え、彼らの詩文集を実際に示しもしたのだろう(『日本雑事詩』中の「日本漢学者の文章」とか「日本の漢詩」とかの詩の後記には、そのような徳川の文人たちの名が何十名か列挙され、「日本人は天性文章にたくみなのであろう」との評もしるされている)。

遵憲の日本人の友人たちは右にさらに加えて、福澤の『西洋事情』や寺門静軒の『江戸繁昌記』を教えることさえしたかもしれぬ。要するに、黄遵憲が日本に駐劄した明治十年代は、日清間にすでにさまざまの外交的政治的紛糾が起こりはじめてはいても、なお日中の同種同文の神話が相互に生きていて、その神話のなかで詩文によって交歓、交流することが可能だったのである。

黄遵憲は、前にも触れたように、一八八二年(明治十五)、足かけ六年、正味四年余の日本勤務ののちに、サンフランシスコ総領事に任じられて同年一月横浜から渡米、一八八五年八月まで在任した。だが、赴任直後にアメリカ議会は中国人労働者排斥のための「華人制限例案」を布告し、黄はこれへの抗議と同胞保護に悪戦苦闘しなければならなかった。そのなかから「逐客篇《ちくかく》」と題する熱烈痛切な慷慨の五言の長詩は生まれたが、ついに「美国《アメリカ》雑事詩」などは書かれようもなかった。その任を終えて帰国の途上で作られた「八月十五夜、太平洋の舟中にて月を望み歌を作る」と題する名篇を、私たちは知るのみである。

帰国後五年たって、一八九〇年、遵憲はこんどは駐英二等書記官としてロンドンに赴くが、その一年半後にはシンガポール総領事に転じた。遵憲が清末の「変法自強」派の康有為(一八五八―一九二七)や梁啓超(一八七三―一九二九)ら少壮思想家と知りあい親交を結ぶようになるのは、日清戦争のさなかの一八九四年、シンガポールから帰国してのちのことだった。変法派が力を得てようやく新政が始まろうとするなかで、一八九八年、黄遵憲は駐日公使に任じられた。だが赴任前のその秋、西太后のクーデター、いわゆる「戊戌《ぼじゅつ》政変」が起きて改革派は一掃され、黄も広東の故郷に帰って、以後外交にたずさわることはなかった。『人境廬詩草』に収められた当時の詩篇には、外交官としての「浮槎《ふさ》」(筏乗り)の半生を過ごしたあとにこの祖国の「陸沈」(衰微)に遭遇する暗澹たる心情がもらされている。

日露戦争さなかの彼の最晩年に、その門弟や弟、息子、孫を相ついで日本に留学させたと年譜にあるのは、この詩人外交官が日本に寄せていた信頼と友情の深さを語っているようで私たちにはうれしいことである。

第六章

幕末洋学から日英同盟締結へ

——林董『後は昔の記』

I　明治外交官の教育

1

外交官林董《ただす》の名は、いまどの程度人々の記憶に残っているのだろうか。

日清戦争直後の駐清国公使、帰国するとすぐに明治三十年（一八九七）から三年間駐露公使、いったん帰国すると三ヵ月後の明治三十三年二月から駐英公使（在任中の明治三十八年十二月に大使昇格）として日露戦争をはさんでまるまる六年間ロンドン駐劄《ちゆうさつ》、その間に第一次・二次の日英同盟締結という功績をあげて、明治三十九年三月帰国を命ぜられて第一次西園寺内閣の外務大臣をつとめた（明治三十九年五月―四十一年七月）、という閲歴の人物である。その後は第二次西園寺内閣で逓信大臣在任中に短期間外務大臣を兼任しただけで、外交畑は離れ、官を辞するとまもなく葉山の別邸で歿した（一八五〇―一九一三）。

日清戦後の三国干渉問題の処理から、日英同盟をへて、満州の関東都督府制定や第三次日韓協約（明治四十年七月）調印などにいたるまで、十九、二十世紀の交《こう》の帝国主義諸国の角逐がもっとも激しかったただなかで、日本外交の現場第一線に立ちつづけた人――と評してもよいのが、この伯爵林董である。だが、それにしては、彼の名は外交史や近代史の専門家の間をのぞけば、広く知られてはいないようだ。

高等学校の日本史教科書でも、「近代」の章に林の先輩である榎本武揚をはじめ、井上馨、陸奥宗光、小村寿太郎はもちろんのこと、寺島宗則、青木周蔵までが、みなもっとも高い頻度で出てくるが、林董の名だけはいつもない（『新版日本史用語集』山川出版社）。教科書ばかりではなく、右に名をあげたような明治の外交指導者については、戦後になってもすでにそれぞれ専門家による研究書や評伝や、さらに伝記体小説までが出ている。吉村昭氏の『ポーツマスの旗——外相・小村寿太郎』（新潮社）や、岡崎久彦氏の『陸奥宗光』上下二巻（PHP研究所）、さらに水沢周氏の『青木周蔵——明治外交の創造』上下二巻（日本エディタースクール出版部）などは、なかでもとくに広く読まれた傑作、大作であろう。

しかし、林董については、私の知るところでは、『後《のち》は昔《むかし》の記他——林董回顧録』（平凡社東洋文庫）につけられた由井正臣氏の長文の「解説」が、ほとんど唯一のまとまった研究論考であり、評伝なのではなかろうか。幕末の洋学や岩倉使節団とかかわりがあることによって、久しい前から林董にいくばくかの関心をよせていた私としては、少々淋しい気もする。

だが、傑物の多かった明治の外相・外交官のなかにも、さまざまな人間のタイプがあったし、その出自と人脈によっても外交史上におけるその人物のレリーフ

明治外交の第一線で活躍した林董（『後は昔の記他』）

の深浅に差が生じたのであろう。まして明治の政治にあっては、大久保利通から伊藤博文、山縣有朋、井上馨、大隈重信にいたる維新の元勲たちが、内政でも外交でも両面にわたって圧倒的な指導力を行使しつづけた。その下でプロフェッショナルな外政家として際立った力量を発揮するには、陸奥や小村のような非藩閥派としての強烈な功名心と、英雄的ともいうべき勇猛心と行動力とが不可欠だった。林董には、よきにつけ悪しきにつけ、その英雄的な野心と強引さが乏しく、彼はむしろ見識ある沈着な実務型官僚として危機の日本外政にたずさわったのである。

2

由井正臣氏は前記のすぐれた「解説」の末尾に、明治四十四年六月の雑誌『太陽』臨時増刊号に載った「外交界の元老株」という無署名記事から、林に関する次の数節を引いて、「おそらく林の性格をよく浮彫りした一文」と評している。それをここに借用すると——

▲……性澹然《たんぜん》として一分の衒気《げんき》なく、平坦にして功名を白雲の如く看過し、其位置に坐せば最善の力を尽せども、然りとて位置が欲し〔く〕て云ふにはあらず。
▲執着力に乏しく粘気少なく、やってやれざる事なき代り、強てやって見んとの野心もなし。熱中せざるなり。無理を行はざるなり。岩に激して急湍とならず、平野を緩かに水の流るるにさも似たり。日本の外交に貢献したる所多しと雖も、今更らしく之を吹聴せんとする野暮漢にあらず。
▲他の之を認めざるも意とせず、認めたりとて喜ぶにもあらざるなり。趣味に豊富に、諸芸に通

じ、事物を冷眼に見ること西園寺公と相肖《に》たり。唯だ彼は仏国に長じて仏蘭西の色を帯び、之は英国式の紳士たる差あるのみ。（由井正臣校注『後は昔の記他』平凡社東洋文庫、四一一―四一二頁）

明治、大正のジャーナリストはこの種の月旦が好きで、また巧みだったが、これもたしかにその巧みなものの一つであったろう。硬《こわ》い頬髭と鼻髭を刈りそろえて、おだやかな眼つきをして、乃木大将風か村夫子《そんぷうし》然《ぜん》ともいうべき林の晩年の肖像写真を見れば、この寸評がなかなかうがったものであることがさらによくわかる。そして「回顧録」「後は昔の記」「日英同盟の真相」など、東洋文庫に収められた、彼の自筆の、あるいは談話筆録の文章を読んでゆけば、「趣味に豊富に、諸芸に通じ、事物を冷眼に見る」と評された、内に緻密に外に寛容な彼の人柄が、いっそうよく納得されてくる。

林董は幕臣の出とはいっても、その祖父が十九歳のとき出羽国の鳥海山麓の村から江戸に出てきて、さまざまの奉公や冒険の後に御家人の株を買って身を立てたというのだから、別に由緒のある家柄ではない。ただ、その祖父は「任俠の気に富み豪傑肌の人」（同前、六頁）であったというが、その長子、つまり董の父、佐藤泰然《たいぜん》（一八〇四―七二）も向上心旺盛な好学の士であった。西洋外科学によってこそ立身可能と見さだめると、江戸で蘭学を学び、ついで三十をこえた身で三年間長崎に留学し、帰ったところで両国薬研堀《やげんぼり》に開業したという。やがて天保十四年（一八四三）、事情あって下総《しもうさ》佐倉に移住して開明派の大名堀田正睦《まさよし》に仕えることとなり、その地に「順天堂」（同前、一三頁）という病院兼医学塾を開設した。これが西の緒方洪庵の適塾とならぶほどの名声をえて、常時百人をこえる塾生を抱え、日本最初の私立病院ともいわれて、養子佐藤尚中《たかなか》をへて今日の順天堂病院につながるのである。

董は嘉永三年（一八五〇）、泰然夫妻の末っ子としてこの佐倉に生まれるのだが、十八歳年長の実兄にポンペの弟子で初代陸軍軍医総監となる松本順がおり、一番上の腹違いの姉は父泰然と同門の蘭医林洞海《どうかい》の妻となり、やがて董はその姉夫婦の家の養子となる。それで林董となってみると、妹が二人いて、一人は榎本武揚の妻となり、もう一人は海軍中将赤松則良の妻となるのだから、董は縦横さまざまな縁組のおかげで、いつのまにか幕末維新期の蘭学系の名門の一族に属することとなっていた。

董の「回顧録」や「後は昔の記」には、自分の幼少時代のこともなかなかあざやかに回想されているが、その一つに次のような挿話もある。

此後復《ま》た母君と共に江戸に出府の折なりけん、母君に伴われて浅草観音に参詣せし時、西洋人の来る日なりとて、見物の群衆 夥《おびただ》し。暫くかしこ此処遊覧する中に、大勢の警固を伴いて西洋人四、五人来り観音堂に上る。碧眼紫髯隆準《しぜんりゅうせつ》〔鼻が高い〕にして背丈高く、金糸の総《ふさ》を雙肩に結び下げ、衣裳に金繡を施し胸面には勲章を帯び、威風堂々四方を払うて凜然たる有様を見て、子供心に欽羨《きんせん》に堪えず。母君に思うよしを語りたるに、勉強さえすれば、誰れにても彼《あ》の様になれるものぞと諭されたる言は、今にも耳底に残るが如き心地す。

（同前、一四頁）

これは開国後まもない安政年間のことか。この「威風堂々」の「西洋人」とは、英公使オールコックの一団ででもあったのか、仏公使レオン・ロッシュの一行ででもあったのか。くわしいことはわからないが、この異人の一団の立派な風采に圧せられて、「子供心に欽羨《きんせん》に堪えず」、そのことを母にいうと、母は勉強さえすれば誰でもあのようになれるのだ、と答えたという。まことにほほえましいような情景ではないか。

一八六〇年前後のころになると、すでに異国人をこのような鑽仰の眼で見る日本少年がおり、それを人種のことも身分のこともこえて素朴に「勉強さえすれば」と励ます母親がいたというのは、近代日本の社会史上忘れがたいひとこまであろう。

同じころ、桜田門外の変があると、井伊大老によって逼塞させられていた佐倉堀田家の藩士たちはむしろこれを快とし、子供たちまでが毬《まり》を大老の首に見たてて投げて遊んだ。この桜田ごっこでは一番小さい董がよく大老役をさせられて、いやでしようがなかった、などというのも実に面白い。外交官林董のメモワールは、この種の小さな思い出をさりげなく挿入して、時代の一隅の雰囲気をあざやかに浮かびあがらせる。愚鈍な歴史学者、社会科学者にはまねのできない文学的手腕である。

3

董は蘭学の一族のなかで父母の導きのもとに、一種の英才教育を受けた。十三歳のとき（文久二年）に一家が佐倉から横浜に移住すると、これからは英語の時代だというので、地の利を生かして米国商館員についてＡＢＣを学び、ついでジョゼフ・ヒコ、ヘボン夫人――と、当時としては最良の師からおそらくダイレクト・メソッドで習った。福澤諭吉が同じく横浜に遊びにきて、蘭語が通じないのに愕然とし、急遽英語の独習を始めたときから、二、三年後のことである。

その英語力が評価されたのか、慶応二年（一八六六）には幕府派遣の英国留学生に選ばれた。「回顧録」によると江戸の開成所で英文和訳、和文英訳などの試験があったというから、ただの情実による銓衡《せんこう》ではなかったようである。だが実際には、取締役（組長）の川路太郎（寛堂）、中村敬輔《けいすけ》（敬宇）から外山捨八（正一）、箕作奎吾《みつくりけいご》・大六（菊池大麓）兄弟にいたるまで、幕臣や蘭医の子弟が多い十四名の青年集団であった。ロンドン留学は実質一年と少しで、幕府瓦解の報とともに終わらざるをえなかったが、この十七、八歳のときの経験が、後の駐英大使としての自信の一端につながるのはたしかであろう。

明治元（一八六八）年六月に帰国するとまもなく、いまは自分の姪（そして義妹）の夫となったオランダ留学帰りの海軍副総裁榎本武揚に江戸で会い、彼の時勢慷慨の談に共鳴して、その反乱軍に身を投じてしまう。董青年のこの蝦夷行の冒険譚は「回顧録」の一つのヤマバで、簡潔な行文のうちにきわめて具体的・具象的に銚子沖での遭難の様や、箱館戦争での榎本軍敗北の経過が語られている。栗本鋤雲《じょうん》でも田辺太一でも久米邦武の場合でもそうだったが、彼らよりはるかに若い林董の場合でさえ、和漢混淆の文語体の文章はたるむところのない達意の文で、しかも景・情ともに富み、徳川の教育と文化の水準の高さをあらためて思わせずにはいない。林のこの「回顧録」は、明治三十四年特命全権公使としてロンドン駐剳中に閑暇を得て書きおろしたものだが、この種の文体が、一般に外交官の公文書にも活用されて昭和の敗戦時まで外務省の一つの文学的・文化的伝統をつくくってきているらしいのは、よろこばしいことだ。

林董は右の箱館戦争敗北の後、弘前、箱館で一年の禁固生活の辛酸を経験し、釈放されて横浜の佐藤家に帰ったのは明治三年の四月だった。その後、実兄松本順を介して六歳年長の紀州和歌山藩士陸奥宗光（一八四四―九七）を知り、以後董の生涯の要所要所で陸奥の引き立てを受けることとなる。すなわち、明治四年の廃藩置県とともに陸奥が神奈川県知事に任ぜられると、林もその世話ではじめて同県庁出仕の官員となり、同年のうちに岩倉使節団派遣の議がきまると、林は伊藤博文の推輓《すいばん》、陸奥の保証でその二等書記官に選ばれる。そして二十年後の明治二十五年（一八九二）、陸奥が第二次伊藤内閣の外相となると、その前の年から榎本外相のもとで次官をしていた林を留任させ、その才幹を大いに発揮させるのである。

もともと藩閥の外にあり、ひとたびは新政府への反乱軍にも加わったような一人の秀才青年が、その身につけた語学力と外国体験を結局は無駄にすることなく、新体制の要路にある識者たちによって評価され、その力にふさわしい活動の舞台にしだいに押しあげられてゆく――これは林の場合に限らず、福澤その他についても多く見られた明治の変動期の社会現象だったが、実はこれは同時代の清末中国などではめったに見られなかった日本社会の公平さ、それゆえの近代化の効率のよさを示す事象でもあった。

4

岩倉使節団のなかで二十二、三歳の林はおそらく一番の英語の使い手であったろう。由井氏の引く久米邦武の談話によると、林が英文を口訳するときなど、流れるように速くて筆記者が困るほどだったという。ヘボン夫人による基礎の仕込みがよほどよかったらしい。米欧回覧中の面白い挿話は、「回顧録」よりもむしろ「後は昔の記」の短章集の方に多い。大雪で汽車が不通になり使節一行がソルトレークに長逗留したとき、市外の駐屯部隊の司令官に茶会に招かれた。その日も吹雪で婦人の来会者が少なかったので、ホステスの司令官夫人で三十四、五歳に見えるひとが——

我が副使の一人に対して、「今日は若き令嬢達を招き置きしが、此風雪の為めに一人も見えず、私の様な老婦計り御接待致すは誠に御気の毒である」と言うたら、副使が、「ドウ致して、私は老婦がすきである」と答えたのには、司令官の夫人も二の句は継《つ》げなかった。

（『後は昔の記他』一八九頁）

またマンチェスターでは一夕、市長のもてなしで使節一行が劇場に招かれた。そのとき木戸孝允は運よく市長の夫人と令嬢のいる側の桟敷に坐ったが、それを反対側の桟敷から見ていた市長の部下（書記官）が、かたわらの日本副使の一人に対して——

「木戸サンは若き奇麗な人の傍に坐って喜んで居られる」と言うたら、副使は答えて、「木戸は恥じて居る」と英語で答えた。（中略）市長も書記官も、此副使の挨拶には喫驚《びっくり》した様子だったから、予は副使の言った語の意味を講釈をしたけれども、取返しは付かなくなって、一坐しらけてしまった。

（同前、一九〇頁）

「恥ずかしがる」を「恥じる」と和文英訳してしまったのだが、この種の失敗は回覧中あちこちで発生したのだろう。それにしてもソルトレークでもマンチェスターでも、このいささか乱暴な英会話をした「副使」というのは同一人物なのではなかろうか。そしてそれは多分、木戸でも大久保でも山口尚芳でもなく、かつて幕末に英国に数ヵ月留学して片言の英語はしゃべれた伊藤博文であったろう。

林は一行とともにフランス滞在中に、本国の工部省からの要請で、新設予定の工学寮工学校（工部大学校）のための外国人教師傭い入れを担当することとなり、使節本隊から別れて明治六年二月、また英国にもどった。伊藤が留学時代に世話になったヒュー・M・マジソンの紹介で選ばれたグラスゴー大学のヘンリー・ダイアーら、工学各分野の新進気鋭の技師、研究者九名ないし十一名を連れて、林が使節団より一足早く帰国したのは、明治六年の五月であった。満二十三歳の林は工部大《たい》輔《ふ》山尾庸三のもとに工学助（局長格）に任じられ、二十六歳のダイアーを教頭として、この洋式技術導入のための最新の高等教育機関の編成と運営に没頭することとなる。そのとき林は、アメリカの陸軍士官学校（ウエスト・ポイント）や海軍兵学校（アナポリス）を一つのモデルと考え、アメリカ回覧中に両校について調査してきたところを、この工部大学校設立に応用したという。

「回顧録」に述べられているこの点は、これまでの工部大学校史研究でもあまり注目されていない点で、今後の調査と考察に値しよう。いずれにしても、近い将来の駐露・駐英公使、そして外務大臣が、若い日にこのような土木、機械、電信から建築、化学、鉱山にいたる技術導入事業の第一線に従事したというのは、彼の学際的・国際的文明把握の基礎をつちかうのに、もっとも有効な訓練の過程であったといわなければならない。今日の「専門化」の時代から見れば、明治の外交エリートならではのうらやましいような贅沢とも評しえよう。西南戦争をはさんで十一年におよぶこの工部省時代に、林はミルの『経済論』やベンサムの『刑法論綱』、リーバーの『自治論』などを次々に翻訳、刊行もしているのだから、なおさらその感を深くする。

5

林が工部省の廃止（明治十八年）とともに新設の逓信省の局長職に移り、さらに香川県知事、兵庫県知事の要職をへて、にわかに外務次官に任じられるのは明治二十四年六月のことである。同年五月、訪日中のロシア皇太子に対する傷害事件、いわゆる大津事件の発生で、発足直後の松方内閣の外相青木周蔵は周章狼狽、結局引責辞職した。そのあとに、前内閣では文相であった榎本武揚（一八三六―一九〇八）が急遽外相に任じられ、前に触れたように彼の年下の義兄にあたる林がその次官として引っ張りだされたのである。

そのようなごく近い姻戚関係にあり、箱館戦争における上官であったにもかかわらず（あるいはむしろ、それゆえか）、「回顧録」において林の描く榎本外相の像はきわめて辛辣である。

榎本氏は漢学者流主義の人にて、正直律義なる性質なれば、其道を以てする者には容易《たやす》く欺かるる事多く、一度人を信用すれば、其人の所言は是非の分別もなく之れを容《い》る。朋友としては此上もなき人なれども、官吏としては共に事を執《と》るに困る人なり。予は幕府の末路より此人の下に立て平生親敷《したしく》交わる人なれば、敢て辞すること能わずして次官となりたれども、予が所論は多く榎本氏が信用する人の所論と合わざりし故、唯員に具わる而已《のみ》にて一年を経過したり。

(同前、六六―六七頁)

榎本のその種のつまらぬ失敗の例として、ポルトガルの領事裁判権廃止にまつわる情実や、日韓条約のなかの漁業権に関する空約束の件などをあげた上で、林はもう一度繰り返して次のようにいう。――「(このような失策は)氏が己の正直なる余りに、前後の思慮もなく人の言う処を承諾して、之を履行せんとするの過と、事を判断するの標準規矩を漢学者流の主義に執《と》るの過とに出でざるはなし。之《これ》を賛《ほめ》て評すれば、過を見て其仁を知るとでも言うの外なし」(同右、六九頁)。

林がここでしきりに「漢学者流の主義」と福澤好みの用語を使って言おうとしているのは、儒学の説く「仁義礼智信」程度の倫理で複雑な近代的国際関係にいまなお対処しうると信じている古い「天保」メンタリティのことであったろう。それとはむしろ反対の「多智」のソフィスティケーションをもって、巧みに対韓・対清・対欧の外交をとりしきったのが、林の「予が生涯最第一の知己」という外務大臣陸奥宗光であった。林とこの陸奥のかかわりについては次に見てゆくこととしよう。

II　外交回顧録の魅力

6

明治日本の外交官の回想録の類《たぐい》は、どうしてこうも面白いのだろうか。その多くは、いったん読みだすとやめられないほどの魅力をもっている。これは単に私自身の歴史好きという好みの問題だろうか。それだけではあるまい。やはり、十九世紀後半、帝国主義勢力角逐の世界のなかに躍り出た発展途上国日本、その明治日本の対外第一線に立ち、能うかぎりの智恵と胆力を発揮して、与えられた重責を果たそうとした人たちの姿と思いが、彼ら自身の言葉を通じてそこにありありと浮かんでくるからだろう。

彼らの大半は帝国大学法学部を卒業したわけでもなく、外交官試験を受けたわけでもなく、外務省研修所に通ったわけでもなかった。そのかわり、もっと若いときからもっと幅広い英才教育を受け、さまざまな修羅場にも引き出されて、現実への洞察力と責任感と胆力とを鍛えられたもののようである。徳川・明治の政治家、知識人が一般にそうだが、彼らは早熟で、早くから老成していた。「性澹然《たんぜん》として一分の衒気《げんき》な」しと評された外交官林董《ただす》もまた、その種の明治人の一人であり、彼の回顧談にはスリルに富む状況にあってなお冷静な観察眼を失わなかったその人柄が、よくにじみ出ている。そこが林の文章、語録の魅力なのである。

たとえば、訪日中のロシア皇太子ニコライを巡査津田三蔵が襲撃した大津事件の発生は明治二十四年（一八九一）五月十一日。林は当時兵庫県知事で、その前日神戸港に到着した皇太子を歓迎し、湊川の楠公《なんこう》神社参拝にも随行したりして、ニコライ殿下の礼儀正しさに好感を抱いていた。当の五月十一日午後、旧知の露国艦隊司令官ナジモフとロシア領事館で会い、ナジモフが「虚無党、革命党、或は波蘭《ポーランド》人暴挙の憂も無き」日本にようやく着いてほっとした、これからは日本側の歓迎を大いに楽しませてもらいます、などというのを聞いた数十分後に事件は起きたのであった。林はこの事件には一部マスコミの反露煽動にも責任があった、として右の話につづけて次のように回想している。

> 是より先き、東京の或新聞紙は露国皇太子の来遊に対して頗る歓迎の意を表せず、露国公使が、館前の電信線低くして皇太子の通行の為めに不可なる故懸直しを外務省に要求したりとか云うようなることを掲載し、公使の跋扈《ばつこ》を攻撃したる者あり。又た当時外務大臣は露使〔公使シェウィッチ〕と快からず、公使が皇太子北行の時に於て、露艦隊が到る処の港湾に入口碇泊の許可を予め得んことを求めたる時、「皇太子御坐乗の軍艦は差支なきも、其他の艦は其例に同じきを得ず」と答えたる等、無益に彼我の感情を害する交渉あり。上に言う新聞紙の如きも、暗に其消息を伝えたるならん。是等は、大津事件の兇行者たる巡査津田三蔵が精神を狂わするに力ありたるや、疑なし。
>
> （『後は昔の記他』二四五—二四六頁）

右にいう「或新聞紙」、「不謹慎の新聞紙」とは何新聞なのか、私はまだ調べていないが、瑣細《ささい》なことほど新聞が好んでとりあげ、新聞がとりあげればそれがたちまち大事件のように見えてくるというのは、いまも昔も変わりない現象だろう。ときの第一次松方内閣の外務大臣は青木周蔵、林はこの六歳年長の長州人の鼻っ柱の強さが肌に合わなかったらしく、この前後にも何項かにわたって青木の悪口をかなり露骨に書いている。ロシア公使夫人は身分上なにか問題のあったひとだったが、そのためドイツの男爵家出身の青木子爵夫人エリザベットとよく軋轢《あつれき》をおこし、そのせいでそれぞれの主人同士も「互に相嫉悪したることは、予〔林〕自から知る所なり」（同前、二四六頁）とさえ言う。それが右の項にいう青木のロシア艦隊寄港に関する「無益」な干渉ともなってあらわれた、と林は示唆しているかのようである。

青木外相は当時、条約改正上の最大の難敵とされた英国を相手に鋭意改正交渉を進めつつあり、それがようやく成功に近づいたと見えたときに、この大津事件が降って湧いたのであった。どれもみな、明治半ばの日本の国運に直接かかわるような大事業、大事件である。青木はそのなかで大津事件に関しては、ロシア側に犯人津田の死刑を要求するように求めて、かえって公使シェウィッチに日本の国内法を理由に拒否される、というようなこともあったらしい（「露公使の照会書」）。結局、青木は事件の責任をとらされて辞職、そのあとに前内閣で文相だった榎本武揚が任命されて、前に触れたように榎本の義兄にあたる林董が兵庫県知事からにわかに外務次官の職に呼び出され（明治二十四年六月）、以後日清戦争の難局をへて三国干渉直後の清国に公使として転出するまで（明治二十八年五月)、榎本、陸奥と二代の外相のもとで手腕を発揮することとなった。

7

大津事件は、その発生の直前にロシア皇太子に接したということもあって、林にはことのほか忘れ難いものであったらしい。「後は昔の記」には、林が清国から帰朝後まもなく駐露公使に転じた(明治三十年三月)さきで、いまはニコライ二世となった皇帝に拝謁したときのことを興味深く回想している。

露帝陛下が東遊のとき、大津にて負傷し給える刀痕は、明に御額上に露《あらわ》れ居れり。宮中にて拝謁の度毎に、予は我国の為めに慙愧《ざんき》の念に堪えず。常に穴にでも入り度き心地せり。北京にて李鴻章に対談のとき、李は時々其面上の銃痕を指して言う所ありたり。馬関に於ける李の狙撃も、所謂《いわ》れなき卑怯なる所行なるを以て、素《もと》より愧ずべきことには相違なきも、彼の方にて故《ことさ》らに之に言及すれば、此方にても自然反抗の心起れども、露帝陛下は、常に東遊の愉快なりしことを語らるるも、曾て大津事件に言及せられたること無きより、却て恐縮慙愧を覚ゆること深し。暗殺は、臆病卑怯の国人の為す所にして、之が為めに暗殺者の企望する如き結果を生じたることは、未だ曾て其例あらず。却て反対の結果を来すものなり。 (同前、二八六頁)

李鴻章も明治二十八年三月、日清講和条約調印のために清国全権として下関に来航し、伊藤、陸奥両全権と会談を開始した直後に、兇漢によって狙撃されて負傷したのであった。林次官はその春帆楼の席には列ならなかったが、彼が駐清公使として赴任してからは北京や天津でしばしば李と面談することがあった。この李大臣についても「後は昔の記」は、彼が狙撃されたあと上海から薬師を呼んで膏薬で弾丸を抜きとろうとしたという話や、ニコライ二世の戴冠式（一八九六年五月）に参列することになったとき自分用の特製の棺桶を回送させ、それが紅海で流失したらしいという話など、なかなか面白いエピソードをいくつか伝えている。そして結局、「彼〔李鴻章〕が『戦国策』流の外交術を弄して、終に土地を割き、国威を墜《おと》したるは、主として其外国の事情を知らざりしに座せり」（「李鴻章の棺」、同前、二七〇頁）と結論している。

李鴻章がことさらに顔の傷あとに言及したのに対し、ニコライ二世はただ日本旅行の愉快な思い出を語るだけであったため、日本公使はかえって恐縮、「穴にでも入り度き心地」だったというのは、いかにもさもありなんと思わせる。林の駐英公使として在任中に（明治三十三年二月―三十九年三月）、日本はこの皇帝の国と戦って勝利し、ニコライのほうはやがて第一次大戦中に二月革命によって退位を強いられ、翌一九一八年、シベリアで家族とともに銃殺されるのである。外交官の回想録が面白いのは、彼自身がしばしば歴史上の人物であると同時に、このように同時代世界史上の人物との邂逅やその人柄を語るエピソードがふと挿しはさまれているからでもあるだろう。

もう一つ、『時事新報』には出たがなぜか単行本『後は昔の記』（時事新報社、明治四十三年）には収録されなかったという項目で、心ひかれるものがある。「ユーゼニー后の俤《おもかげ》」と題された一章で、ナポレオン三世とともに普仏戦争敗戦後ロンドンに亡命し、亡命後まもなく夫に先立たれて（一八七三年）からも英国に暮らしていたそのお后ウージェニーの話である。

予が英京に滞在中、両度故那破翁《ナポレオン》第三世帝の后ユーゼニー陛下の招待に因て其ファーバラーの宮に伺候し宿泊したり。后は当時八十歳の高齢なるも、容姿風采、尚お昔時容色の美、才識の秀を以て、欧洲帝王の社会を動かしたる面影を存せり。徳川昭武侯が巴里《パリ》に留学せられし頃より、日本の文物に心を留められたるより、日本公使たる予を時々其宮殿に招待せらるる事あるなり。晩餐後は、伺候の諸人と文芸美術を談じ、政治上の事を論ぜらる。見識卓抜、議論風生、聴者を感ぜしむ。但し先年南阿にて戦死せられたる皇太子の事に談及することを好み給わざるものの如くなりき。

（『後は昔の記他』二九一頁）

高橋景保《かげやす》や頼山陽以来、幕末の日本知識人がはるかに尊敬していた西洋の英雄はピョートル大帝やナポレオン一世だったが、文久二年（一八六二）の下野守竹内保徳《やすのり》一行以後、幕府外交使節団がパリに行けばいつも実際に拝謁していたのは第二帝政の主、ナポレオン三世（一八〇八―七三）とその皇后ウージェニー（一八二六―一九二〇）であった。慶応三年（一八六七）、将軍慶喜の名代としてパリ万国博覧会に出席した少年徳川昭武の一行が、折からジャポニスム流行のきざすなかで一種の人気を呼んだことは知っていたが、その趣味が皇后ウージェニーの身辺にまでおよんでいたとは、この『後は昔の記』を読むまで私も知らなかった。

イギリスで、皇后が病身の皇帝とともに汽車の車中にあるのを見かけた、と書いていたのは『特命全権大使米欧回覧実記』の久米邦武であったろうか。それとも『航西《こうせい》日乗』（明治五―六年）の成島柳北であったろうか。探しなおしてみると、それは岩倉使節団副使の木戸孝允であった。同人の『日記』明治五年（一八七二）七月十七日の条に次のようにある。「同十七日、晴、九字半〔ロンドンの〕宿を出ハークス〔パークス〕、アレキサンドル、アーストン〔アストン〕之誘引にてブライテン〔ブライトン〕に至る。此行程五十余里、不図此処〔ブライトン〕のステーションにてナハレヲン〔ナポレオン〕父子共妻などの車中に在るを見る。……」（日本史籍協会叢書『木戸孝允日記』二、東京大学出版会、二一六頁）。

その皇帝がチズルハースト（Chislehurst）の隠棲先で歿した明治六年一月九日、久米は「此日第三世路易拿破侖《ルイ・ナポレオン》、石痲《せきま》〔膀胱結石〕ノ病ニテ英国ニ於テ殂《し》セリ」と書き（『米欧回覧実記』三、八一頁）、同じくパリにいた柳北は「此日那破侖三世病《やん》デ英国ニ殂《そ》ス。寔《まこと》ニ痛悼ス可シ」（井田進也校注『幕末維新パリ見聞記』岩波文庫、六〇頁）と書いている。久米の記事はいかにもそっけないが、そのかわり、翌十日、パリ市内のビュット・ショーモン公園を見学したときには、これが故皇帝のなした労働者階層のための社会福祉策の一つであったことを説き、この「美挙」をもふくめて「廃位ノ後モ、中等以下ノ民ハ、〔前皇帝を〕景慕シテ已マス」（『米欧回覧実記』三、八四頁）と追悼文にも似た長い一節を書きそえていた。

あれからすでに三十数年、当時四十七歳であった皇后が、いまは八十歳の老未亡人となってもなお往年の端麗な容姿と夫まさりの才識とをただよわせ、かつて知った日本文物の魅力を忘れずに、ときおり日本大使をそのファーンバラ（Farnborough）の邸に招くことがあったというのは、いまの私たちにとってもどこか心うれしいことではなかろうか。その老いてなお「議論風生」のさまを、林董がこうして書きとめておいてくれたということも、林の教養の広さと心くばりのこまやかさとを示していてめでたい。林以前の駐英公使青木周蔵や加藤高明《たかあき》についても同様のことはあったのだろうか（林が触れている皇帝夫妻の一人息子、皇太子「プロンプロン」は一八七九年、南アフリカのボーア戦争で英軍に加わって、名声をあげて皇位復権の望みをつなごうとして、かえって空しくズールー族の伏兵に殺されたのである）。

8

しかしなんといっても、外交官林董のキャリアで最大の功績として歴史に残るのは、彼がロンドン駐劄中に推進し締結にまでもっていった日英同盟の成功であろう。この交渉経過については林が『時事新報』の記者に語って、林の死の直後の大正二年（一九一三）七月十三日から同紙に連載された「日英同盟の真相」がある。これは途中で林自筆の記録「日英同盟始末」に代えられたが、その機密におよぶ内容のため外務省から掲載中止を求められ、『時事新報』はふたたび談話筆記のかたちの「真相」にもどし、これを全篇一挙に掲載した。だがこれもすぐ発売禁止の処分に遭うという、なかなか波瀾に富んだ回想の一篇である（前掲『後は昔の記他』由井正臣氏解説）。

日英同盟成立の外交史的背景やその協約の内容については、私がここにくわしく述べるまでもないだろう。要するに、十九世紀末、二十世紀初頭の帝国主義諸国のなかでも、当時東北アジアに向かってもっとも勢力拡張の動きが露骨で激しかったロシアに対して、新興日本と先進大国イギリスとが提携して前面と後方からの一種の封じ込めを行ない、両国の「極東」――清国と韓国――における利益を保全し、当地域の現状維持・平和維持をはかる、という趣意の協約であった。イギリスにとっては広大な帝国の各地域における権益の現状を保持するという、世界政策のグランド・デザインからいって意味があったし、日本にとってはさらに直接にロシアの南下策――清帝国の満州をへて、日本が格段の利益をもつとする朝鮮半島にまでおよびかねないその勢力への対抗策として、きわめて大きな有力な支援となるべき同盟であった。

日英両国同盟の説は、すでに林の前任者加藤高明の駐英の当時から、イギリス側からもちだされ、加藤がこれを本国政府に機密事項として打電したこともあった。それがそのままになって、まだ両国間の正式の論題とはなっていなかったところに、明治三十三年二月、林が新公使として着任したのだが、林は日清戦争の戦前から戦後にかけて(明治二十四年六月―二十八年五月)の外務次官として、直接に露仏独の三国干渉に対応せねばならない経験があっただけに、早くから、世界における日本の孤立を避けるためにはヨーロッパ列強のいずれかとの同盟関係を築かなければならぬ、その最良の相手は露でも仏でもなくおそらく英、との説を抱いていた。その論を駐清公使として赴任する直前(明治二十八年五月二十八日)に『時事新報』に投じ、これが同紙社説として発表されたこともあった(林と姻戚関係〔子供同士の結婚〕にもあった社主福澤諭吉はこの論をよろこび、ひと月後にはみずから「日本と英国との同盟」と題する社説を載せて世論の喚起をはかった)。

林自身がこのような親英的思想の持ち主であったこともあって、ロンドン着任の翌年の春(明治三十四年四月)、ときの英国外相ランズダウン(Lansdowne, 1845-1927)との間に同盟問題についての最初の意見交換が始まってからは、折衝は比較的順調に進んだ。同年九月、桂内閣の外相に小村寿太郎が着任すると、さっそく林を日本側の全権とする旨の訓令も来て、十月半ばからはいよいよ正式の日英協約交渉となった。交渉のすみやかな進捗については、相手側のランズダウン侯の人柄と勉励によるところが大きいと、林は協約締結後の本国あて報告書（「日英同盟協約締結始末」明治三十五年三月三十日付）の冒頭に次のように特記している。

侯ハ英国ニ於テ称スル「ゼントルマン」ノ範例ナリ　礼譲正シク而カモ厳格ニ失セス　人ニ接シテ温和ナレハ本使モ前後凡ソ一ケ年ニ亘《わた》レル談判ニ於テ極メテ微妙ナル本問題ヲ語ルニ少ナカラサル便宜ヲ得タリ　之ニ加フルニ侯ハ又有数ノ勉強家ナルカ故ニ談判モ着々其歩ヲ進メタリ

（『日本外交文書』第三十五巻、三三頁）

外交交渉における人間的要素をこのようにまず強調しているところが、十九世紀的であり、林董風でもあって、面白い。

ところが、十一月になってイギリス側からすでに第一回協約案が提示されたりしているところに、思いがけぬ攪乱要因が、それも日本側から飛びこんできた。総理を辞任した元老伊藤博文がアメリカのイエール大学で名誉学位を貰ったあとに、フランス経由でロシアに行き、日露協商を進める予定ですでにパリにいるから、至急彼と会って日英協約の進行について報告し相談せよ、との本国からの訓電である。林は伊藤の欧行の目的について噂を聞いてはいたものの、これを信じてはいなかった。すでに林に全権を与えて日英同盟を談判させながら一方では日露協商を探るとは、イギリス側ももっとも警戒していたことであり、外交交渉上容認し難い事態だったからである。林はすぐにパリに出張して四日間をかけて伊藤を説得し、ロシアでは協商については一切口にせぬことをようやく約束させた。

ところが伊藤はペテルブルグに赴いて蔵相にウィッテや外相ラムスドルフと会見し、皇帝にも拝謁しているうちに、またまた自説を復活させて、朝鮮問題をはさんで日英よりも日露の協商を先行させる必要を確信し、これについてロシア側とかなり突っこんだ意見交換をしてしまった。しかもその間に本国政府では、日英協約についての英国側原案に対する修正案を決定し、これを天皇に奏上して認可を得たうえで、在露の伊藤の意見をも徴すべしとの天皇の御沙汰をそえて、林のもとに通告してきた。そこで林は部下の書記官松井慶四郎に日本側修正案を暗号のまま携帯させて、これをロシアの伊藤のもとに急行させることとなった。明治三十四年の十一月下旬から十二月上旬にかけて、英国側から回答を督促されるなかで、林はこの東京とペテルブルグ、現内閣と有力元老（伊藤・井上馨）との間の深刻な齟齬・対立に対処せざるをえなかった。このきわどい局面に際しての苦衷を、林は「日英同盟の真相」の一節に次のように洩らしている。

伊藤侯が松井氏へ話した所は、大体右の通りである。八月八日に、曾禰〔荒助〕外務大臣から我輩〔林〕に送〔っ〕た電文中、我政府が英国の提議の趣意を好視するとあったのは、特に伊藤侯が注文して書入れさせたものであったと云うことだし、巴里《パリ》に於ても、侯は日英同盟に大体上同意した其上に、露国へ行ても、成る可く通常の談話をするのみで引返そうと約束した。又露国からも、我輩に対する返電中に、重ねて其意味のことを申越したに拘らず、いよいよ露国の政治家に面会した場合には、随分思い切〔っ〕た談判をしたものと見える。如何にも前後不揃な遣口《やりくち》で、其真意は何人《なんぴと》も了解に苦しむ所であろう。又修正案に関する意見として、侯の本国政府へ送〔っ〕た趣旨は、其場合には聞くことが出来なかったけれども、同盟協約の利害には、別段の軽重を為さないものであった様で、本国政府でも、之を深く介意しなかったらしい。要するに侯は、他より種々の意見を持込まれる一方に、露国では兎に角、頗る好都合らしい話も聞たから、一旦日英同盟に同意しながら、又々気が変〔っ〕たものであろう。侯自身の立場としては、或は無理もないことであったかも知れない。又井上伯から、伊藤侯へ電報して来た露独両国の内外の関係云々も、我輩の一円合点の往かないことで、是れが目前の問題を決定するに如何なる因縁があるか、思料するに苦まざるを得ない。況《いわん》や同盟の大体に就て論ずるの時期は、既に経過したるに於てをや。其れで我輩は此意味をも、特に小村外務大臣に電報したことである。

（前掲『後は昔の記他』三五六頁）

協約締結後まもなく書かれて小村外相あてに提出した前記「日英同盟協約締結始末」でも、林ははっきりと「侯（伊藤）ノ態度ハ今ニ瞭解ニ苦ム処ナリ」と書いている。元老伊藤の外交現場への直接介入は、林にとってはよほど腹に据えかねることだったようだが、右「始末」にそえられた「追記」では、さらに伊藤批判の語調を強めて、「其〔伊藤の〕異論ノ廉々《かどかど》ヲ聞クニ悉皆《しっかい》児女ノ論ノ如キ取ルニ足ラサルコトノミニテ如何ニシテモ此商議〔日英協約〕ヲ故障セントスルノ外ニ主意ナキモノノ如シ」(『日本外交文書』第三十五巻、五三頁。適宜ルビと句読点を補った)とまで述べている。そしてこの伊藤の傍《そば》にあって彼をそそのかして日露協商を結ばせ、それを自分の手柄としようとした随行員、井上馨の女婿、都築馨六《つづきけいろく》にいたってはもっとも許し難い人物として、「都築ノ行為ハ卑劣譎詐《けつさ》、唯是自己ノ功ヲ見《アラ》ハサンコトヲ目的トスル者ニテ賤ムベキ者ナリ」と断じた。伊藤・井上という最有力の元老の威勢にはみなひれ伏すなかで、この際「両人ヲ等閑視シテ己ノ所見ヲ断行シテ動カサリシハ」ただ外相小村寿太郎のみであった、とも林は書いている(同右、五四頁)。

正規の外交文書にこのように激越な人物評までが盛りこまれているところが、いかにも明治らしい気迫があって愉快ではないか。「性澹然《たんぜん》」のはずの林がただの好々爺などではなかったこともよくわかる。日英同盟成立(明治三十五年一月三十日)の背後には、日露戦争を目前に予感しながらの、明治の政治家・外交官たちのこのような真剣勝負のドラマも演じられていたのである。

第七章

明治外交の危機に立つ——陸奥宗光『蹇蹇録』

I　外交の写生絵画

1

林董《ただす》は駐英公使としてロンドン駐劄《ちゆうさつ》中に書いた「回顧録」の最後の一節に、こうしるしている。

果して予が危懼《きぐ》したる如く、陸奥氏は予が露京在勤中に逝去し、此に予が生涯最第一の知己を失いたり。

（『後は昔の記他』平凡社東洋文庫、八二頁）

林は明治三十年（一八九七）三月、駐露公使を命ぜられ、同年四月四日に横浜をたって聖ペテルブルグに向かったが、それからわずか四カ月後に、六歳年長のこの「生涯最第一の知己」陸奥宗光（一八四四―一八九七）の死の報に接したのである。前の年の十一月、一年半の清国公使の勤務を終えて帰国したとき、林はすぐに原敬を介して大磯に療養中の陸奥のもとに招かれ、近い将来、伊藤がふたたび総理になるときは自分の代りに貴兄を外相に推すから、そのつもりでキャリアを積め、というような懇切な励ましを与えられたという。「回顧録」の記述によれば、それが林の先達陸奥にまみえた最後であったらしい。

林がはじめて陸奥に会ったのは明治四年の五月、陸奥が最初の欧米調査旅行から帰ったときというから、二人のつきあいはたしかに古い。当時、紀伊徳川藩の兵制改革に専念していた陸奥に英語能力を買われて和歌山に同行し、やがて二カ月後、廃藩置県とともに陸奥が神奈川県知事に任じられると、林も一緒に神奈川にもどって同県奏任出仕としてはじめて官途についた。そして同年中に陸奥＝伊藤の推輓で岩倉使節団に参加し、外交官としてのキャリアの端緒を得るのだから、林が陸奥を生涯の恩人と見なすのも当然であった。林が第一次松方内閣の榎本外相のもとで次官に任ぜられたのにつづいて第二次伊藤内閣の陸奥外相のもとでも外務次官を務め、まさに『蹇蹇録《けんけんろく》』の時代の苦難をともにしたことも、すでに前章でわずかながら触れた。「剃刀《かみそり》大臣」とさえ綽名《あだな》されたという俊才陸奥宗光のすぐかたわらに、三年近くも次官として仕え得たというのは、林董の例の「澹然《たんぜん》」「平坦」と評された温厚な性格のゆえか。そのようなことだけではないだろう。陸奥のように土佐立志社の同志とともに反政府の陰謀事件に連座して、五年間（一八七八―八三年）山形、宮城の獄につながれるというほど劇的ではないにしても、林も五稜郭の反乱軍の一員として捕らえられ、弘前、函館で一年間「囚虜」の経験をしたことがあった。薩長閥に対するアウトサイダーとしてのひそかな共犯者の意識が二人の間にはあったのにちがいない。そしてなによりも、林も陸奥に劣らず有能な、国運の安泰のために「蹇《けん》

陸奥宗光（国立国会図書館蔵）

蹇匪躬《けんひきゆう》」の誠をつくす外交官であったことが、二人の相互の信頼を厚くしたのであったろう。

2

その林は「回顧録」の一節で陸奥外務大臣の対英条約改正の成功（明治二十七年七月十六日）を讃えながら、この先達の人柄について次のように論じている。

此条約改正は、伊藤氏の内閣が上下内外に信用を得ること大なるが故に、成就したるには論なきも、陸奥大臣が内よく元勲老輩並に政党者流を操縦し、外はよく外国政府の意向を詳かにして、之に応じたるの功に由らずんばあらず。陸奥氏元来多智にして事を好むの癖あり。因て失敗を被ることも多く、終に囹圄《れいご》に呻吟するに至り、世間往々氏を見て軽薄票兆《ひょうちょう》にして権謀術数のみを主とする冒険者の如く思做《おもいな》す者あり。氏は素《もと》より温厚篤実の士にあらず。寧ろ捷知を以て自ら誇るの人なれども、理義に明かに人情に通じよく人を恕《じょ》することは、上に記したる大鳥氏に対する一事を以ても推察するに足るべし。而して其条約改正を成就したるの功は、生涯の過失を償うても猶お余りある者と云うべし。宜哉《むべなるかな》、氏が逝去の後に於ては、向来《きょうらい》氏を誹《そし》りたる者皆其跡を絶ち、氏の死を惜しむの声到処《いたるところ》に高きこと。

（同前、八〇―八一頁）

さすがに年長のよき先輩としてこれに接し、卓抜の上司としてこれに仕えただけあって、陸奥という人物の表と裏とをよくとらえた評語というべきだろう。ことに「氏は素《もと》より温厚篤実の士にあらず。寧ろ捷知を以て自ら誇るの人なれども、理義に明かに人情に通じよく人を恕する」とは、陸奥の内輪の顔をも熟知した人ならではの言であろう。

陸奥は十歳にもならぬ少年のころ、和歌山（紀州）藩藩政の中枢にあった父宗広《むねひろ》が一朝にして失脚、家名断絶の上に禁錮を命ぜられたときから（嘉永五年〔一八五二〕）、「母に随ふて四方に流離す」（「小伝」）というような、その精神形成にまで痕跡を残さずにはいない生活上の辛酸を経験した。そして十代の末から二十代前半にかけては、徳川御三家の大藩につらなる身でありながら、尊王攘夷派の運動に深くかかわり、とくに土佐藩の坂本龍馬、後藤象二郎らとは親しく行動をともにして、坂本の紹介で勝海舟に学び、坂本に導かれてその長崎の海援隊の一員となっては断然頭角をあらわした。この土佐系人士との因縁が明治十年の林有造、大江卓らの陰謀との連繫にもつながっていったのだろう。だが、それもふくめて陸奥の少年時代からの、この、スリルに富んだ有為転変の経験が、彼のなかに国士としての志をはぐくみ、政治的感覚を養ったのみならず、おそらく林董のいう以上に広い意味で「理義に明かに人情に通」ずる人たるべき教育ともなったのに相違ない。

陸奥は明治五年（一八七二）前妻蓮子《れんこ》が二児を残して死去すると、同年のうちに十二歳年下の亮《りょう》子《こ》と再婚するが、山形・仙台の長い獄中生活から、またその直後の二年間の米欧留学（明治十七―十九年）の旅先から、彼がこの愛妻に書きつづけた七十通にも近い手紙を読めば（それらは今は萩原延壽《のぶとし》氏編の「日本の名著」35『陸奥宗光』にすべて収められている）、あの陸奥がその内面ではまたこのようにこまやかな「人情」の人でもあったかと、驚き、心動かされずにはいない。綿々としてまた纏綿《てんめん》として綴られた平仮名の手紙の文章は、『蹇蹇録』とはまるでちがって、ひとり置きざりにしてきた病いがちな若い美しい「お亮どの」へのいかにも優しい配慮に満ち、同時にお亮こそついに得たわが心の友といいかねないほどの対等な信頼感に裏打ちされている。これも陸奥宗光という人物の、錬磨された精神の奥ゆきの深さを示す美しい証拠の一つにほかならない。

3

そして一方興味深いのは、林董が陸奥について「氏は素《もと》より温厚篤実の士にあらず。寧ろ捷知を以て自ら誇るの人」と評するほどのことは、陸奥自身、実は誰よりもよく自覚していたらしい点である。陸奥が外務大臣辞任後の最晩年（明治二十九―三十年）、みずから発刊して竹越与三郎に編集させた雑誌に『世界之日本』があり、彼はこれに仮名で何篇かの小品を寄せた。そのなかの一篇が「諸元老談話の習癖」と題するもので、伊藤、板垣、大隈、後藤（象二郎）、井上（馨）、山縣ら、陸奥熟知の政治家たちの日常の談論風発ぶりや演説の際のそれぞれの癖や持ち味を、なかなか巧みに面白く描写している。その「元老」大隈と後藤の間に、陸奥はついでに自分自身の談話の「習癖」をもはさみこんで描いてみせた。そのこと自体が自意識家陸奥らしいこととともいえるが、その一節に彼はこう書いている。

陸奥の談話好きなるは猶ほ伊藤、大隈の如し。然れども彼は動《やや》もすれば多弁に陥ゐり、又其談話中、伊藤の如き講釈様《よう》の談話なきに非《あらざ》れども、彼は寧ろ議論癖《へき》ありて、往々口角沫《あわ》を飛ばして他人と争論し、其勝を好むの弊あるや、勝に乗じて窮寇《きゅうこう》を追撃するを厭はず。故に彼が談論は引証明晰、論旨正確、対談者をして敢て反駁の言を容るゝの間隙なからしむるも、之が為め、時としては甚だ人をして不平不満足の念を懐《いだ》かしむるを免かれず。然れども彼は右の如く縦論放談するの習慣あるに拘はらず、其間頗《すこぶ》る慎重を持し、決して其胸秘を他人に窺はしめず、又或る言質の為め他日の困難を惹起するが如き事柄は、務めて之を避けり。

（陸奥宗光伯七十周年記念会編『陸奥宗光伯――小伝・年譜・付録文集』一三四頁。句読点、ルビとも引用者）

この一節の結びに、陸奥はさらに「かれは放胆なるが如くにして頗る小心の人なり」（同右、一三五頁）ともつけ加えるのだが、これをも含めてなかなかよく外交官陸奥宗光自身の圭角も多かった言行、ひいては『蹇蹇録』などの陸奥の文章の特徴までをも、言いあてているのではなかろうか。

『蹇蹇録』は新井白石の『折たく柴の記』や宮崎滔天の『三十三年之夢』などと並んで、いまから三十年あまり前にPrinceton Library of Asian Translationsの一冊として翻訳され、プリンストン大学出版局から刊行された（一九八二年）。訳者、南カリフォルニア大学教授ゴードン・M・バーガー氏は、序文のなかで、この書物が陸奥の主張のための弁明のおもむきをもつにしても、なお同時代の外交史料からの豊富な引用にしっかりもとづいて、「明治日本の政治指導者たちの政策決定、政治的策略、外交上のかけひき、そして思考の過程を語るみごとな記録」となっていることを高く評価した。その史書としての明白な価値にもかかわらず、学界では（欧米の学界では？）長い間十分に注目されず、活用されてこなかったのは、おそらくその原文が格別に難解なためであろう、とした上で、バーガー氏は次のように陸奥の文章の特徴を評している。

古典への示唆を織りまぜながら簡勁で、しかも陸奥や伊藤やその同僚たちが、政治、軍事の戦略を展開していった複雑な状況については多方面に眼くばりをきかせているから、この回顧録は日本人読者にも非日本人読者にも同様に、理解の上で難問を課することになる。だが、陸奥がその論を開陳するのに用いた独特のきびきびとして辛辣な文体を読者がここで十分に味わうことができなかったとしたら、それは一に訳者の非力のせいである。根気強い学徒が読んでゆけば、『蹇蹇録』は明治中期日本人の国政能力の高さを示す記念碑であるばかりでなく、日本文学史上における一つの道標ともなる作品であることが、わかってこよう。

（Gordon M. Berger〈ed. & tr.〉, *Kenkenroku*, p. xiv、引用者訳）

日本人読者の一人としては、『蹇蹇録』の文章はバーガー氏がいうほどに難解だとは思わない。陸奥が自分自身の談話について述べた「引証明晰、論旨正確、対談者をして敢て反駁の言を容るゝの間隙なからしむる」という性格が、この文章ではおそらく談話における以上に力強く発揮されているからである。日清戦争前夜の朝鮮半島をめぐる政情から戦後の三国干渉による紛糾の処理にいたるまでの、ほぼ一年間の国内・国際政治の複雑急速な変転を、まさにバーガー氏のいうように「多方面に眼くばりをきかせて」、その渦中から脱したばかりの当事者の筆とは思えないほどに冷めた「簡勁」な筆致で叙述してゆくからである。

だが、それにしても、バーガー氏が陸奥の文章を「独特のきびきびとして辛辣な文体」(the uniquely crisp and pungent style)と呼び、この作を明治中期の外交史のみならず「日本文学史上における一つの道標」と評するのは、まさにわが意を得た言葉である。さすがに、この漢語の多い文語体の文章に密着して、これを英語に移し得た訳者ならではの、その苦心の経験を通じてこそ得られた実感のある評語というべきだろう。久米邦武の『特命全権大使米欧回覧実記』などについてと同様に、この『蹇蹇録』が文学作品としても正当に評価され、位置づけられないうちは、日本近代文学史はいつまでも完成しないだろうとは、私自身も日頃考えていたことだった。

4

前に引用した一節のなかで林董は、陸奥が「人情に通じよく人を恕する」人であったことは、大鳥圭介に対する陸奥の処遇のしかた一つからでも推察できる、と述べていた。それは明治二十六年(一八九三)七月以来、朝鮮駐劄特命全権公使となっていた大鳥の行動と評判にかかわる一件であった。

朝鮮政府は一八九四年春からの東学党の乱の拡大にともない、同年六月初め清国に乱の平定のための派兵を要請し、清国軍は直ちに牙山《がざん》に出動したが、いちはやくその動静を察した日本政府はこれに対抗するため、一時帰国中の大鳥公使に約四百の海兵隊を同行させて、六月五日、急遽漢城《ソウル》に帰任させた。そのとき公使に与えられた訓令は、清韓両国の出かたに応じて和戦両用の構えをとれというものだったが、大鳥は現地の情勢の静穏化を見てむしろ第一義の対清和平の方針を進めようとした。ところが日本側の在韓の軍や外交団の強硬派のなかには、大鳥の行動を愚図で手ぬるいとする非難が強くなり、本国政府も公使の召還と免職をさえ考慮するにいたった。そのとき公使の立場の難しさを一番よく知っている外相陸奥が、大鳥を擁護し、彼の帰国後の枢密顧問官への栄転をもはかってやったというのである。

林の回顧によると、当時対清和平の維持を主唱していたのは総理の伊藤博文のほうで、外相陸奥はむしろ帰任しようとする大鳥にむかって、その第一義の訓令のほかに、口頭で、「恰も可成《なるべく》は開戦の方策を執るべしと言わぬ計《ばかり》」の訓示を垂れたという(林董『後は昔の記他』七六頁)。日清戦争開戦の直接の端緒となる、明治二十七年六月上旬の朝鮮をめぐるこの日清間の緊張のなかのかけひきについて、それでは陸奥自身はどのように回想しているのだろうか。まず『蹇蹇録』の第三章から関係の数節を引用してみよう。

余は大鳥公使が東京出発の時に臨み最《もつとも》精細なる数件の訓令を与へたる中に、今後朝鮮の模様に関し政府は相当の軍隊を朝鮮に派出することあるべしと雖も、極めて已むを得ざるの場合に及ぶまでは平和の手段を以て事局を了結することを第一義とすべし、と心得べしと云ふの要旨を以てしたれども、何分《なにぶん》当時の形勢已に切迫し居るに付き、尚ほ右訓令中、若し時局急促して本国政府の訓令を請ふ暇なき場合あるに於ては、同公使が適当と思料する臨機処分を施すことを得べしとの一項をも加へたり。蓋し此訓令中には恰も表裏二個の主義を含有したるの観なき能はざるも、斯《かか》る形勢に際し外国に派出せらるゝ使臣に対し非常なる権力を附与するは亦《また》実に已むを得ざるなり。

（岩波文庫、初版二九―三〇頁、改版〈以下、改〉三〇―三一頁、新訂版〈以下、新〉四二―四三頁。以下、引用は初版を主とし、文字使いを改めて適宜ルビと句読点を加え、字句を〔　〕で補った。）

陸奥の文章を"crisp and pungent"と評するにしては、右の一節はセンテンスがどれも長く、曲折が多すぎるだろうか。だがこれは、明治二十七年六月当時の日本政府の対清最終政策未決定の状態を述べる条《くだり》なのだから、この曲折体のほうがかえって事態の実際に即して的確であったと見るべきだろう。漢城における七千余の日本軍の駐留は、日本側から見れば日清間の天津条約、日韓間の済物浦《さいもつぽ》条約によって十分に正当化されるものであったけれど、なお牙山にとどまる清軍にくらべて眼前にあまりに威圧的であり、当然のことながら在漢城の欧米外交官、商人の間に「日本政府は平地に波瀾を起」こそうとするとの不穏の評がいっせいに立ちはじめた。日本政府が最終決定を保留しているからといって、漢城現地の事態はそれにかかわりなく進展していったのである。

5

大島公使はこの情勢をもっともよく把握する立場にあったから、本国政府にしきりに軍勢派遣中止の要望を打電した。これへの対応についての『蹇蹇録』の記述がきわめて興味深い。陸奥もこの大島の申請を「至当のことゝ思考」した。だが「飜《ひるがえつ》て我国の内情を視れば最早騎虎の勢既に成り、中途にして既定の兵数を変更する能はざる」（初三二頁、改三三頁、新四六頁。傍点引用者）の情勢となっていた、というのである。陸奥は他の箇所でもしばしばこの「騎虎の勢」という表現を使っている。これは、自分たちが点じた火が大きく燃え上がってしまったことに対する、日本外交の最高指導者としての一種の弁解の言葉ととるべきだろうか。当然そのニュアンスもありうる。だがそれ以上にここでは、明治日本にとって最初の深刻な対外危機に際して、外交がもはや外交的判断だけでは動かし得なくなっていたことを、意外なほどに率直に認めた表現と読むべきだろう。

大鳥圭介は清軍側の指導者、そして朝鮮内の親清勢力を動かす袁世凱と交渉を重ねて、日清両軍の朝鮮領内からの撤退についてほとんど合意に達していた。だが陸奥らは、近年いよいよ朝鮮の属国化を進めてきた袁および清朝政府に強い不信感を抱いていたし、李鴻章がさらに大規模な清軍派兵の準備をしているとの情報をも入手していた。その上に清軍の実戦における実力のほどもなお未知の要因で、十分な警戒を要した。前面にこの清国への危惧と不信、背後に日本軍部および国民輿論の「騎虎の勢」があるとき、たとえ側面からロシア、イギリス、アメリカなどの国際輿論の圧力があろうとも、陸奥らは大鳥の要請に即応するわけにはいかなかったのである。

林董があるとき陸奥に、古今の大政治家はみな戦争の勝利によって歴史に名を残しているということを語ると、陸奥はすぐに林の真意を察したらしく、頭をかしげ、しばしの後「ヤッテ見ようかネ」と洩らしたという（林董前掲書、七五頁）。内実にはそのような決意を秘めながらも、外交上には可能な限り正当な手を打ちつつ、まさに薄氷を踏むような思いで大国清との戦争へと動いていった——その明治二十七年六、七月のころの日本指導者たちの策謀と心境とを、『蹇蹇録』は次のようなみごとな文章の一節で表現している。

以上略述する如く、我政府の廟算《びょうさん》は外交に在《あり》ては被動者たるの地位を取り、軍事に在ては常に機先を制せむとしたるが故に、斯《かか》る間髪《かんはつ》を容れざる時機に於ても、外交と軍事との関係上、歩武相聯行する為め、其各当局者は頗る惨澹の苦心を費したるは、今に於て之《これ》を追懐するも猶ほ竦然《しょうぜん》たるものあり。（初三三頁、改三四頁、新四七頁）

「竦然」とは、おそろしくて背筋が寒くなるような思いのことだ。さきの「騎虎の勢」といい、この「竦然」といい、このような感覚的・感情的語彙を「引証明晰、論旨正確」の文中に平気で投げ入れて用いるところが、陸奥の自己をさえ客観しうるリアリズムのあらわれであり、その散文の「きびきびとして辛辣な文体」となりえたゆえんであろう。日清戦争終結後、半年もたつかたたぬかのうちに（明治二十八年大晦日）、病床にあって書き上げられたこの回顧録について、陸奥はみずからその「緒言」に述べている。これを戦争とその前後の、日本の軍事外交に関する公文書的な等高線地図に終わらせず、その実況の「山容水態の真面目」まで究めた「外交の写生絵画」たらしめんとしたと（初四頁、改四頁、新八頁）。それは当時の当事者たちのこのような感情の表現までを敢えてした、その効果的な文学性を指してのことであったと思われる。

日清間の情勢は、その後もなお数旬の間、欧米諸国の動向にもかかわらず、「密雲不雨の天候と云ふべ」き重苦しい雰囲気のなかにあった。これを打破するには「何とか一種の外交政略を施し事局を一転するの道」（初三四頁、改三四頁、新四七頁）を探る以外になかった。つまり外交上の能動の一触によって驟雨《しゅうう》をうながす以外になかった、というのである。

II　戦争と外交

6

清国政府が駐清日本代理公使小村寿太郎に国交断絶を通告してきたのは、明治二十七年（一八九四）七月三十一日のことだった。日本側の清国に対する宣戦布告はその翌日の八月一日付である。

だがこれはみな、すでに一週間ほど前から朝鮮半島とその海域で始まっていた、日清間の陸海の戦闘行為を受けての布告にほかならなかった。そもそも日本軍は同年六月半ばから仁川《じんせん》に上陸、その少し前に朝鮮国王の要請に応じて牙山に集結していた清国軍とやがて対決すべく、満を持して待機していた。それからひと月余りたった七月二十三日、ついに日本兵が公使大鳥圭介の指揮のもとに漢城の景福宮に侵入し、大院君を国政の総裁に擁立して、韓国内政の改革を誓わせ、対外的には清国に対する長年の宗属関係の破棄を宣告させると、日本軍の行動開始の口実は与えられた。朝鮮国の独立を犯して駐屯する清国軍は排除されなければならなかったからである。

日本軍は仁川からあっというまに南下して、七月二十九日、清国側が支配していた成歓《せいかん》と牙山を占領、転じて北進を続けた。そして海上ではそれよりも四日前の二十五日、仁川南西の豊島《ほうとう》沖で日本の軍艦三隻と清国側の二隻が遭遇、これも日本海軍の実戦における史上初の勝利となって終わった。その直後に、日本軍艦浪速《なにわ》が英国国旗を掲げて清の将兵一千百人を乗せた輸送船高陞《こうしよう》号を発見、捜索と交渉の後にこれを撃沈するという事件も発生して、国際法上に厄介な展開をすることになるのだが、それは別として日本軍は海陸に連戦連勝、年末までの四カ月ないし五カ月の間に日清戦争の勝敗はほとんど決してしまうのである。これに応じて日本国内の国民感情は酔ったように沸騰し、国際輿論もこの思いがけぬ戦運の展開を前に、少なくとも当面は大いに日本側に有利に作用してゆくこととなった。

7

だが、明治日本にとって最初の対外戦争というこの試練を通じて、政策決定の一切に関与し、その舵取りの中枢となった外務大臣陸奥宗光の心労たるや、並々ならぬものであった。それはその地位から当然のこととして容易に想像もしうるが、しかしまた『蹇蹇録』からうかがえば、ほとんど私たちの想像を超えるものでもあったらしい。

陸奥は伊藤内閣の閣僚として誰よりも早くから、清国とは朝鮮問題を契機にいずれ開戦の避けがたいことを見通し、それを心に決めて手を打ってきた。問題は、東アジアの動静に絶えず直接間接の関心を寄せるロシア、イギリス、アメリカその他欧米列強からの干渉をいかにしてくぐり抜け、従来のなりゆきから清国側に対して有利になりやすいそれらの国々の同情をいかにして日本側に引き寄せながら、いかにして正当な、あるいは正当に近い開戦の理由をつかみとるか、ということだった。

こうして戦争を決意しながらも内外万端について慎重にことを進めているときに、陸奥外相をもっとも困惑させるのは、韓国現地に駐留、居留する日本官民の興奮による突っ走った行動と、それが列強にもたらす反響の意外な屈折とであった。その点で、仁川、漢城に駐留する日本軍隊は、命令一下の出動にむけて待機しているのだから、「殺気紛々《ふんぷん》として当り邇《ちかづ》くべからざるの趣」（初九〇頁、改九三頁、新一一六頁）があったにしても、なおよく規律節制を守って余計な摩擦は起こさなかった。心配なのはむしろ駐屯軍の力を背景に勢いづいた民間居留民の挙動のほうであった。『蹇蹇録』の第九章「朝鮮事件と日英条約改正」の一節は、この点に関する日本外相の危惧のほどをよく伝えている。

又京〔城〕、仁〔川〕の間に居留する我国人は兼て清国人の跋扈《ばっこ》するを視《み》て嫉妬憤慨に耐へざりしものが、今や一朝にして己の背後に強援を得たる如き心地し、何事も己を是とし他を非とし、驕慢人を凌ぐの挙動に至りしを免れざるものもあり。彼等は政府が欧米各国の官民に対し穏和なる措施を執るを視て其中心却《かえっ》て之を喜ばず、軽躁粗暴の輩は何等の反動を企て国家の大事を誤るに至るやも計り難く、此際余は常に蟻穴《ぎけつ》或は長堤を壊《やぶ》ることあらむかとの恐を抱きたりし。

（初九〇頁、改九三頁、新一一六頁）

当時、京仁間にどれほどの日本居留民が暮らしていたのか、いまの私はつまびらかにしない。しかし清国人が朝鮮に対する長年の宗主国の民として威勢をふるっていたところに、その清国をも朝鮮宮廷をも押さえ込む勢いで日本軍の大旅団が上陸してきたというので、日本人居留者たちがにわかに虎の衣を借りていばりはじめた、というのはまるで目に見えるような状況である。軍事力あるいは経済力を背にしたとき「何事も己を是とし他を非とし、驕慢人を凌ぐの挙動に至」るというのは、なにも近・現代の日本人に限ったことではない。どこの先進国民にも多かれ少なかれあったことである。だが日本人の場合、それはとくに外地で、しかも集団でいるときに目立ち、非難の目を浴びやすい行動の悪癖であった。なかでも朝鮮半島では、ことに二十世紀に入って日本がこれを植民地としてから、日本人官民がしばしばこの居丈高な「驕慢」ぶりを発揮して朝鮮民衆の顰蹙《ひんしゅく》を買い、恨みを買い、今日なお消えぬ禍根を残すことになるのだが、その萌しがすでに日清戦争前夜にあらわれていたことを、右の陸奥の観察は示している。

8

右の引用にも「蟻穴《ぎけつ》或は長堤を壊《やぶ》る」ことを恐れたと、印象的な言葉が使われていたが、外相陸奥としてはまさに水も漏らさぬ用意と手順で朝鮮政府と清国とを追いつめ、日清間の「密雲不雨」の状態を脱して戦争へと突入したかったのである。その格別な慎重さのゆえんは、一つには朝鮮が、明治九年二月の日朝修好条規では日本と対等の独立国としてこれに調印し、以後日朝関係を深めてきたのに、清国に対してだけはなお伝統的な宗属関係を認めている、これは矛盾である、その関係を拒否せよと要求しながら、他方では、その「独立国」であるはずの朝鮮の内政外政に日本が介入し、これを威圧することによって清国との戦端を開こうとしている、そこに実は日本側の矛盾があることと、そのやましさを、陸奥が誰よりもよく自覚していたからであろう。その点を突いて干渉してくる欧米列強に、陸奥は繰り返し釈明し、ときに強弁をも張らなければならなかったのである。

そしてもう一つには、まさにこの開戦前夜の明治二十七年六月から七月にかけて、明治初年以来の日本人の悲願であり、代々の外務大臣の最大の努力目標でもあった先進諸国との条約の改正事業が、他に先駆けて英国を相手についに成就しようとしていた、ということがあったろう。一方で着々と対清開戦を準備しながら、並行して他方では駐独兼駐英全権公使青木周蔵と連携して日英条約改正を仕上げるという大仕事、ほとんど離れ業《わざ》ともいうべきこの大仕事を、陸奥は痩軀病身に鞭打って進めていたのである。この後者の達成のためにも、対清・対韓の交渉と行動のうえで過度に国際輿論を、なかんずく英国官民の輿論を刺戟するような振る舞いは、可能な限り避けなければならなかった。

ところが、どういうわけか、当時の東アジアではやはりなお英国人のプレゼンスが一番目立ち、しかも英国人はどちらかといえば日本よりは清国に親近感をもつ者のほうが多かったからか、朝鮮の現地では日英間にもっともしばしば悶着が起きた。故意か不慮か不明な瑣細《ささい》な事件でも、一つ一つロンドンと東京の両外務省それぞれに報告され相互の間に電信が交わされて、日本側をひやひやさせたが、それらはそれなりに解決されたり、立ち消えになったりしていった。

そこにはからずも、明治二十七年七月十五日という、日韓・日清間の緊張のいよいよ高まった時点になって、またしても日英間に、こんどは瑣細とはいえぬ事件が発生してしまった。陸奥はそれを「一点の星火が飛散して、茲《ここ》に大原曠野《こうや》を一朝に蕩燼《とうじん》せむとするが如き重大なる事件」（初九一頁、改九四頁、新一一八頁）と呼んで回想している。漢城で日英間に生じた小さな火花が、ロンドンでの条約改正の大詰めの場に飛び火して、これをあやうく灰燼に帰せしめんばかりになったのである。

『蹇蹇録』は、この事件の意外に切迫した展開のしかたについて、次の有名な一節をしるした上で、簡潔にいきいきとその細部を回想している。いま気がつくと、外務大臣官房編の外務省研修生用テキスト『岐路に立つ外交官――難局にあたって我々の先輩はどのような意見を具申したか』（平成三年五月）にも、『蹇蹇録』のこの一節は引かれている。まずそれをここにも引いておこう。

元来日本帝国が欧米各国と現行条約の改正を商議する事業と、今余が筆端に上れる朝鮮事件とは元来何等の関係もあらざることは無論なるも、凡て列国外交の関係は其互に感触する所頗る過敏にして、僅に指端の此一角に微触するあれば忽ち他の関係甚だ遠き一隅に響応するの例甚だ多し。（初九二頁、改九五頁、新一一八頁）

「感触」「過敏」「微触」「響応」と、さすがに適切な漢語を次々に繰り出して使っている。だが、陸奥宗光にとって右の考察は研修所で習う外交公理の一つというようなものではなかった。まさにこの「朝鮮事件」、そして日清戦争と条約改正の全過程を通じてみずから経験し、発見していった外交関係の現実であった。国際的な「響応」の関係は当時電信網の発達とともにいよいよ「過敏」

になりつつあったのである（今日の「情報化」した世界では、その「過敏」さはいよいよつのる一方であろう）。

9

陸奥の呼んでいわゆる「朝鮮事件」とは、在韓日本公使大鳥圭介が李朝政府にそのお雇い海軍教官、英国人コールドウェルの解雇を要求したという一件であった。陸奥の文章をなおもう少し追ってみることとしよう。このあたりはたしかに『蹇蹇録』の叙述の一つのヤマ場にちがいないからである。

明治十三年（一八八〇）の外務卿井上馨による最初の挑戦以来、繰り返し試みられてきた条約改正交渉は、明治二十六年七月、陸奥外相の全面的対等条約への改正案が閣議決定され、これがまず英国政府に提案されるにいたって、まったく新たな局面を迎えた。その任務のために駐独公使に駐英公使をも兼ねることとなった青木周蔵の尽力があって、改正交渉は比較的順調に進み、交渉開始後半年あまりたった二十七年七月には、ついに調印目前というところまできていた。陸奥としては、これを日清開戦前に是が非でも完了してしまいたく、ほとんど時計とにらめっこというような感じで、七月十二日にはロンドンの青木宛てに次のような督促の電文も打った。

Complication with China has become very critical. Make possible haste to sign treaty. You may yield all the points in my telegram of July 10th.

July 12, 1894, Mutsu.

(『日本外交文書』第二十七巻第一冊、八七頁)

(清国との紛糾昂じていまや危殆に瀕せり。条約調印に向け至急の努力をせよ。七月十日付本官電文中の諸項につき全面譲歩も可。――引用者訳)

当時でもこのような英文電報まで大臣自身が書いたとは思われないが、それにしても単刀直入な文面の率直さに驚く。これと入れ違いに、七月十三日付で青木から条約いよいよ明日調印との公電が入った。これを受けとったときの喜びを、陸奥は深い感慨をこめて次のように回想している。

斯《かく》の如く倫敦に於ける条約改正の事業は百難の中僅に一条の活路を開き進行する間に、今は漸く彼岸《ひがん》に達すべき時節こそ到来せり。即ち明治二十七年七月十三日付を以て、青木公使は余に電稟《でんぴん》して曰く、「本使は明日を以て新条約に調印することを得べし」と。而して余が電信に接したるは抑〻如何なる日ぞ。雞林《けいりん》八道〔朝鮮〕の危機方《まさ》に旦夕《たんせき》に迫り、余が大鳥公使に向ひ「今は断然たる処置を施すの必要あり。何等の口実を使用するも差支なし。実際の運動を始むべし」と、訣別類似の電訓を発したる後僅に二日を隔つるのみ。余が此間の苦心惨澹、経営太忙なりしは実に名状すべからず。然れども今此喜ぶべき佳報に接するや、頓《とみ》

独英の公使を兼務した青木周蔵（国立国会図書館蔵）

に余をして積日の労苦を忘れしめたり。

（初九五頁、改九八頁、新一二二頁）

日本側はこの前後、大島公使を通じて朝鮮政府にしきりに内政改革の推進を要求していた。朝鮮国内の相つぐ変乱と不安定は、同国と政治・経済上深いかかわりをもつわが国の安全と利益をおびやかす、という理由からである。だが朝鮮側は七月十日になってようやく内政改革委員三名を任命しただけであり、これとて事大派（「支那党」）がいよいよ勢力を増す朝鮮宮廷では、なんの実効をも期待できない――というのが当時漢城の大島から次々にとどく報告の内容であった。

これに対し、陸奥は、必要とあらば軍事手段までも含めて朝鮮政府に圧力を加えることを大島に許し、さらにこれが実は"means to give provocation to China"（「中国を挑発する手段」七月十一日付大島宛て訓令）でもあることを伝達していた。さらにこの訓令の翌日、七月十二日には、英国によって試みられていた日清間の調停挫折との報を受けて、右の引用の一節にも引かれていた「訣別類似の電訓」を漢城あてに発信したばかりだった。ゴードン・バーガー氏が"fateful instructions"（運命的訓令）と訳している（七一頁）この電訓とは、たしかに次のような強い語調の一文だった。

After the failure of British mediation in Peking it is now necessary to take decisive steps; consequently you will commence active movement on any pretext taking care to choose what is least liable to the criticisms in the eyes of the world.

Mutsu. Sent. July 12th 1894.

（北京ニ於ケル英国ノ仲裁失敗シタルヨリ今ハ断然タル処置ヲ施スノ必要アリ故ニ閣下ハ克ク注意シテ

世上ノ批難ヲ来サヽル或ルロ実ヲ擇ヒ之ヲ以テ実際運動ヲ始ムヘシ。

（『日本外交文書』第二十七巻第一冊、五九六頁）

こうはなっても、「世界の眼からの批評」に配慮せよ、と依然つけ加えているところも陸奥らしい訓令といえるが、いわばこのようにして各国の注目のなかで〝剣が峰〟を渡るような危ない歩を進めているときに、右の二日後、陸奥外相にとってなによりも嬉しい、なによりも心強い支えとなるべき、あのロンドンからの「佳報」が達したのである。

さて、これで少なくとも一方の愁眉は開いた、と陸奥も思って安堵の一息をついた。そこに、すぐ翌日の七月十五日、同じロンドンからこんどは思いもうけぬ凶報がとどいたのである。『蹇蹇録』にはさきの引用にすぐつづけて、「然るに豈《あ》に図《はか》らむや、翌十五日に至り更に青木公使の来電あり（是れ十四日の発電と知るべし）。……此時、余の失望は奈何《いかん》ぞや」（初九五―九六頁、改九八―九九頁、新一二二―一二三頁）とある。このように外交史上の事実の起伏ばかりでなく、それにたずさわった当事者の感情の起伏までが盛りこまれているからこそ、『蹇蹇録』は単なる等高線のみの外交測量図ではなく、同時代外交の「山容水態の真面目」をとらえた「写生絵画」、つまり文学ともなりえたのであろう。

このときの「英国側故障申出ノ件」に関する青木周蔵の電文は、『蹇蹇録』にも訳されて出ている。だが、ここではまず英語原文のまま引いておくほうが興味深いだろう。

Having settled everything. Treaty was to be signed to-day but Minister for Foreign Affairs suddenly positively refused because he received telegram that Japanese Minister in Corea《ママ》 has asked Corean《ママ》 Government to dismiss British naval instructor Coldwell. British Consul General reports Japanese military telegraph erected across foreign settlement at Jinsen. Minister for Foreign Affairs demands respecting first affair satisfactory explanation. You must at once withdraw this demand otherwise Treaty will not be signed. Answer immediately because Monday is the last day.

London, July 14, 1894. Aoki.
Rec'd July 15, 1894

（『日本外交文書』第二十七巻第一冊、八七頁）

（総て準備を了し本日条約に調印する筈なりしに、英国外務大臣は俄に之を峻拒せり。其故は朝鮮駐劄の日本公使が、朝鮮政府に向ひ該政府の海軍教師たる英国人コールドウヰルを解傭すべしと要求せり、との電報、および日本軍用電信は仁川の外国人居留地を貫通して架設せり、との報告に接したるに由る。英国外務大臣は特にコールドウヰルの件に付き満足なる説明を求む、貴大臣は右朝鮮政府に対する要求を速《すみやか》に撤回するに非ざれば新条約は遂に調印し難かるべし、而して英国政府はこの照会に対し月曜日を期限とし回答を望む。――引用者訳）

極東の漢城の一英人教官の解雇要求の撤回を日英改正条約調印の条件とするとは、英国外務省も最後の土壇場になって、ずいぶん小さなことで日本側におどしをかけたものである。漢城の英国総領事からよほどやかましい報告が本省に行ったものとみえる。だが、青木にとっても陸奥にとっても、これは寝耳に水で、こんなことで条約が成立しないのではまさに「蟻穴或は長堤を壊る」の事態にほかならなかった。

しかも日本からの回答の期限が「月曜日」とあっては、あと一日しかない。陸奥は漢城に事実の有無を問いあわせる暇もなく、即刻、日本政府としてはコールドウェルの解雇など要求したることなしとの電報をロンドンに送った。ちょうどその日、漢城の大鳥から、英国総領事は清国軍の袁世凱支持にまわっているらしく、日本側への妨害のみをこととしている、それが英国政府の真意なのかどうかの確認を乞う、との来電があったので、その写しをも入れて、英人罷免要求などという"such《マ》 absurd thing《マ》"は事実無根の流説、と念押しの第二信をも青木に送った。

すると、それと入れ違いに青木から、貴殿(陸奥)や伊藤の言動と日本国内の「内地雑居」反対運動が当地に引き起こした条約改正への障害を辛うじて克服したと思ったら、前便のごとき朝鮮における不祥事の報が飛びこみ、小官の四カ月におよぶ熱烈な努力は水泡に帰そうとしている。貴殿も当地における小官の影響力を評価しないようなかかる状況下では、小官はもはや国益に奉仕することは不可能となろうという、恨みと無念の情まるだしの長い公電(七月十五日付)も入ってきたりした(右にいう「陸奥や伊藤の言動」とはなにを指しているのか、未詳。『蹇蹇録』にはさすがにこの青木の電文は転載していない)。

陸奥にとってはまことに暗澹たる七月十五、十六の両日であったろう。『蹇蹇録』にもさすがに、「余は此両回の電信を発送したる後も、尚ほ日英条約改正の事業は百尺竿頭纔《わずか》に一歩を余して失脚したりと思ひ、悵然《ちょうぜん》甚だ楽まず」としるされている（初九七頁、改一〇〇頁、新一二五頁）。にわかに八方塞がりの事態に投げこまれ、暗澹たる徒労の思いにさいなまれたのである。

ところが、またも逆転、こんどこそ真の佳報がとどいた。『蹇蹇録』は右の一節にすぐにつづけて述べている。――「越へて十七日暁天に至り、外務省電信課長は余が臥牀《がしょう》に就き一通の電信を手交せり。果然青木公使の来電なり。曰く今回の困難も亦漸く排除したる上新条約は七月十六日を以て調印を了せり。本使は玆《ここ》に謹て祝詞を　天皇陛下に奉り、併て内閣諸公に向て賀意を表すと」（初九七頁、改一〇〇頁、新一二五頁）。

英文電信はわずか二行ほどのものだった。これを見て陸奥はただちに斎戒沐浴、宮城に走って明治天皇に日英新条約調印の結了を伏奏し、ついでロンドンの青木に祝電を送った。これがその後の各国との条約改正の重大な端緒となったことはいうまでもなく、陸奥は担当大臣として最大の課題の一つをここに果たすことができたのである。

だが、この三日後の七月二十日、漢城の大鳥公使は朝鮮政府に清・朝間の宗属関係破棄要求の最後通牒を提出し、その回答を「甚不満足」として、同二十三日には前述のようについに日本軍を動かして漢城の王宮を占領するにいたった。こうして陸奥が訓令していた「断然タル処置」、「実際運動」が、陸奥自身の予想の枠をも超えて次々にとられ、朝鮮における日清間の「密雲不雨」の状態はついに破れて戦闘が始まった。波瀾に富む戦況と外交の展開、そしてその文明史的意味に関する

『蹇蹇録』の叙述については、次に概観することとしよう。

III　陸奥外交と「朝鮮問題」

11

日清戦争前後の朝鮮半島の歴史というのは、いまなお韓国の人々にとっては、想いおこすだに口惜しさと屈辱感とがこもごもに迫って胸に刺さる、という底《てい》のものなのではなかろうか。

李朝末期の宮廷と政府は内紛のためにあまりにも弱体化して、内外の状況の急変に対応しきれなかったのである。その長年の失政に抵抗して東学党の乱が再燃し、たちまち農民戦争の相を呈して拡大し、政府軍をも倒すに至ると、政府は宗主国清の軍隊に助力を求めてこれを鎮圧しようとした。すると日本は甲申《こうしん》事変（一八八四年）直後の日清天津条約（一八八五年）の規定を活用してただちに仁川に派兵、これの圧力のもとに当時七十四歳の大院君を擁立して、一種の傀儡《かいらい》政権をつくらせたことは前節にも一言触れた。そして「金魚内閣」（金宏集《きんこうしゅう》と魚允中《ぎょいんちゅう》）のもとに兪吉濬《ゆきつしゅん》ら開化派が動員されて、日本の明治の改革にならった内政改革、いわゆる「甲午更張」（一八九四年）が日本側の誘導によって強引に進められはじめたとき、朝鮮半島はすでに日清戦争の緒戦の場となってしまっていた。

外相陸奥宗光は、日本側のこれらの対朝鮮進出行動のすべての背後にあって、その責任を担っていたわけだが、甲午改革の進捗には彼なりの期待をも寄せていたらしく、これを「一片紙上の改革と云ひ冷笑」（初一二三頁、改一二八頁、新一五七頁）する同時代の日本人に対しては、次のような弁明を試みている。

〔日清戦争開戦とともに〕朝鮮国土を南北両大部に分割し日清の両軍各自に其一半を占領する姿となり、当該各地方は行軍の準備、軍需の徴発の為め擾乱繁忙を極め朝鮮全土殆ど戦場に異ならず。朝鮮政府政権の及ぶ所は僅に京城及其近傍に止るの実勢なれば、朝鮮政府が如何に内政の改革を実地に挙行せむと謀るも殆ど着手するに由《よし》なかりしは、亦余儀なき次第なるべし。

（初一二三頁、改一二七―一二八頁、新一五七頁）

この改革も、畢竟《ひっきょう》は朝鮮における日本のより大きな権益の導入と確立を眼目とするものだったにもかかわらず、明治二十七年（一八九四）八月二十日の日韓暫定合同条款によって京仁・京釜鉄道敷設権などを得ただけで、結局は「失敗の歴史」（初一二九頁、改一三三頁、新一六四頁）に終わった。そのことを、陸奥は意外と思えるほど率直に明白に認めている。その挫折の理由も、右に引いたような朝鮮が戦場となったからということにとどまらなかった。税の金納制への改正や被差別身分の廃止といった、伝統的社会の慣例と秩序からのラディカルな変革が、東学派系の民衆によって異文明の侵入と見なされて、再び強い抵抗を招いたことが、今日の学界ではこの内政改革の失敗の重要原因と見なされているらしい。だが陸奥にはそのような認識はまだあるはずもなく、彼はこれをもっぱら日本政府の側の対応不徹底の責に帰したのである。

すなわち朝鮮が戦場となったことに加えて、この戦争の決着の如何は緒戦当時の政府指導者たち自身にさえ不明であったために、「目下朝鮮の事体を軽視するには非ざれども、何人も即時対韓永久の政略を確定する能はず」（初一二五頁、改一三〇頁、新一六〇頁）との状態にとどまってしまった、というのである。本国政府の態度がこのように不安定である以上、漢城現地で開化派を支援・教導すべき大鳥圭介公使の言動にも齟齬《そご》を来さざるをえなかった。この点については陸奥は『蹇蹇録』に次のようにまとめて述べている。

実地に斯る〔日本政府の〕内情を酌量して外交上の操縦を為さむとすれば、何事にも支悟牴触《しごていしょく》し、特に朝鮮政府に対する動作は自《おのず》ら外面強き程には裏面強からず、厲色《れいしょく》厳語すれども手腕其後に続かず、有体《ありてい》に云へば我国が朝鮮に対する政略は常に外来の事情に制せられ、剛柔弛張《しちょう》殆ど意の如くならざること甚だ多く、是《ここ》に於て乎《か》、〔朝鮮国の〕内政改革の事業に於て我政府が嘗て公言したる所を実行する能はず、往々隔靴掻痒の憾《うらみ》を免れざりし。是れ朝鮮内政の改革が今日に至り尚ほ其成功を見るを得ざる原因の一と謂ふべし。

（初一二六頁、改一三〇—一三一頁、新一六〇—一六一頁）

12

朝鮮政府に対して表向きは強硬な言動（「厲色厳語」）で改革を督促しながらも、内実はそれを支持すべき一貫した日本政府の方針も資力も熱意も不足のままに推移したのが、日本側の失敗の原因だという。時の外務大臣としては相当にはっきりとした所与の現実の認識というべきだろう。明治二十八年大晦日に書き上げられたこの回顧録が、昭和四年（一九二九）『伯爵陸奥宗光遺稿』（岩波書店）に収められて公刊されるまでは、外務省で印刷はされても秘密書扱いとなっていたのも無理はない、と思われるほどである。

この『蹇蹇録』の朝鮮問題に関する論述は他方で、陸奥の直下の外務次官林董などと同じ箱館五稜郭の旧戦士、大鳥駐韓公使のための弁明の一節ともなっていた。朝鮮の内政改革が当初の計画と期待ほどに順調に進まぬことにいらだち始めた日本官民の間には、それを大鳥の不手際として責める声が強くなり、結局明治二十七年十月十五日付で大鳥は更迭され、後任に維新元勲の一人、元外務大臣井上馨がみずから志願して渡韓する、という事態に至っていたからである。

さらにこの論評を通じて陸奥は、韓国という国が独自の老成の文明をもつ国であり、それだけに宮廷内にも政界にも「朝友夕敵」の相互の怨恨（初一二一頁、改一二六頁、新一五五頁）がはびこり、とても一筋縄では行かぬ、との認識を洩らしていたのだと思われる。それは、陸奥はもちろん渡韓したことはないから、大鳥公使などからの報告その他の情報とこれまでの外政家としての経験からつくりあげられた、李朝末期朝鮮への感触であったろう。たとえば大鳥圭介は、日清開戦から二週間たった八月十四日付で「朝鮮内政改革ノ方針ニ関シ意見上申」の機密書簡を陸奥あてに送ったが、それへの附属書として「朝鮮内政改革勧告ニ付我政府ノ執ルヘキ方針大概」を、次のような言葉で提案していた。全五項目のうち最初の三項だけを、句読点を補ってここに引いてみると——

一　朝鮮内政ノ改革ハ此際一時ニ各種ノ弊政ヲ廃除シ根本的ノ革新ヲ断行スルニ在リト雖モ、行政諸般ノ制度ヲ立ツルニ至テハ、其国情ヲ詳ニシ民智民力ノ程度ヲ量リ之ニ適応シタル制度ヲ立テ、然後国民ノ智力増加スルニ従テ漸次之ヲ改進スルヲ要ス。俄ニ高尚ニ過キタル法律ヲ制シ民情ニ適当セサル制度ヲ設クヘカラス。

二　旧来ノ制度ト雖モ、之ヲ存シテ害ナキモノ、又ハ之ヲ廃革シテ得ル所ノ効益少ク、却テ之カ為メ痛ク民心ニ逆フ者ハ、暫ク之ヲ存スヘシ。

三　改革事業ハ可成丈朝鮮人士ノ手ニ任セテ之ヲ行ヒ、我ヨリ深ク干渉セサルヲ肝要トス。何トナレハ、則我ヨリ深ク立入リテ之ニ干渉スルトキハ、或ハ支那ノ咎ニ倣フ譏リヲ免レス。随テ朝鮮人士ニ我国ヲ厭忌スル心ヲ生セシメ、他日第三国ヲシテ其隙ニ投セシムル不幸ナシトセス。但《た》タ我国ハ朝鮮ニ対シテ常ニ威信ヲ保チ、諸事忠誠ヲ以テ勧告スルトキハ、殊更ニ深ク立入ラストモ、彼等ヲシテ永ク我カ目的ノ如ク運動セシムル事ヲ得ヘシ。

（『日本外交文書』第二十七巻第一冊、六四三—六四四頁）

以下は、朝鮮政府の招聘に応じて日本から財政、兵制、法律などの改革に関する顧問官を推薦する場合は、なるべく現職外の「誠実老練ノ官吏」を選べとの一点と、アメリカ人の顧問官をも一、二名加えさせたほうが対外的に受けがよかろう、という一点のみだった。これより三週間前には日本兵を使って景福宮を占拠させ、大院君擁立を敢行した日本公使としては、意外に穏当で慎重な漸進主義の意見といえるのではなかろうか。日本とくらべて、一般に保守的、原理主義的で、またきわめて誇り高い朝鮮の国民感情について、さすがに大鳥は一年の在任の間に、また近来の諸事件を通じて、学ぶところがあったもののようである。

大鳥のこの上申書は発信後八日目の八月二十二日に本省接受となっているが、それより七日前の八月十五日にすでに陸奥外相は、それまでの大鳥公使のしばしばの要請に応える必要もあって「日清交戦中朝鮮国ニ対スル態度ニ関スル閣議案」というのを伊藤総理に提出していた。さらに、その二日後の十七日には「朝鮮問題ニ関スル将来ノ日本ノ政策ニ関スル閣議案」を起草して、これを同じく伊藤を通して閣議の審議にかけてもいた。

後者は日清の戦局の行方がまだ不明ななかにあっても、日本政府の対韓基本政策をいまから策定しておかなければ、今後の外交、軍事上の措置を誤るおそれがあるとの趣旨で、陸奥が甲から丁までの四つの可能性を想定し、さらにそれぞれについての疑義を列挙して示したものであった。（甲）は、日本政府は朝鮮を独立の一国として内外に公認しているのだから、日清戦争に勝利したとしても、これに干渉せず自主自立に任せるべしとの見解。（乙）は名義上の独立国として認めても直接間接に日本の保護下に置くべしとの案。（丙）は、甲案は朝鮮の現状では無理、乙案も国際的に問題を生じうるとしたとき、日清両国協同で朝鮮の安全保障を担うとの案。（丁）は、丙案では永続性が危うく、日清関係が元の木阿弥に帰しかねない場合、日本のイニシャティヴで欧米諸国また清国に呼びかけて、いわば連帯保障の下に朝鮮をスイスないしベルギーのような中立国とする、との案であった。

これらの四見解に付けられた陸奥自身の「疑問」をあわせ読んでみても、陸奥の「先を読む能力は抜群」との評はたしかに当たっていると思わざるをえない。だが、右四案のうちもっとも可能性が高いのは乙案であったろうと思われるにもかかわらず、『蹇蹇録』によれば閣議はまさに甲論乙駁で、将来にあまりに不確定要素が多いことから、ついに朝議決定には至らず、当面は乙案を一応のめどとしておいて後日再検討、との結論になったという。もって、一八九四年当時の日本政府が、内外の現実になおいかに多くの不安を抱きながら戦争を進めていたかをうかがうことができる。そしてまた明治政府が明治六年の征韓論以来、同四十三年の韓国併合まで、一貫して朝鮮半島への帝国主義的支配をもくろんで、一歩一歩確実にその政策を実行していった、などというのではないらしいことも知ることができる。

それだけに、翌明治二十八年十月八日のことになるが、日本駐韓公使三浦梧楼《ごろう》とその配下の軍人・壮士らによる閔妃暗殺という粗暴な事件が、日本の一連の対韓政策にとっていかに大きな打撃となり、後退《セットバック》となったかも、すでにこのあたりから予測することができよう。

13

閔妃暗殺事件のとき、陸奥は肺結核の悪化のためすでに大磯での病床にあって四カ月、外務大臣

三浦梧楼（国立国会図書館蔵）

は西園寺公望が臨時代理を務めていた。それに、いくら想像の翼を広げて穿鑿してみても、同事件への陸奥や伊藤博文の関与の跡は見つからない、というのが『閔妃《ミンビ》暗殺——朝鮮王朝末期の国母』を書いた角田《つのだ》房子《ふさこ》氏の結論の一つでもある。

ここでは前に戻って、陸奥が閣議案として伊藤に提出したもう一つの文章、前記の八月十五日付の「日清交戦中朝鮮国ニ対スル態度ニ関スル閣議案」のほうを、少し詳しく眺めてみることにしよう。八月十七日付の閣議案は『蹇蹇録』の第十一章に附録として全文再録され、右に述べたように同書本文中でも論じられているが、十五日の分は直接には触れられていないし、これまた陸奥の対韓外交の基本姿勢をよく示していて、彼が閔妃暗殺のごとき壮士劇的無謀とはかかわりえないことを、おのずから物語ってもいるからである。

ただし、前引の大鳥圭介の上申書とよく呼応する内容でもあるから、ここではこの閣議案とほとんど同文を八月二十三日付で大鳥宛ての「朝鮮国ニ対スル将来ノ政策ニ関スル訓令」として送ったほうを引用することとする。

まず第一点は、朝鮮国は現戦時下にあって「恰モ日清両国ノ戦場、若《もし》クハ戦場ニ達スベキ通路ノ如キ姿」となっているから、平和時のようにこれに対処するわけにはいかない。だが、日本としてはすでに欧米諸国政府に向かって朝鮮の独立尊重を公然言明している以上、「外交上ニ於テモ将《ま》タ軍事上ニ於テモ、著シク国際公法ノ範囲外ニ軼出《てつしゆつ》〔逸脱〕スルガ如キ行動無之《これなき》様、極メテ慎重ヲ加ヘザルベカラザル義ニ有之《これあり》」という一点だった。朝鮮を舞台として国際公法尊重のパフォーマンスを示せ、との訓令である。

朝鮮国の独立を主張しながら、この国を戦場とし、この国に政治改革を強行させるというのは、たしかに国際法上無理があり、難しいことは万々わかっているが、それでも日本が他国から非難されるような行為は厳に慎まなければならない。

尤《もつとも》今日ノ場合、一方ニ於テハ朝鮮国内ニテ頻リニ戦闘ノ設備ヲ為シ、又同国未曾有ノ改革ヲ挙行セシムル等ノ権変ヲ行ヒツヽ、他ノ一方ニ於テ国際公法ノ常軌ニ循守セントスル事ハ、時ニ或ハ牽掣《けんせい》〔束縛〕ヲ生ジテ不便ヲ感ズル事少カラザルベケレトモ、去迚《さりとて》又之ガ為メニ他強国ノ非難ヲ招キ、帝国政府ヲシテ殆ド其咎弁ニ苦ムカ如キ地位ニ陥ラシメ候事ハ、決而《けつして》策ノ得タルモノニ無之《これなし》。

明治日本の政治指導者の多くがそうではあったが、陸奥宗光においては、日本最初の戦時下の外務大臣として、とりわけ国際公法遵守への配慮が強かったことが、「一方ニ於テハ……」「他ノ一方ニ於テ……」「去迚《さりとて》又之ガ為メニ……」といった構文の難渋ぶりそれ自体にも、よくにじみ出ていると評すべきだろう。つまりこの訓令文は、外務大臣が誰か属僚に下書きさせてそれに手を入れたという程度のものではありえず、最初から大臣みずからが執筆し、そのため彼の思考の曲折の跡をそのまま示すことになったと見なしうるのである。この難しい配慮を説いたうえでの第一の結論は、むしろ明快であった。すなわち――

要之《これをようするに》、今日朝鮮国ノ地位ハ我カ同盟ニシテ敵国ニ無之《これなく》候得共、終始同国政府及人民ノ敵意若クハ怨心ヲ引起サヾル様注意ヲ加フル事、最モ肝要ニ有之《これあり》。

これは大鳥の上申書中の「改革事業ハ可成丈朝鮮人士ノ手ニ任セテ之ヲ行ヒ……朝鮮人士ニ我国ヲ厭忌スル心ヲ生セシメ」ぬようになすべし、との趣意とよく適合する訓令であった。そうはいっても、韓国側官民が日本の進出に「怨心」ないし「我国ヲ厭忌スル心」を抱いたことには変わりはなかったろうが、それでも少なくとも当時の日本の直接の外交指導者たちが、この点の回避にもっとも心を砕いたことはまたたしかな事実だったのである。

14

以上が朝鮮問題における日本政府としての対外配慮に集中していたとすれば、訓令の第二段はもっぱら朝鮮国内の反応に対する最大限の慎重を説いていた。

又第二ニハ、我ハ已《すで》ニ朝鮮ヲ独立国ト公認シ、且ツ其彊土ヲ侵略スルノ意ナシト明言シタル以上ハ、言行ノ一致ヲ保ツタメ、其独立国タル面目ヲ著シク毀損スルガ如キ行動、及其彊土ヲ実際ニ略取シタルカ如キ形跡ハ可成之《なるべく》ヲ避ケ、我軍隊ノ運動ノ如キモ、総テ朝鮮政府ノ同意ヲ得タルカ、若クハ朝鮮政府ト一体ノ運動ヲ為スカノ実ヲ挙グル事肝要ニ有之《これあり》、又帝国政府ニ於テ朝鮮政府ニ向テ其政治上ノ改革ヲ勧告スルニ付テハ、単純ナル勧告ニ止マラズシテ、時宜ニ依リテハ多少強勧勉従セシムル事モ可有之《これあるべく》、又軍事上ニ於テモ種々ノ輔助ヲ要求スル場合モ可有之候得共、此等ノ勧告要求モ時トシテハ同政府又ハ人民ニ於テ堪ヘ得ザルノ感ヲ生スルノ恐ナシトセズ。

陸奥宗光自身がこれまでに韓国の歴史と文化についてどれほどの知識と認識をもっていたのかは、確かめることができない。それは明治の多くの為政者や知識人の場合と同様に、甲申事変以後の朝鮮の保守反動化に対する福澤諭吉の「脱亜論」(一八八五年)流の幻滅と、それでもなお残る同国民の自負と根性の強さへの畏敬と警戒の念が、こもごもに交錯するような、漠然としてかつ濃密な感情的映像であったのかもしれない。陸奥の右の一節は、朝鮮の現状への日本のコミットメントについて、まるで薄氷を踏むかのような、あるいは蜂の巣を襲おうとするかのような危惧の念を、その語彙にも構文にもあらわにしていて、まことに興味深い。「其彊土ヲ実際ニ略取シタルカ如キ形跡ハ可成之《なるべく》ヲ避ケ」とか、「朝鮮政府ト一体ノ運動ヲ為スカノ実ヲ挙グル」(傍点引用者)とかの言いまわしは、軍事上の実際と外交上の形態との乖離を認める言葉にちがいないが、それだけまた相手の手堅さに対する用心深さを要求する表現ともなっていよう。

そしてこれらの危惧は、要するに「同〔朝鮮〕政府又ハ人民ニ於テ堪ヘ得ザルノ感ヲ生スルノ恐ナシトセズ」との、韓国国民感情の反撥への警戒に収斂してゆくものであった。閔妃暗殺を企画したり、韓国併合を目的としたりする者の訓令では、まだとうていありえなかったのである。

しかし他方で、やがて大院君に代わって再び閔妃が復権し、親日開化派を追放して親露内閣を編成し、ロシアと結んで日本勢力に対抗しようとするというような、朝鮮政情のめまぐるしい変転について、陸奥外相はその可能性を予測していないわけではなかった。大鳥宛て訓令の末尾の一段はそのような事態の到来に警戒すべきことを、すでに十分言葉を尽くして説いてもいたのである。

> 無論今日ノ処ニテハ、同政府〔朝鮮政府〕モ到底我ニ倚頼セザレバ其独立ヲ保全スル事能ハズトノ観念ヲ有スルモノヽ如クナレバ、我ガ勧告我請求ニ対シテハ万事勉強シテ相応ジ居候ニハ相違無之候得共、我要求過度ニ至テハ彼竟《つい》ニ堪得ズシテ、不本意ナガラモ情ヲ他欧洲各国ヨリノ駐在官ニ訴ヘ、我勧告要求ヲ猶予シ若クハ延展セン事ヲ求ムルニ至ラザルヲ保セズ。殊ニ或国政府ノ如キニ至テハ、常ニ其乗ズベキノ機会ヲ待居ルコト判然タレバ、若シ一旦如此《かくのごとき》機会若クハ口実ヲ与フルトキハ、必ズ巧ミニ朝鮮政府ヲ籠絡シ、竟《つい》ニハ日韓間ノ関係ヲ転ジテ其国ニ渉《わた》ル関係トナシ、朝鮮政府ニ代ハリテ我ニ抗議ヲ試ミルニ至ル事ナキヤモ難計《はかりがたし》。

右に陸奥が「或国」と故意にぼかして言っているのは、もはや清国でも英国でもなく、ロシアのことであることはいうまでもなく、事実、八月十五日の閣議案のほうではこれをはっきりと「露国政府」と書いていた。まさに、まもなく再開されるはずの閔妃の行動を予見していたのである。このような朝鮮国の政情、および朝鮮半島をめぐる国際関係を見はるかしながら、陸奥外相が朝議の決定として在韓公使に与えた訓令は、彼自身の要約によれば以下のような三条にまとめられるものであった。

第一　苟モ朝鮮ノ独立権ヲ侵害スルガ如キ行為ハ、軍事上不便若クハ不経済ニ渉ル事アルトモ、可成之ヲ避クベキ事。

第二　朝鮮政府ニ対スル請求ハ、時ニ已ムヲ得ザル場合可有之《これあるべし》ト雖トモ、其請求ノ程度ハ朝鮮政府独立ノ体面ニ対シ、及ヒ新設政府ニ伴フ経済上ノ関係ニ対シ、堪ヘ得ベキ度合ヲ限トシ、竟ニ朝鮮政府ヲシテ我要求ニ堪ヘザルノ感ヲ起サシメザル様充分注意スル事。

第三　朝鮮ハ我カ同盟ニシテ敵国ニ非サレバ、同国ニ於テ軍事上及其他ニ必要物品アルトキハ、成丈其満足スベキ代償ヲ与ヘ、決シテ侵掠ノ形跡無之様深ク注意スル事。

（以上、『日本外交文書』第二十七巻第一冊、六五〇―六五三頁）

以上、外交官陸奥宗光の洞察と予見の、周到と綿密とをこもごもに伝えて余りある一文と評してよいのではなかろうか。

Ⅳ　変わりゆく日本像

15

『蹇蹇録』の文章は文語体で、句読点をいっさい用いずに書かれている。しかも改行が少なく、岩波文庫版で二頁に一回程度しかない。

私はもっぱらこの文庫版初版で読んだのだが、不思議なことに少しも難渋するということがない。読み進めるうちに、むしろ文のリズムに引きこまれてゆくような気さえする。息をもつかせぬ、というほどの快い緊張がある。福澤諭吉の『文明論之概略』(一八七五年)も句読点いっさいなしの文語体だが、あれにも同じような明快さと、推進のピッチの高さとがあった。いずれも、明治の硬派文人の文章のなかでも、とくにすぐれた雄弁体(eloquence)というものであったろう。

『蹇蹇録』の場合、もちろん文章が生彩に富むというだけではない。語られていることが明治日本の最初の国際的危機——日清戦争の端緒から結末までの多事多難な経過であり、そこを切り抜けてきた直後に、当の最高責任者の一人によって、それが直接に語られているのである。そのときどきの訓令や報告や記録を随所に巧みに引きながら、次々に迫る外交上のかけひきを、表から裏から論じてゆく。その間に欧米諸国の動静に対する陸奥なりの洞察も述べられる。交渉相手についての人物論もおのずから混じりこんでくる。そしてまさに「帝国主義」たけなわの時代における、日本近代化＝西洋化の意味についての考察が加わり、このアジアの国の行末に対する一種の危惧をともなった反省も洩らされるのである。

16

日清開戦後ひと月半で、日本軍が平壌を占領して北進を続け、その直後（明治二十七年九月十七日）の黄海海戦で日本の連合艦隊が大勝を収めると、それまで戦争の行方についても日本国の行動についても、もっぱら疑惑の目で見ていた西欧諸国の輿論が急に変わってきた。日本を「東方一個の活勢力」として見直さざるをえなくなったのである。

この風向きの変化について『蹇蹇録』は次のように観察している。すなわち、日本軍の勇猛と連戦連勝ぶりが欧米人の目を驚かしただけではない。その軍隊の組織と機能が著しく近代化されて効率のよさを発揮した上に、「又外交上及軍事上の行動に於て、其交戦国に対し幷《ならび》に中立各国に対し一も国際公法定規の外に逸出したる事なかりしを認めたるは、実に彼等に向ひ非常の感覚を与へたるが如し」（初一三八頁、改一四二頁、新一七五頁）。これは、実際にここにいうように「一も……なかりし」か否かは若干問題があるかもしれないが、当時の日本政府および日本軍がこの点に格別に注意して、国際法上の優等生たろうとしたことは、よく知られた事実であろう。

そしてこれらのことが、これまで日本は軍事においても法制においてもしきりに西洋を学習し模倣してもいずれ実際の運用には失敗する、と見なし見下していた欧米諸国に、一つの開眼をうなががし、衝撃を与えたというのである。

陸奥はこの事実の持つ歴史的な意味合いを要約して次のように述べている。

之を約言すれば、彼等〔欧米人〕は欧洲文明の事物は全く欧洲人種の専有に属し、欧洲以外の国民は其真味を咀嚼する能はざるものと臆想したり。然り而して今回戦勝の結果に由り、竟《つい》に彼等をして始て耶蘇教国以外の国土には欧洲的の文明生息する能はずとの迷夢を一覚せしめ、我軍隊嚇々《かくかく》の武功を表彰すると共に、我国民一般が如何に欧洲的文明を採用し、之を活動せしむるの能力を有するかを発揚したるは、特に我国民の為めに気を吐くに足るの快事と謂ふべし。

（初一三八―一三九頁、改一四三頁、新一七六頁）

つまり、日清戦争に集約して発揮された日本の近代化の成果が、欧米人のヨーロッパ中心的な世界像にはじめて強い揺さぶりをかけ、これを打ち破ったというのである。これは必ずしも簡単に明治日本人の、明治政府指導者の、自画自讃の言とはいえないだろう。開国直後の日本にやって来て、日本はこれから世界にさらされたら、棺から取り出されたミイラのように風のなかに四散してしまうのではないか、と心配したのは、英国公使オールコックであり、またプチャーチン提督の秘書官ゴンチャロフであった。あれから三十年余り、日本は欧米列強の牛耳る国際関係のなかに取りこまれ、まさにそのなかでの生存を賭けて、西欧の「先進」文明からの学習による自国の近代化に全努力を傾けてきた。その結果、まがりなりにも西洋型の政治制度や工業力や軍事力を備えた一近代国家がアジアに出現し、まだアジアの圏内においてではあるけれども突出した勢力を揮いはじめた。――日本という極東の島国のこの急激な変貌が、日清戦争を通じてはじめて、より広汎な欧米諸国民の目に映り、彼らの長年抱いてきた世界像によきにつけ悪しきにつけある動揺を与え、支配層の人々には危惧の念をさえ呼びおこすに至ったことは、たしかに陸奥の述べるとおりだったのである。

17

右の引用のなかで陸奥宗光が「欧洲文明の事物は全く欧洲人種の専有に属し……」とか、「耶蘇教国以外の国土には欧洲的の文明生息する能はずとの迷夢」とか、短いなかに二度も繰り返して欧米人の自己中心主義、自己の文明に対する尊大なほどの過信に言及しているのは興味深い。たしかに、十九世紀後半、陸奥の時代のヨーロッパ人とは、産業革命を遂行し、その工業力と軍事力とをもって世界の市場を支配し、彼らの歴史上にも未曾有の繁栄を誇り、自分たちの価値観にいよいよ自信を深めこそすれ、これにいまだ一抹の疑いさえもたぬ、というのが大勢であったろう。そのヨーロッパに徹底して学びながらも、いつかはこれに挑戦し、これを倒すとまではいかなくともこれに揺さぶりをかけてみたい、というのが、横綱に対した十両か幕下のようなつもりの明治日本人のひそかな悲願でもあった。とくに幕末にはいわゆる志士の一人でもあった陸奥のなかには、その種の負けじ魂が孫子＝象山流の「夷を以て夷を制す」の思想とともに、なお根強く残っていたのではなかろうか。明治三―四年と同十七―十九年の二回におよぶ欧米留学の間には、猛烈な勉学に打ちこみながらも、どこかで強く欧米人の十九世紀的優越意識の「えげつなさ」を体験し、さらにもこの挑戦への意欲を鋭くしたのであったかもしれない。日清戦争の戦勝は、ようやく間接的にもせよ、その長年の想いを晴らすきっかけを与えてくれた、というのであったろう。

右のような表現のなかには、単に日清戦争前後の欧米における東洋観の変化についての知識とか情報とかが記されているという以上に、なにか陸奥自身の個人的な情念もそこにまとわりついて洩らされているのが感じられるのである。同じことを『蹇蹇録』の少し先では、また次のように言葉を換えて述べてもいる。

要するに戦勝の結果は、内外列国に対し大に我国の品位と勢力とを昂騰せしめ、欧洲列国が曾《かつ》て我国を目して僅に皮相的文明を模擬するものなりとの冷評を下したるの迷誤を氷解せしめ、日本国は最早極東に於ける山水美麗の一大公園に非ずして、世界に於ける一大勢力と認めらるゝに至れり。（初一四二頁、改一四六―一四七頁、新一八〇頁）

このように繰り返して述べるのも、陸奥が洋行の当時から外相時代に至るまで、欧米人の口から「極東に於ける山水美麗の一大公園」との日本礼讃の言辞を、至る所で聞かされ、読まされて、すでにうんざりしていたからであろう。一八七〇年代から九〇年代といえば、欧米各国ではジャポニスムがいちばんはなやかだったころ。「アジアに生きていた古代ギリシア」、「平和のなかに民衆が自然と共生する国」、「藝術の国ニッポン」、そして「山水美麗の公園国」といった日本映像がしきりにもてはやされていた時代である。

だが、それがホイッスラーからモネ、ゴッホ、ロートレックに至る新様式の絵画を生み、什器や装飾の新しいデザインを促している分にはすばらしかったが、欧米人の口からそれらの言葉を優越者の愛想《あいそ》よさをもって説かれるとき、多くの明治日本人はむしろ鼻白む思いを禁じえず、みずからの後進性を撫でさすられるような屈辱感さえおぼえずにはいられなかったろう。それは、文明開化・富国強兵などという浅はかな西洋化はいい加減にして、開国以前のような田園牧歌の国にとどまれ、と言われるのと同じに聞こえたにちがいないからである。

陸奥もこの種の欧米側のステレオタイプの言いぐさに接するたびに、富国強兵・日本近代化の指導者の一員として、久しく反撥を覚えずにはいられなかったのだろう。だから、日清戦争の結果、日本が「世界に於ける一大勢力と認めらるゝに至」ったことを大いによろこぶ一人であった。しかし、日本がこの近代化の達成を示せば示したで、こんどは西洋側には、キリスト教文明を持たぬアジアの一国がアジアにおける西洋の優位を侵そうとしている、との日本脅威論＝「黄禍論」が、まさにこの一八九〇年代半ばから急速に一部に広がろうとしていた。そしてこの日本像の両側面とも、十年後の日露戦争に向かってすみやかに拡大してゆく。日本国がみずからの力で国運を切りひらいてゆきながらも、同時にそれが世界に投げかける映像によってそのコースを左右されずにはいない、というのは二十世紀、二十一世紀の今日のみならず、十九世紀末の世界においてもすでに同じだったのである。

18

陸奥は日清戦争後の講和条約の締結とそれに続く三国干渉の処理を一応終えると、すぐに賜暇を乞い、大磯に療養、二年後の明治三十年八月二十四日には満五十三歳で歿するのだから、もちろん日露戦争へ向かってのその後の日本国勢の展開は知らない。だが、彼は日清戦争を契機に日本が「世界に於ける一大勢力」への飛躍を遂げたことを確認し、よろこぶ一方で、まさにそのために日本の今後の進展が国内においても対外関係においてもいよいよ難しくなり、内と外との相克がいっそう複雑になることを予感し、すでにその点を危惧していたようだ。日清戦争の勝利が欧米諸国の自己中心主義的な「迷夢」を覚まさせたことを自讃する前引の一節にすぐ続けて、彼は『蹇蹇録』に次のような観察をもあわせて述べていた。

然れども有体《ありてい》に言へば、日本人は嘗て欧洲人の過貶《かへん》したる如く欧洲的文明を採用する能力なきに非ざりしと共に、今又彼等が過褒《かほう》する如く果して其極度に進行し得べきや、之を約言すれば日本人は或る程度に欧洲的文明を採用し得るも其程度以上に進歩し能はざるや、是れ将来の問題に属す。但し人類一般の常情は、玆に一個の好評を得れば自ら以て余ありとし、一個の悪評に会すれば自らを以て足らずとす。今や日本人は頻《しき》りに世界列国より感歎讃賞を受けたる後、果して能く自己の真価を打算し得るや如何、是れ亦後日の問題に属す。

（初一三九頁、改一四三―一四四頁、新一七六―一七七頁）

これは日清戦争後の日本が、国内の諸制度や文物においてこれからなおどの程度まで西洋化を進めうるのか、また進めるつもりなのかを問うているのだろう。そして海外諸国からの「日本ぼめ」や、やがて「日本叩き」も相つぐであろうなかで、日本人はそれに一喜一憂することなく、どれほど冷静に客観的に自己のアイデンティティと実力を認識し、自国の文明度を把握し、評価しうるか――そこに今後の日本の発展の重要な問題があり、それが日本の外交にもすぐにかかわってくる、との指摘である。まさに陸奥宗光ならではの鋭く勘どころを指した疑問というべきだろう。

この後者の問題について、陸奥は実はかなりペシミスティックだったようである。だからこそそこにこの指摘があるのであり、それは明治二十七年秋冬の戦況の展開に応じた日本国民の感情的過剰反応を、枢機に携わる者として日々みずから目のあたりにし、それによって悩まされつづけた経験に由来していた。前の引用と同じ章（第十二章）の、『蹇蹇録』中おそらくもっとも「きびきびとして辛辣な文体」の一節に陸奥は次のように述べている。

顧《かえりみ》て我国内の形勢如何と云へば、平壌、黄海戦勝以前に於て窃《ひそか》に結局の勝敗を苦慮したる国民が、今は早や将来の勝利に対し一点の疑だも容れず、余す所は我旭日軍旗が何時を以て北京城門に進入すべきやとの問題のみ。是に於て乎《か》、一般の気象は壮心快意に狂躍し、驕肆《きようし》高慢に流れ、国民到る処喊声凱歌《かんせいがいか》の場裡に乱酔したる如く、将来の欲望日々に増長し、全国民衆を挙げ、クリミヤ戦争以前に英国人が綽号《しやくごう》せるジンゴイズムの団体の如く、唯是れ進戦せよと云ふ声の外は何人の耳にも入らず。此間《かん》若し深慮遠謀の人あり、妥当中庸の説を唱ふれば、恰も卑怯未練、毫も愛国心なき徒と目せられ、殆ど社会に歯《よわい》せられず、空しく声を飲むで蟄息《ちつそく》閉居するの外なきの勢を為せり。而して此社会の風潮は如何に外部の関係に変状を与へたるか。……

（初一四〇―一四一頁、改一四五頁、新一七八―一七九頁）

文中の「ジンゴイズム」が「熱狂的対外硬派」（jingoes）の意味であることは註記するまでもなかろう。まことにあざやか、近代日本最初の対外戦勝に陶酔し狂喜する民衆、また言論人の姿を描いて余すところがない（『蹇蹇録』のこの節あたりについても、ゴードン・バーガー氏の英訳はさすがにみごとなものである〔Gordon M. Berger, *Kenkenroku*, p. 110〕）。ここにわざわざ当時の新聞紙面を引用してこれを傍証する必要もないほどだ。当時、津々浦々に高唱された軍歌の数々、「雪の進軍」（明治二十八年）や「婦人従軍歌」（明治二十七年）や「勇敢なる水兵」（明治二十八年）を思い出してくちずさめば、明治民衆の「喊声凱歌」のムードはたちまちいまの私たちのなかにさえよみがえってこよう。

19

私たちが経験した第二次大戦下の神がかり的愛国主義にくらべれば、いや日露戦時のそれにくらべてさえ、日清戦争当時のこの日本的ジンゴイズムの言行は単純でがむしゃらで、悲壮感の薄いものだったが、それだけに対外的にははなはだ未成熟で、外務大臣陸奥宗光の眼からすれば危険きわまりなかった。日本国内のこの異常興奮が、特派員らによって海外に伝えられたとき、欧米諸国に「過讃」「佞諛《ねいゆ》」の言辞とともに「嫉妬」と「畏惧《いぐ》」の念をも巻きおこしたことに触れて、陸奥は右の引用文の後に次のように評している。

当時外国政府及人民の眼裡《がんり》に映写せる日本国民は、毫も謙譲抑遜する所なく、殆ど世界に特立独行し、何等の希望も達し得べく何等の命令も行ひ得べきが如き驕慢の気風を暴《あらわ》したるもの丶如く見えしは争ふべからず。（初一四一頁、改一四六頁、新一七九頁）

海外の「日本叩き屋《バッシャー》」たちの好餌《こうじ》となった金持ち日本人の「驕慢《アロガンス》」ぶり、あるいはまた「日本文化ユニーク論」は、なにもバブル崩壊前の昭和・平成の御世に限られず、すでに近代化に向かって離陸直後の明治半ばすぎに根をおろしていたことを、あらためて思いおこすのだが、そこに発動した「我国古来特種の愛国心」を、陸奥は「如何にも粗豪尨大」で扱いかねるものと評する。さらにハーバート・スペンサーが説いたという「抑〻《そもそも》愛国心とは蛮俗の遺風なり」との言まで引いて、彼が同時代言論界と民衆のこの蛮風にいかに手を焼いたかを洩らしている（初一四一―一四二頁、改一四六頁、新一七九―一八〇頁）。

この国内の熱狂のうねりに揺さぶられ、他方「騎虎の勢」に乗じようとする軍部とも応対しながら、世界を見晴るかしつつ、初めての戦時外交を進めることが、いかに綱渡りのように難しかったか。それを述べる『蹇蹇録』第十二章章末の数節は、外交官の難しい重い責任を説いていまもなお通用する、興味深い切実な文章というべきであろう。

我国の名誉は此の進張する間に我国の責任は彼に増加せり。内外の形勢斯《かく》の如くなるを以て其間往々互に衝突するを免れざる事情を生ぜり。之を調停して双方適宜に歩み合《あい》を為さしむるは決して容易の業に非ず。何となれば当時我国民の熱情は諸事往々主観的判断のみに出《い》で、毫も客観的考察を容れず。唯〻内を主として外を顧《かえりみ》ず、進むで止《とど》まることを知らざる形勢なりし。（中略）因《よつ》て政府は、此国民敵愾心《てきがいしん》の旺盛なるに乗じ、一日も早く一歩も遠く日清の戦局を進行せしめ、一分《いちぶ》も余計に国民の希望を満足せしめ置きたる上、更に外来の事情を酌量し、将来国家の安危に対し外交上一転の策を講ずるの外なしと思料せり。

（初一四二―一四三頁、改一四七―一四八頁、新一八〇頁）

最後のぎりぎりまでこの内と外の間の綱渡りをしたあげく、開戦後六カ月目の明治二十八年一月末には、北京と東京のアメリカ公使を介して最初の日清講和交渉を試みる。そしてその清国側全権を一たび拒否したあとに、同三月あらためて下関に老練の新全権李鴻章を迎えて、伊藤博文首相と陸奥外相が日本側全権として休戦と講和の正式交渉を開始することは、周知のとおりである。硬軟自在のヴェテラン李全権の交渉術と、国民感情を背にし欧米諸国からの干渉の可能性を前にしてこれに応ずる伊藤・陸奥の強引な押しとは、いずれもたしかに見ものであったが、これとその直後の露独仏三国干渉への対応とについては次に触れることとする。ただし、右引用末尾の「将来国家の安危に対し外交上一転の策を講ずるの外なし」とは、すでに三国干渉への譲歩を意味していると思われることを、ここに一言つけ加えておこう。

V　李鴻章との応酬

20

伊藤博文　数日にわたる航海、御無事でいらっしゃいましたか。

李鴻章　年はとりましたが幸い元気で着きました。考えてみれば、閣下と天津でお目にかかってから、もう十年になりますな。その間、閣下はお国のために献身なさって立派な手柄を立てられた。それにくらべ、この私などはなんら国のためになすところなく、ただ年ばかりとって、もうそろそろ無用の長物です。過去を思いおこし、さきを思いやれば、まことに恥じ入るばかりです。

伊藤　いやいや、閣下のお言葉は、私についてはほめすぎ、御自身については謙遜にすぎますよ。

李　今回の船旅は幸い天気が穏かで、たいへん快適でした。ただ一日だけ暴風に遭って、栄城湾に二十四時間停まっていました。それがなかったら、もう一日早くこちらに着けたのですが。

伊藤　船はどこから乗られました。天津からですか。

李　ええ、天津埠頭から乗船しました。こちらに着いてみて、私たちのためにかねてあれこれと御準備下さったとうかがい、感謝にたえぬところです。

伊藤　はじめは別な所を考えましたが、この際、多少は不便でも両方が会合しやすいことが第一と思って、この下関を選びました。御覧のとおりの片田舎で、きっとなにかと不便をおかけするでしょうが、そこはひとつお許し下さい。

李　いや、山水秀絶、こんないいところを選んで下さって、大いに感謝しております。

伊藤　さて、ところで、まずお互いの全権委任状を調べることから始めましょうか……。

21

明治二十八年（一八九五）三月二十日午後三時五分、下関の春帆楼《しゅんぱんろう》の一室で、日清講和会議は両国全権のこのような親しげな軽いやりとりで始まった。

右は『日本外交文書』第二十八巻第二冊に収録されている同会議の「会見要録」から、冒頭の一節（三八〇―三八一頁）を現代の会話体風に訳してみたのだが、細字で上下二段組みで五十六頁におよぶ、片仮名まじり文語体のこの「要録」は、読んでみて実に面白い。日本と清国のそれぞれの近代化を率先指導してきて、片やそれに成功し、片やこのたびの戦争によって挫折を認めざるをえなくなった二人の英雄、その丁々発止のやりとり――李鴻章のほうはしばしば下手《したて》に出て、相手をおだてたり、旧誼によって相手に懇願したりするかと思うと、敗戦国の代表とは思えぬほどの余裕を見せて冗談を言う。話をしばしはぐらかした上でまた急に迫り、にわかに長広舌を揮《ふる》って、長い交流の歴史をもつ同種同文の国として日清両国の一層の協力によって「白皙人種ノ東侵ヲ防遏《ぼうあつ》」しようと訴えたりする。

それに対し伊藤博文のほうは、戦勝国の代表だからといって居丈高に出ることもなく、まさに李の言うごとく十年前（明治十八年）に朝鮮問題をめぐってともに天津条約を締結して以来久しぶりに再会するこの老雄に、十分の敬意と同情を示しながらも、休戦・講和の諸条項についてはなかなか容赦もなく迫り、ゆさぶり、細部を詰めてゆく。その伊藤の追及が厳しくて、息苦しくなってくると、李全権は（たとえば台湾の引き渡し手続きについて）「平和を回復したら、両国官吏が仲よく交渉すればいいのであって、いまそこまで厳しく期限を切らなくてもいいだろう」と逃げを打ちつつ、伊藤に向かって「微笑」して——

閣下ハ実ニ多《おお》ク望マル（You are too hungry）

と一矢を報いる。この英語はおそらく、一度中国語で同じことを言った上で、李自身がその場でつけ加えて発したものだろう。

するとと伊藤も「哄笑一番」——

或ハ然《し》カ想ハレン、余自ラ空腹ヲ感スルコト甚シ

国民新聞（明治34年11月10日）に掲載された李鴻章の肖像

と笑って応じた上で、すぐに「兎ニ角台湾ヘハ、批准交換後一箇月内ニ委員ヲ派シ、二箇月内ニ引渡ヲ受クルコトハ判然確定スルヲ要ス」と抜け目なくねばるのである。それでも李がもう一押しすると、伊藤は委員派遣の「一箇月内」という期限の削除には意外にさっと応じてやったりした。

講和条約の各項について最後の折衝をした、四月十五日の第六回会談は、午後二時半から七時半まで五時間におよんで、全七回のうちでも一番長くしんどかったのだが、それがようやく終わって握手して別れるとき、李鴻章は伊藤に向かって、笑いながら「閣下ハ斯《かく》マテ厳酷執拗ナル人トハ思ハサリシ」と言ったという。すると伊藤も「微笑」して、「国事ヲ商議スルニ当テハ、洵《まこと》ニ止ムヲ得サルニ非スヤ」と答えたという。

このような会談前後の軽いジャブの応酬や、李「笑ヒナカラ」、伊藤「儼然《げんぜん》容ヲ改メ」、李「首肯シテ」、李「暫ク黙考ノ後」、陸奥「僂指《るし》シテ〔指を折って〕日数ヲ算ヘツヽ」、「皆哄笑ス」といったト書きのたぐいまでがたくさん書きこまれているから、この馬関条約の「会見要録」はいよいよ面白いのである。日本側では全七回を通して列席した外務大臣秘書官中田敬義《たかのり》（陸奥の信任厚かった人物という）あたりが、このminutes（要録）をとったのかとも思うが、日清両国の十九世紀後半以来の変化の歴史を一挙に集約し、これ以後の両国の運命を大きく変えてゆくこととなるこの会議の運びとその雰囲気とを、いちじるしい臨場感をもって今日に伝えてくれている。

22

いかなる外交交渉の現場をものぞいたことのない私には、とうてい想像のしようもない事柄である。だがそれは、当然、百年前の東アジアの旧大帝国と新興小国との間の、地位逆転を賭けた講和会議とは、大いに雰囲気の異なるものであったろう。いうまでもなく下関会議は、日清のどちら側も、われこそは新しいアジアの英雄との自負希薄ならざる二全権の、「東洋豪傑」風のパフォーマンスに富んだ対決だったのである。

春帆楼上第一日の会談には、その「要録」によれば、たとえば次のような、いかにも「東洋風」な応酬の一幕もあった。

李伯　……余老軀ヲ以テ此回ノ重任ニ当ル。閣下若シ積年ノ旧誼ヲ捨テスンハ、願クハ余カ苦悩ヲ諒シ、余ヲシテ此ノ使命ヲ全フセシメラレンコトヲ悃請《こんせい》ス。

伊藤伯　貴意ヲ領セリ。（微笑シツヽ）中堂（＝宰相）老健、加フルニ長幹豊肉、余ハ閣下ノ重責大任ヲ負フニ足ラルヽヲ疑ハス。

李伯　（噱然《きやくぜん》大笑シ）閣下ノ体軀余ヨリ小ト雖モ、精気満身、其力量ノ余ニ超ユル幾倍ナルハ、閣下カ貴国ノ大政ヲ料理シテ能ク其功績ヲ顕ハサレタルヲ以テモ知ルニ足レリ。余亦我国ノ為メニ微力ヲ尽《つくさ》ンコトヲ冀《こいねが》フモ、老耄《ろうもう》、残年多カラサルヲ信ス。今ニシテ往ヲ懐ヘハ、寧ロ慙死《ざんし》スヘキナリ。事、卒爾《そつじ》ニ渉ルモ、閣下ノ年令幾何《いくばく》カ、幸ニ知ルヲ得ルカ。

伊藤伯　我国近年ノ進歩ハ実ニ　皇上ノ御聡明ノ致ス所、余等何ノ功アラン……余ノ齢五十有五ニシテ、閣下ヨリモ幼キコト凡ソ十八ナリ。

（『日本外交文書』第二十八巻第二冊、三八四頁）

伊藤が李全権の老いてなお盛んな偉丈夫ぶりを讃えて、その肉づきの御立派さではまだまだどんな大任でも背負えますな、とこれからの対李攻略の熾烈さをも予感させて皮肉ると、李はたちまち破顔大笑、また伊藤の功をもちあげた上でひらりと鉾先を変えて、自分よりずっと若いことのわかっている相手の齢をわざと問い直す。――まるで『三国志』の一節にでもありそうな情景であった。

一八二三年安徽省合肥生まれの李鴻章（Li Hung-chang, 1823-1901）は、このとき数えで七十三歳、一八七〇年以来、曾国藩のあとを受けてすでに二十五年も直隷《ちょくれい》総督という清朝最枢要の地位を占めて、近代的軍事工業の推進と北洋海軍の建設に邁進し、清末の対外関係のほとんどすべてに采配を揮ってきた。そして前の年、つまり一八九四年の春には北洋艦隊の威風堂々の艦列と黄海沿岸の軍事施設とを視察して得意絶頂であったのが、半年余りの後にはその陸海の精鋭の大半を日本軍に撃破され、その敗北の責任をとらされて一たびは直隷総督を免ぜられた。だが一八九五年二月、清国が最初広島に派遣した講和使節が全権委任状不備を理由に日本側から拒否されて帰国すると、伊藤自身からの間接の示唆もあって、老李鴻章が再び旧職に復せられた上でこのたびの来日となったのである。十九世紀末清国の命運の浮沈をそのまま一身に体現するような閲歴の人であった。これに対した伊藤は天保十二年（一八四一）の生まれ、この年数えで五十五歳で、李に対してはみずから認めたように十八歳年少の、働き盛りの、すでに二度目の総理を務める実力者であった。

23

ところで、下関談判におけるもう一人の日本側全権陸奥宗光の名は、あまりひんぱんにはこの

「会見要録」に出てこない。第一回会談の三月二十日、第二回の同二十一日、そして休戦協定の条件でもめた第三回の同二十四日までは、陸奥は伊藤と並んで列席したが、会談のリードはほとんどみな伊藤に任せた。そして第三回終了直後に李全権が暴漢によって狙撃され負傷するという不慮の事故が発生すると、伊藤は急遽広島の大本営に赴いて、この事故の代償に無条件の二十一日間の休戦を認めるという勅許を得て再び下関に帰るが、その伊藤の留守中の四月一日、第四回会談は日本側は陸奥のみが出て、清国側の李全権の息子、元駐日公使、現参議官（のち全権大臣）の李経方に講和条約の大容を示した。だが、四月十日、早くも負傷が癒えて再登場した李鴻章を相手にいよいよ条約各項をめぐっての応酬が始まった第五回、そして延々五時間におよんだ同十五日の第六回には、陸奥は無理がたたって熱を発し、無念の欠席を余儀なくされてしまったのである。

春帆楼で開かれた「下関講和談判」（永地秀太、聖徳記念絵画館所蔵）。テーブル奥中央が陸奥、右が伊藤、伊藤の向かいに李鴻章、その左が李経方

四月十七日、最後の第七回会談には陸奥も再び列席したが、これはもはや議定済みの条約に署名調印するための儀式的会合にすぎなかった。

しかし、いうまでもなく智謀並みにすぐれた外相兼全権陸奥は、この重要な談判の全過程をあますところなく掌握していたし、伊藤総理とのもっとも緊密な連繫のもとに、陸海軍首脳や輿論の強硬な要求を巧みにかわし、あるいはそれに答えながら、談判を操縦したのである。

すでに前年十月、イギリスが清国側の求めに応じて、日清間の和平調停に乗りだしてきたとき、朝鮮独立の保証、戦費賠償などの清国側の条件に加えて、欧米列強並みの（つまり不平等の）日清通商条約の締結、朝鮮の事態安定のための保障としての旅順、大連湾の割譲、ないしは台湾の割譲、などを提示して今回の講和条約の基本線ともなるべきものを準備したのは、陸奥外相自身であった。そしてまた他方、陸奥は、敵対国清国政府の軍政外政の実権を握るらしい風雲児李鴻章については、太平天国の乱鎮圧に軍功をあげて以来のその幸運な立身の閲歴、また北京宮廷内の保守派との対立の関係などについても、さらに一見「放逸不羈無頓着」なその豪傑風の性行についても、早くからよく情報を集めて研究を重ねていたらしい。

『蹇蹇録』では、開戦以前の日清間の緊張を論ずる第八章で、すでに「李鴻章の位置」と題して約十頁を費やして、次のように彼の「不幸」に言及していた。

李鴻章は清国に於て今回の朝鮮問題より日清の紛議を惹起したる張本人なり、主謀者なり。其功罪共に彼が一身に帰すべきは固《もと》より論なし。然れども今や事局の進行中、特に国運の死活将《まさ》に眼前に迫らむとするの際、北京政府は徒に党争を逞《たくま》しくし、此児戯的譴責〔李の独行に対する処罰〕を加へ、彼をして其計略を十分に断行し得ざらしむるのみならず、併せて其責任をも免れしめむとするに至りたるは、李鴻章の不幸に論なく、清国政府は自ら其国家を殺すものと云ふ可し。（中略）〔しかしいよいよ交戦開始となると〕如何に頑冥迂《う》闊《かつ》なる北京政府も、此際李鴻章の過失を摘発して自快とするの時機に非ざるを覚《さと》りたるか、将《ま》た何人も彼に代り重責を執らむとするものなかりしか、李鴻章は此厄運の間《かん》に於て尚ほ自ら日清交戦の局面に立ち、日夜外交と軍事とに拮据《きっきょ》〔忙しく働く〕したるは其心事亦憐むべし。

（初八八頁、改九一頁、新一一三―一一四頁）

このあと李は対日敗戦の責任を問われてまたも罷免され、さらに再び復権させられて「欽差頭等全権大臣」としていま伊藤・陸奥の前に坐していることは前に触れたが、李がこの席でいかに雄弁を発揮しようと、日本側からはいわばその足もとの脆弱ぶりをすっかり見すかされていたのである。下関第一日の会談での清国全権の印象を、『蹇蹇録』第十七章は次のように記していた。

李鴻章は伊藤総理と旧識なるが故に談緒再び啓《ひら》け、殆ど数時間の永きに亙《わた》れり。彼は古稀以上の老翁に似ず、状貌魁偉《かいい》、言語爽快にして、曾国藩《そうこくはん》が其容貌詞令《しれい》〔言動〕以て人を圧服するに足ると云ひしの的評なるを覚ゆ。然れども今回の使事は、彼の為めには総て不利益の位置なりし。（中略）其所論は今日東方経世家の談としては家常茶飯《かじょうさはん》の談のみ。然れども彼は縦横談論、努めて我同情を惹かむとし、間々《まま》好罵冷評を交へて戦敗者屈辱の地位を掩《おお》はむとしたるは、其老猾《ろうかつ》却て愛すべく、流石に清国当世の一人物に恥ぢずと云ふべし。

（初二〇三―二〇五頁、改二一〇―二一二頁、新二五五―二五八頁）

ときには日本側全権から、ここは条約改正の議論の場などではなく、戦勝国と敗戦国との講和交渉の席であることをあらためて想起させねばならなかったほどの、李全権の老練かつ必死の奮闘ぶりを、さすがに陸奥はよく観察し、よく冷静に描いていたというべきであろう。これは『時事新報』の社説（明治二十八年三月一日）に、「責、李鴻章にあり」と題して福澤諭吉が、「実は此回の戦争も全く彼れ一人の所為と云ふも不可なければ、今将《ま》た使節の任を尽すは李として避く可らざる所の如し」といい、「首都北京の安危も旦夕《たんせき》に迫りたる今日に当ては、仮令《たと》ひ傍《かたわら》より（彼の）既往を咎むる人なしとても、李が心中に追思回想して豈《あに》自から安んずるを得んや」（『福澤諭吉全集』第十五巻、岩波書店、八三―八四頁）と述べたのと、軌を一にするところある李批判の言でもあった。

24

その福澤までが『時事新報』に、日本軍の連勝に乗じたかたちで、旅順、威海衛は北京政府の死命を制する要塞であるから無論のこと、遼寧省一帯（遼東半島）も「不仁不義の老大国（清国）をして再び鶏林（朝鮮）を窺ふの野心を断絶せしめ」るためにわが版図に収め、さらには山東半島または台湾までも割譲させて、「彼の復讐力を減殺す可し」と論じていた（「外戦始末論」明治二十八年二月一日、同右、四〇―四二頁）。同じころ、大本営のなかでも、陸軍は遼東半島と山東半島の、海軍は台湾全島の割譲を互いに主張して譲ろうとはしなかった。

このような国内の圧力の下、そして諸外国からのさらなる干渉も予感されるなかで、四月十七日、伊藤・陸奥両全権は、二億両《テール》（約三億円）の賠償金のほかに、遼東半島、台湾・澎湖《ほうこ》列島の割譲、また清国内の新しい四市の開市開港などを含む日清講和条約に調印した。この調印のまぎわまで賠償金の減額を求め、自分への餞別《はなむけ》と思って二千万両を引いてくれとまで迫った李鴻章のねばりぶりを、陸奥は「不踰《ふゆ》以上の老齢を以て異域千里に使命を奉じ、連日の会見、毫も疲困の体なきは、尚ほ是れ抝鞍《きょあん》顧眄《こべん》〔馬上であたりを睥睨《へいげい》する〕の概ありと称すべきなり」（初二三八頁、改二四六頁、新二九七頁）と、最後にもう一度、後漢の老将、馬援の故事を引いて讃えている。

ところがその李は一方で、陸奥からはじめて条約案を示されると、さっそく北京に打電して、通商関係以外の条項を西洋列強に内報して早急にその干渉を促せ、と命じていたのだから、なるほど老いていよいよしたたかな戦略家にちがいなかった。彼が春帆楼で負傷にもめげずあれほど執拗でありえたのも、あるいはこの列強籠絡の策に期するところがあったからかもしれない。はたして、露仏独三国からの遼東半島返還勧告の干渉は、四月二十三日、三国の公使によって外務省の林董次官に正式に伝達された。李全権らが調印の日の午後下関から帰国して、わずか六日後のことだった。そのとき伊藤総理はまだ広島にいたが、陸奥はすでに播州舞子で病いを養っていた。

一大難去ってまた襲い来《きた》ったこの一大難に、伊藤・陸奥のコンビはどう対処したか。それは『蹇蹇録』に文庫版でなお五十頁におよんで論じられており、広く知られた歴史でもあるから、ここに詳しく触れる必要はない。だが、外にはロシア海軍の相当に現実的な脅威、内にはこの遼東返還が惹きおこすべき陸海軍の動揺と国民の失望を見とおしながら、四月二十四日と二十五日、広島と舞子での二回の首脳会議で、干渉は結局は受諾、しかしそれと分離して講和条約の批准交換は貫徹、との秘密の基本方針を決定していった速やかさ、またチームワークのよさは、いまから顧みてもまさにスリリングというに値する。

陸奥はまずさっそく英米伊各国駐劄の公使に訓電して、それぞれの国の日本の立場への協力の可否を問わせた。とくに英の支持は欲しかったが、同国は露仏との協調の維持の必要があるため、今回の問題には不介入の意向を伝えてきた。露独仏の三国の公使にも訓電して、各国に一応の再考を促がさせた上で、それぞれの内情に探りを入れさせた。もちろん三国は再考の余地なしとのことであったが、その際の駐露公使西徳二郎《にしとくじろう》の交渉と調査と洞察の明敏周到ぶりは、さすが滞露十年の「外交の熟技」と陸奥を感嘆させた。それに対しドイツの青木周蔵公使からは、自分の駐劄国といっしょに居丈高になって日本政府にその忘恩と怠慢を責めるが如き公信が来て、陸奥を啞然とさせるというようなハプニングもあった。

このような諸情報の収集と分析があった上で、五月四日には京都の陸奥の宿に伊藤、松方、西郷らの閣僚と重臣が会合して、遼東半島放棄を決定、その夜のうちに露独仏三国宛てにその覚書きを発信させた。そしてこの干渉を絶好の口実として講和条約の批准書交換の延期を言いだしてきた清国に対しては、遼東返還を前提として、有無を言わさず休戦協定の期限ぎりぎりの五月八日に芝罘《チーフー》で交換を実現させた。これらすべて、三国干渉の通告が届いてから、わずか二週の間の行動だったのである。

25

五月十三日、条約全文と遼東返還の詔勅が公表されると、『時事新報』の福澤のように「(これは)文明世界の珍談にあらず」、冷静に受けとめよと説く(明治二十八年五月十四日)者も、なくはなかったが（福澤は林外務次官と姻戚関係にあった）、世間一般は蜂の巣をついたような騒ぎとなった。三国干渉の報に一たびは「恐慌《パニック》」に襲われて「物情恟々《きょうきょう》、只管《ひたすら》速に時艱《じかん》の去るを黙禱するのみ」であった人々が、もはや三国からの武力攻撃はないとわかると、いっぺんに不満と不快を爆発させはじめたのである。反政府の党派はそれに乗じて、火に油を注ぐがごとく「戦争に於ける勝利は外交に於て失敗せり」と叫びだし、その軟弱外交攻撃の声は、『蹇蹇録』の最終章を書きあげようとしている今「尚ほ囂然《ごうぜん》たり」と陸奥は記している。

だが、まさにそれらの煽情的な言論に対抗して、前年の朝鮮の内乱以来ここに至るまでの外交の経緯を、その当事者としてなるべく広い視野から可能な限り客観的に記述しておこうとしたのが、『蹇蹇録』執筆の志にほかならなかった。その志を説明して述べる陸奥の言葉は、さすがに自信に満ちてみごとである。

政府が斯《かか》る非常の時に際会して非常の事を断行するに方《あた》り、深く内外の形勢に斟酌《しんしゃく》し遠く将来の利害を較量《こうりょう》し、審議精慮、苟《いやしく》も施為《しい》を試《こころみ》得らるべき計策は一として之を試《こころみ》ざるなく、遂に危機一髪の間《かん》に処し、時艱を匡救《きょうきゅう》し、国安民利を保持するの道此《ここ》に存すと自信し、以て之を断行するに至りたる事由は、余亦之を湮晦《いんかい》に付するを得ざるなり。

（以上、初二九三―二九四頁、改三〇一―三〇三頁、新三六三―三六五頁）

遼東割譲のような、ロシアの干渉を招くことがすでに推測しえたような要求をも敢えて講和条約に加えたのは、当時の国内の「戦勝の狂熱」を考慮したからであり、それを入れない場合の内憂のほうが条約調印後に来りうる外患よりも重大と判断したからである、ともいう。そして、三国に対してしても清国に対しても、きわめて限られた日数の間に、「畢竟我に在ては、其進むを得べき地に進み、其止まらざるを得ざる所に止まりたるものなり。余は当時何人《なんぴと》を以て此局に当らしむるも、亦決して他策なかりしを信ぜむと欲す」(初二九九頁、改三〇七頁、新三七一頁)と結論する。幕末志士のすがたの陸奥をふたたび彷彿とさせずにはいないような、颯爽としてまた凜然たる言葉ではなかろうか。

ここまで書いて筆をおいたのは、大磯の陸奥の病床にも、波瀾万丈であった明治二十八年の除夜の鐘がもうすぐ聞えてくるというころだった。陸奥は翌二十九年四月、二カ月だけ外相に復帰して、三十年(一八九七)八月二十四日、満五十三歳で歿した。生涯彼がもっとも愛したという朝顔の花は、その死の日の枕もとや、外の庭に、なお咲き残っていてくれたのだろうか。

＊補記――本稿執筆中に私は韓国ソウルで日韓比較史研究の小セミナーに出席してきた。同席の韓国側の少壮学者の一人は、李朝末期の金玉均や愈吉濬らの知日開化派について報告したが、彼は開化派の意義をめぐって、一九四五年直後の全面否定から、近代化の先駆としての再評価に変わり、最近また、その国権主義に対して批判的な見方が強まっていることを論じた。その上で、それにしても一八七六年の日本との江華島条約による開国から、一九一〇年の日韓併合まで、少なくとも三十五年の間があったのに、その間に朝鮮民族はいったい何をしたか、何をしえなかったかを、もう一度研究し直すのだと語った。それは私にとってなかなか印象的な発言であった。

第八章

日露戦争の暗鬱——小村寿太郎

I 「臥薪嘗胆」の使命

1

ドナルド・キーン氏に「日清戦争と日本文化」(The Sino-Japanese War of 1894-95 and Japanese Culture)と題する四十頁ほどの論文がある。「アメリカ人にとっての米西戦争(一八九八年)と同じほど、いまの大概の日本人にとっては遠い昔の、異論の余地のないもの」となっている日清戦争が、実は明治日本人の自国像、また世界像に、そして外国人の日本像に、なかなか深い変化をもたらしたものであることを、同時代の多くの詩歌や絵画作品、新聞雑誌の論説や従軍記などの読みをとおして明らかにした力作である。

これはいま、キーン氏の *Landscapes and Portraits, Appreciations of Japanese Culture*, Kodansha International, 1971(『風景と肖像——日本文化論集』、参考文献一覧を参照)という本に収められている。だが、もとは一九六六年一月、プエルトリコで開かれた第五回日本近代化研究会議で発表された論文だった。私はちょうどそのころプリンストンの客員研究員になっていて、マリウス・ジャンセン教授の肝煎りでこの会議にも参加することができたのであったが、その席で初めてキーン氏に会い、連日、氏のほとんどヴォルテールばりともいうべき弁舌の冴えに感嘆したことを、いまもよくおぼえている。
キーン氏はその自分の発表のなかで、東京で安く買い集めたのだという日清戦争の戦争錦絵を何枚も手に掲げて一同に見せたりしながら、日露戦争の英雄が乃木大将や東郷元帥や広瀬中佐など、士族の出の将校たちであったのに対し、日清ではそれがむしろ平民出身の兵卒、水兵の間にこそ多かったことを例を挙げて指摘した。そして彼らの武勲をたたえる軍歌は、日露のときよりも日清のときのほうがいっそう愛国的で、メロディも勇壮である、というようなことを語ったのである。

2

半世紀近くも前の会議のことがいま思い出されるのは、日本の戦争のことを、それが遠いといえば遠い過去のものとはいえ、なんのタブーもなく明快に語るその語調が、当時としてはきわめて印象的だったからである。そしてたしかにキーン氏の言ったとおり、日清戦争のときの「勇敢なる水兵」や「雪の進軍」などにくらべれば、その十年後の日露戦争当時の軍歌は、ほとんどが悲壮で淋しくてやるせなくて、反戦的ではなくても厭戦的な気分の濃いものだったことに、またあらためて気づくからである。

ここは御国《おくに》を何百里　離れて遠き満州の
赤い夕日に照らされて　友は野末《のずえ》の石の下

に始まる真下飛泉《ましもひせん》作詞の「戦友」は、言うまでもない。

遼陽城頭夜は闌《た》けて　有明月の影すごく
霧立ちこむる高粱《こうりよう》の　中なる塹壕声絶えて……

という、名古屋幼年学校教授鍵谷徳三郎作詞の「橘中佐」でも、少し遅れて佐佐木信綱の「水師営の会見」でさえも、そうだった。軍歌ではないが、日露戦争といえばかならず引かれる与謝野晶子の「君死にたまふこと勿れ」(『明星』明治三十七年［一九〇四］九月)となればなおさらのこと、「少女と申す者、誰も戦争ぎらひに候」との真情をあらわにして、社会主義者たちの「非戦論」よりも根が深く、為政者にとってはいっそう厄介な厭戦感情を吐露していた。

堺の街のあきびとの
旧家をほこるあるじにて
親の名を継ぐ君なれば
君死にたまふことなかれ
旅順の城はほろぶとも
ほろびずとても何事か
君知るべきやあきびとの

家のおきてに無かりけり　（第二連）

「すめらみことは戦ひに／おほみづからは出でまさね……」とまでいう新体詩が、当時随一の文藝雑誌に発表されるというのは、四十年後の太平洋戦争下の日本ではとうてい考えられもしないことだった。文人大町桂月が、翌月の雑誌『太陽』にさっそくこの詩を批判して、「家が大事也、妻が大事也、国は亡びてもよし、商人は戦ふべき義務なしと言ふは、余りに大胆すぐる言葉也」と評し、ついには「乱臣なり、賊子なり」ときめつけるにまでいたったことも、よく知られている。ちょうどこの詩が書かれ、晶子も桂月に反駁する「ひらきぶみ」（『明星』明治三十七年十一月）を発表したりしているころ、遼東半島の「旅順の城」では、乃木大将の率いる第三軍が、八月、九月、十月、そして十二月と、まさに難攻不落の旅順要塞に繰り返し壮烈な総攻撃をしかけ、日本側死傷者総数約六万という犠牲を強いられていたのである。

要塞の中心、二〇三高地は十二月五日、満州軍総参謀長児玉源太郎大将が乃木に代わって指揮をとってついに陥落したが、このあとなお日本陸軍は、二十五万の兵で、四十万近いと目される強大なロシア軍との、明治三十八年三月一日―十日の奉天会戦という最後の対決に向かわなければならなかった。そしてそのころ海上では、ロシアのバルチック艦隊三十隻が、陸戦での敗勢の回復を狙ってインド洋経由で北上し、ひしひしと日本列島に迫りつつあった。日本側の兵力、財力の急速な消尽を知る政府、軍部の指導者の間には非常な危機感が、そしてそれを知らぬ民衆の間にも黒雲のような不安と疲弊感が、抑えがたく広まっていたとしても、それは当然であったろう。

3

キーン氏にならって、日露戦争当時の絵を眺めてみても、十年前の日清戦のときのような陽気で楽天的な勇猛果敢ぶりの表現はもうあまり見られない。だいたい錦絵は、日清戦争当時はなお安くて大量複製可能な視覚情報手段として、また伝統的に武勇伝向きの様式として、大いに珍重され、売れもしたが、日露のときになると、情報メディアとしてはリアリスティックな質においても、経済性においても伝達の速度においても、はるかに立ちまさる着色石版画や写真にとって代られてしまった。それに、戦争そのものがすでにあまりに大規模に展開し、火器艦船は近代化し、日本側の戦死者だけでも前回の八千七百に対し今回は八万八千と約十倍に達しようとしていた。その凄惨な現実にはもはや錦絵流の武勇伝ではとても立ち向かうことができなくなっていたのである。

だがそれでも名手小林清親は、版元の求めに応じて十数点の木版戦争画を制作した。しかしそれらは、「旅順ノ大海戦ニ我水雷露艦ニ命中スル之図」(明治三十七年二月)にしても、「遼陽占領」(明治三十七年七月)にしても、まるでおもちゃの戦争のように作りものに見えすぎて、かえって戦争が絵師の手の届かぬところに遠のき、拡大してしまったことを感じさせた。日清戦争中の同じ清親の、たとえば「牛荘附近雪夜之斥候」のような、無名兵士への共感のこもった絵の迫力は、もう生まれようもなかったのである。

今回も何人かの画家が従軍して満州に出かけた。フランス帰りの洋画家山本芳翠《ほうすい》(一八五〇—一九〇六)は門弟の北蓮蔵とともに、明治三十七年と三十八年に二回も出張したが、いま残されている作品を見ると、いずれも勇壮な戦争画というのからは遠い。「旅順港爆沈図」（明治三十八年、油彩）では、港口の岩礁に乗り上げたまま爆沈して傾いているのは、日本海軍が送った閉塞隊のうちの二隻なのであろうか。後方の二〇三高地らしい禿山にも一切人影はなく、朝か夕方かの黄ばんだ空のもとにただ静まりかえっている海景である。もう一点「旅順口閉塞隊帰る」（同）は、もちろん想像画であろうが、明治三十七年二月二十四日の、開戦後間もないときの第一次閉塞隊か、それとも広瀬武夫少佐が福井丸を離れようとして壮烈な死を遂げた、同三月二十七日の第二次隊のときのカッターの一艘なのか。遼東の山々と炎上する艦を遠く背にして、空の雲も海上の波も激しく揺れ動くなかを必死に帰ってくる。

満谷国四郎《みつたにくにしろう》（一八七四―一九三六）は、山本芳翠とは違う明治美術会系の洋画家で、従軍はしなかったが、明治三十七年五月の第三回太平洋画会展にはさっそく「軍人の妻」を出品し、二年後の第五回展には有名な「戦《たたかい》の話」を出した。後者では、まだ陸軍下士官の軍服を着たままの若い男が、障子から射す光を背にして、自分の家族らしい老若五人の男女に戦闘の様子を物語っている。彼は両の拳《こぶし》を握って、突撃のために銃を構えた姿勢を示しているらしいが、不思議なことに、この凱旋兵の表情にも、その話に聴き入っている男女の顔にも、得意や歓喜の色は少しも見えない。晶子の「君死にたまふこと勿れ」のなかの「をとうと」が、とにかく死なずに帰還したことに、ともどもようやく安堵しているというような雰囲気なのである。

満谷はさらに「勝利の片影」（明治三十八年）と題して、戦場の負傷兵の姿を描いてもいる。一般に明治の洋画家には庶民的な生活感情が強く、その視線の対象も小市民の生活にあることが多かったと思われるが、なかでもとくに満谷国四郎は、『戦時画報』(『近時画報』の後身)への挿絵の寄稿などを通じて親交のあったその主宰、国木田独歩の自然主義の影響をも受けていたのかもしれない。同じ『戦時画報』の特派従軍画家として満州に赴いた小杉未醒《みせい》(一八八一―一九六四)は、『陣中詩篇』の一篇に「帰れ弟、夕《ゆうべ》の鳥の、林の中に歿《い》る如《ごと》帰れ」と詠んで、これも厭戦詩として評判になったが、その得意とする風刺漫画は、たとえば「雨」、「廃兵」というような一コマ絵にしても(草汁『漫画』明治四十一年)、みな「一将功成りて万骨枯る」の漫画化にほかならなかった。

4

小村寿太郎のことを書こうとしていて、キーン氏の論文の思い出に刺戟されて、このようにまず日露戦争当時の軍歌や戦争画に底流する一種の憂鬱について、かなり長く書くこととなってしまった。それは言うまでもなく、小村寿太郎(一八五五―一九一一)が、明治三十四年九月から同三十九年一月までの第一次桂内閣の外務大臣として、いやそれ以前の駐韓公使、外務次官、駐米・駐露公使の時代からすでに、この戦争の前史から終結に至る全過程にもっとも深くかかわり、これを指導した最重要の責任者の一人だったからである。そして明治三十八年五月二十七、二十八日の日本海海戦の大勝利によって、それまでの戦時下の日本人の暗鬱がひとたびは晴れたにしても、彼自身はなおいっそう重く身に迫る暗鬱を抱いて、日露講和条約締結のためにアメリカのポーツマスに向かわなければならなかったからである。

アメリカ合衆国第二十六代大統領セオドア・ルーズヴェルトの日露講和に関する最終の公式勧告

文が、駐日公使ロイド・C・グリスカムを介して日本外務省の小村大臣のもとに手渡されたのは、明治三十八年六月九日の夜のことだった。日本海海戦の勝利から十二日後のことである。両国間の調停をめぐるさまざまな風説は、前年二月の開戦から一ヵ月あまりもするともう欧米各国の間に流れはじめていたし、小村自身もすでに三十七年七月には、日本帝国の極東における利権拡張の方針をはじめ、対露要求の十二項目を含む「日露講和条件ニ関スル外相意見書」を作成して、これを桂首相のもとに提出していた。

ルーズヴェルト大統領の積極的な調停活動と、これに応じた日本政府の周到な「根まわし」の作業にかかわる長い前史は、信夫淳平《しのぶじゅんぺい》博士の旧編にもとづくという外務省編の『小村外交史』上・下（新聞月鑑社、一九五三年）の記述、および吉村昭氏の歴史小説『ポーツマスの旗――外相・小村寿太郎』（一九七九年）に譲って、ここでは割愛することにしよう。小村外相は右のルーズヴェルトの講和提議に接すると、すぐ翌日には、予定のとおりこれを受けいれることを米国側に伝えた。そして日本側全権としては、はじめ知露派の元老伊藤博文が乗り出すという話もあったのだが、伊藤がこれを固辞して、結局首席全権に小村自身、もう一人の全権には駐米公使高平小五郎《たかひらこごろう》（一八五四―一九二六）が任ぜられて、誰が引き受けても、国内に対してもロシアに対しても困難を極め、一身にとってはマイナスになることこそ多かれプラスになることはほとん

小村寿太郎（国立国会図書館蔵）

ど何ひとつ期待されないこの歴史的な大任を、担うこととなったのである。

ルーズヴェルトの勧告文が手交されてからちょうどひと月の七月八日の午後、小村全権は弁理公使佐藤愛麿《よしまろ》、外務省政務局長山座円次郎《やまざえんじろう》、外相秘書官本多熊太郎、外務省雇ヘンリー・ウィラード・デニソン（Henry Willard Denison, 1846-1914）ら九名の随員とともに、新橋駅から横浜に向かった。駅には大群衆が待ちうけていて、それぞれに日章旗や団体旗を打ち振りながら歓呼の声をあげ、万歳を叫んだという。伊藤博文、山縣有朋、松方正義、井上馨らの四元老も、桂首相をはじめ政府、軍部の首脳らももちろん見送りに来ていた。

小村は駅頭で、かたわらの桂太郎に向かって微笑しながらこう言ったと伝えられる。

「帰って来る時には、人気はまるで反対になっているでしょうね。」

すると桂は憮然として感無量の面持ちであったが、ようやく微笑して、ただ旅の安全を祈ると答えたという。この駅頭においてではなかったろうが、これより少し前に、井上馨などは涙を流しながら小村に「君は実に気の毒な境遇に立った。今迄の名誉も今度で覆《くつがえ》るかも知れない」と語った。そして伊藤も「君の帰朝の時には、他人はどうであろうとも、我輩だけは必ず出迎えに行くよ」と言ったという。

右は『小村外交史』の伝えることだが、この書物は小村の大学南校、第一回文部省留学生時代（明治八―十三年）以来同窓同期の親友、古市公威《ふるいちこうい》（当時京釜《けいふ》鉄道総裁）の回想として、次のようなさらに印象的な一情景をも伝えている。

当時僕が小村を霞ガ関の官邸に訪うて、「君も今度はさぞ心配だろうナ」と訊くと、「アア決心しているよ」と答えた。丁度隅の静な室で、僕の他に誰も来客はいなかつた。粛然我れ語らず、彼れ言わず、その間に千万無量の意味が相互の間に伝達された。この時の印象は今も歴々と頭脳に刻まれている。決心しているの一語、他人は如何に聴くか知らぬが、僕は小村の気質を知っているし、また内外の事情について多少聞いていることもあるから、この一語は強く僕の頭を刺撃した。

（『小村外交史』下、四〇頁）

5

三月の奉天会戦は日本側も多大の犠牲を払ったが、ともかく勝利を収めた。五月末の日本海海戦は、セオドア・ルーズヴェルトが「戦闘というよりも寧ろ牛を屠《ほふ》るに似たる大勝利」と評した（『小村外交史』上、四五五頁）ほどの、世界海戦史上稀な、小の大に対する決定的勝利として、日本国民を狂喜させたのみならず、世界の国々を驚嘆させた。——その戦勝国であるはずの日本の首席全権が、いよいよ相手国と停戦・講和の条約を結びに行くというのに、なぜこのように鬱々たる心情を抱き、悲壮な「決心」を洩らし、先輩に「気の毒」とさえ言われながら出かけなければならなかったのか。

それは、繰り返して言うまでもない。相次ぐ戦勝によっていよいよ過大になる一方の日本国民の対露要求に、全権一行はポーツマスでの交渉を通じてもとうてい応えることはできないことが、すでに小村を含めて政府・軍部の首脳にはよくわかっていたからである。ロシア側も近年いよいよ激

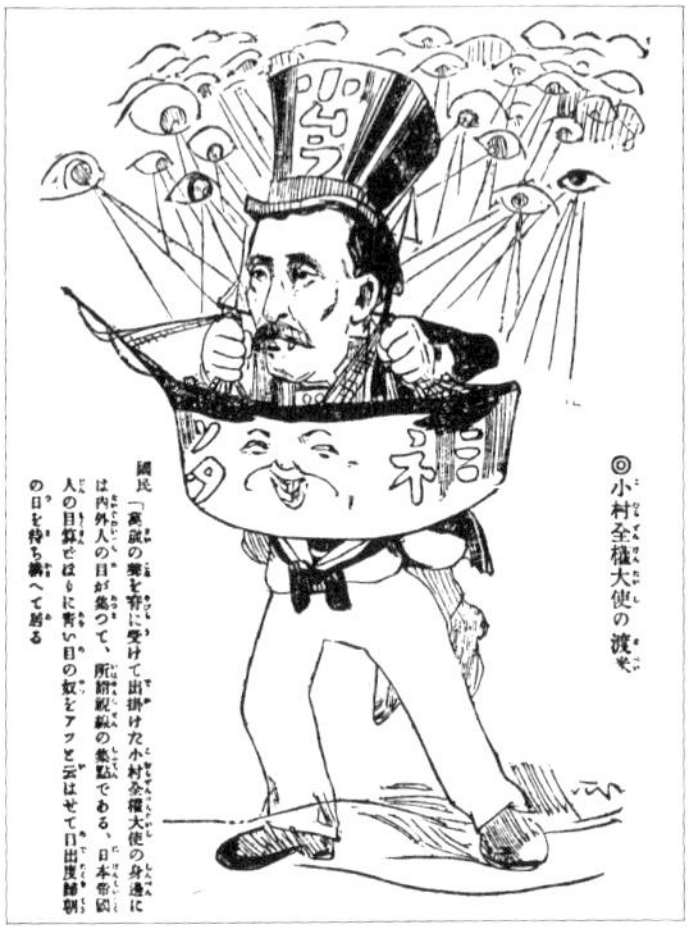

小村全権大使の渡米（『近代漫画Ⅳ　日露戦争期の漫画』筑摩書房）

化する社会不穏を抱え、国民生活が疲弊していることは、日本側も多くの情報網を通じて把握していた。だがロシアは依然として大帝国であり、少なくとも強烈な大国意識をもつ国であり、日本を相手にみずからを「敗戦国」と認めるかどうかさえ疑わしかった。そしてその陸軍にいたっては、旅順、奉天であれだけの犠牲を出しても、なおはるかに日本を上まわる余力を残しているらしいことがわかっていた。

だからこそ日本は、軍を奉天からさらにハルビン方面まで進攻させて、新しい総司令官リネウィッチの率いるロシア軍に致命傷を与えよ、との意見も政府部内にはあった。サハリンにも侵攻して全島を支配し、講和の条件を少しでも有利にせよ、とも言われた。この後者の戦略は、ルーズヴェルトの講和勧告がもたらされた後、小村全権の出発の直前になって、はじめて急遽実行に移された。だが、それが日本の実力の限界だった。日本は軍事力においても財政力においても、これ以上の戦線拡張はまったく不可能であり、むしろ、現状維持のままで一日も早く停戦・講和をもたらすことこそが、もっとも賢明なリアリスティックな方策と考えられたのである。

結局はこの方策を選択した点に、当時の日本の戦争指導者たちの冷静かつしたたかな現実感覚と責任感が働いていたといえる。だが、小村全権だけはなおそのうえに、この自国国力の限界の認識はいっさい表に見せぬままに、大国ロシアの全権、ウィッテという大物と丁々発止のやりとりを演じなければならなかったのである。

小村はさきに触れた明治三十七年七月の「日露講和条件ニ関スル外相意見書」を、同三十八年三月には、それまでの勝利を踏まえて一段と格調高く書き改めて、これを再び桂首相に提出していた。その冒頭には――

日露戦争ハ帝国ニ取リ実ニ曠古ノ大事ニシテ、国家ノ安危隆替、一《いつ》ニ其結果如何ニ懸レリ、幸ニシテ陛下ノ御稜威《みいつ》ト臣民ノ忠勇トニ由リ、海陸共ニ連戦連捷ノ功ヲ奏シ、干戈始メテ相接セシヨリ以来僅ニ一歳ノ余ニ過キスト雖モ、既ニ極東ニ於ケル敵ノ海軍力ヲ全滅セシメ、其陸軍モ亦絶大ノ打撃ヲ蒙リテ開原以北ニ潰走シ、我武益々揚《あが》リ国威四海ニ赫々タリ、然レトモ帝国ハ固ヨリ戦ノ為メニ戦フモノニアラス、随テ和局ノ如何ハ勝敗ノ決ニ次キ、国家ノ利害休戚ニ関スルモノ極メテ大ナルカ故ニ、宜ク慎重周密ノ考量ヲ加ヘ、以テ廟謨《びょうぼ》ヲ一定セサルヘカラス……

(『日本外交文書』第三十七巻・第三十八巻別冊　日露戦争V、六九頁)

このように、序に日本陸海軍の連勝とその結果を誇らしげに述べたうえで、たとえば韓国については前年七月案には「既定ノ方針及計画ニ基キテ保護ノ実権ヲ確立シ益々我利権ノ発達ヲ計ルヘク」と書いていたのを、「既定ノ方針及計画ニ基ヅキテ完全ナル保護権ヲ確立シ」（傍点引用者）と一歩進んだ文言に訂正していた。だが他方、「露国ニ対スル要求条件」の節では、三十七年七月案では「軍費ヲ賠償セシムルコト」が第一の項目となっていたのを、この三十八年三月の案では第七の項目に落とし、他にも三項目の要求を削除するなどの、すでに数歩退いた内容に変更していたのである。

おそらく、この小村外相自身の徐々の方針転換の延長線上においてであろう、小村出帆の一週間前（六月三十日）に閣議決定され、七月五日に天皇の裁決を得た「全権委員ニ対スル訓令案」では、「甲、絶対的必要条件」は——

一、韓国ヲ全然我自由処分ニ委スルコトヲ露国ニ約諾セシムルコト
二、一定ノ期限内ニ露国軍隊ヲ満洲ヨリ撤退セシムルコト、之ト同時ニ我方ニ於テモ満洲ヨリ撤兵スルコト
三、遼東半島租借権及哈爾浜《ハルビン》旅順間鉄道ヲ我方ニ譲与セシムルコト

の三件のみとなっていた。そして「軍費ヲ賠償」以下はすでに「乙、比較的必要条件」ないし「丙、附加条件」に廻される結果となっていたのである。

ロシアを先頭とする三国干渉によって遼東半島還付を強いられて以来十年、まさに「臥薪嘗胆《がしんしょうたん》」の思いで軍事力増強の負担に耐えてきた国民同胞が、さらに大きな犠牲を払ってでもいまついに仇敵ロシアに勝利したと歓喜しているときに、それを目前に見ながら、右の三項のみを「絶対必要条

件」として訓令されて、小村全権一行は出発しなければならなかった。だが、それが当時の日本の現実の力であり、国際関係のなかでの位置であった。小村が一種悲壮な「決心」を胸にして、文字どおり「臥薪嘗胆」しつつあるかの面持ちで新橋駅を発ったというのも、よく納得できることであろう。

だが小村は、沿道から一行の特別列車に向かって万歳を叫びつづける人々のすがたを見て、ふと「彼らは戦場にいる子弟等が今に帰らして貰えると思つて喜んでいるのだ」（『小村外交史』下、四〇頁）と洩らしたという。いい挿話だ。彼は一生に笑ったことが何回あったかと思われるような刻苦勉励の人、いわば生涯「臥薪嘗胆」の男であったが、それでもただの石部《いしべ》金吉《きんきち》流の帝国主義官僚ではなかったようだ。小村はやはり、「君死にたまふこと勿れ」も満谷国四《みつたにくにし》郎《ろう》の油絵に託された心情も実はわかっている、一人の武人外交官だったのではなかろうか。

Ⅱ　ポーツマスの日露対決

6

日清戦争の終結直後のころのことだが、福澤諭吉は『時事新報』紙上にしきりに日本の直面する外交問題を論じ、その間にしばしば「外交官」という職分の重要性を弁じている。考えてみれば、

「外交官」という、全省庁のなかでも外務省だけに固有な官職名（大蔵省の官僚を「大蔵官」とはいまも呼ばない）が正式に定まったのは、明治二十六年（一八九三）七月、第二次伊藤内閣のときに外務省からは通商局長原敬が参画して行なわれた官制改革によってである。その翌年九月、日清戦争のさなかには、この新官制によって第一回の外交官領事官試験が実施されたばかりであった。

だから、明治二十八年当時にあっては「外交官」という職業も、その呼び名自体も、まだまだ目新しく、新鮮にひびいたのであろう。だがそれ以上に、日清戦争という近代日本最初の対外戦争を通じて、日本人は初めて戦争というものが軍事ばかりではなく、世界の列強を相手にした外交の大問題でもあることを実感するようになった。ことに戦争が終わり、日清講和条約も調印された段階になってみると、むしろ清国を越えたかなたの国々とのこれからの外交の重さ、難しさばかりが目の前に見えるようになってきていたのではなかろうか。少なくとも福澤諭吉にとってはそうだったらしい。明治二十八年四月三十日の『時事新報』に、その一週間前に正式に日本側に通告されたばかりの三国干渉の件をすでに薄々とでも知ってか知らないでか、福澤は「外交官の苦辛《くしん》」と題して次のように書いていた。

我輩は玆《ここ》に我国人が武人の勲功を称揚すると同時に、又外交当局者の苦辛をも永く記臆して忘るゝなからんことを勧告する者なり。外交官の職務は都《すべ》て無形にして、世人の眼に触るゝこと少なく、随て戦場に於ける武人の働の如く花々しき功名手柄は見る可らず。仮令《たと》ひ実際は人を驚かすに足る程の大伎倆を現はして国家の大利益を博し大損害を免かるゝことあるも、所謂外交の機密として世に発表せられざること十中の八、九なれば、滔々たる凡俗社会に於ては其苦心を察せずして、動《やや》もすれば軽々看過するの情なきに非ざれども、其実は事に当りて智識を要し、機転を要し、勇気を要し、又胆力を要すること、彼の軍人に比して毫も劣ることなきのみならず、外交上の処置如何に由て国の名誉利益に影響を及ぼすことの大なるは往々戦争の結果に譲らざるものあり。

そして結びに今後の難局を予想し、次のようにつけ加えている。

今日は最早や戦争も停止して殆んど平和の天地と為《な》れるが如くなれども、遥に西洋の辺を見れば兼て東洋に向て無限の利害を感ずる国々も少なからず。昨是今非《さくぜこんぴ》、朝友暮敵は国交際の常にして、今日の平和必ずしも万歳の平和に非ず。唯吾々は今後共に外交当局の人々に依頼し、充分に其伎倆を振ふて国の名誉実益を維持するに怠るなからんことを希望するのみ。

（以上、『福澤諭吉全集』第十五巻、岩波書店、一四五—一四六頁）

7

福澤は日清戦争前からの外務大臣陸奥宗光の手腕を高く買っていたようだから、右は陸奥をも念頭にしての一文であったろうが、もちろんそれだけではない。幕末のうちに三回洋行して外交というものの末席に列なったこともある身として、戦後いよいよ複雑な国際関係の場に乗り出してゆかねばならぬ明治日本の外交官たちへの、期待と激励とを述べたのである（そしてこれはそのまま、今日の日本の外交官が担う重責に対する、大先達からの鞭撻の言葉ともなるだろう）。

ところでいま、明治三十八年八月十日から、米国ニューハンプシャー州の海岸の町ポーツマスにおける日露講和談判の席では、日本の首席全権小村寿太郎が、まさに福澤が期待したような「知識」と「機転」と「勇気」と「胆力」のすべてを発揮して、ロシア側の首席セルゲイ・ウィッテという強豪を相手に連日の格闘をつづけていた。

小村寿太郎は明治八年第一回文部省留学生としてアメリカのハーヴァード大学ロー・スクールに留学、卒業後ニューヨークの法律事務所で実地研修、同十三年帰国し、司法省に入っていたが、十七年外務省に転出、十年近く翻訳局という地味な部局に勤めた後、明治二十六年陸奥外相に引き立てられて日清戦争直前の北京に臨時代理公使となってからは、俄然当時の日本外交の最前線に立ってその剛腕を揮いはじめた。

すなわち、前にも一言触れたように、日清戦時下の満州にも出張したうえで、閔妃殺害事件直後にその事後処理をも兼ねて朝鮮公使を務め、帰国すると病床の陸奥に替った西園寺公望、また大隈重信、西徳二郎という代々の外相の下で次官（一八九六—九八年）となった。ついで米西戦争当時の駐米公使、そして一年半後の明治三十三年駐露公使に転ずると、同年の義和団事件に日本が列強なみに積極的に関与することを勧告し、北京での講和会議（一九〇一年）には駐清公使として日本を代表して列席、という目まぐるしさであった。同年九月、桂首相に懇望されて外相に就任してからはすでに四年近く、元老伊藤の親露路線を排して日英同盟を締結（一九〇二年）、そして日露戦争を敢行させ、いまはそれを終結させようとしていたのである。

アメリカ合衆国をさえ捲きこんで西洋列強の帝国主義政策がもっとも露骨になった時代に、日本がその犠牲となることを拒んで、むしろアジアにおいてその一翼に連なることこそ日本の存続と発展のための唯一の道として、常に外交の第一線でそれを画策し追求してきた筋金入りのプロフェッショナルとも言おうか。たしかにそれは陸奥宗光以来の外交路線の継承であり発展であった。だが小村の場合は、陸奥の紀州藩以上に薩長藩閥からは縁遠い日向飫肥藩《ひゅうがおび》（五万一千石）出身の秀才というコンプレックスと負けじ魂が、明治後半の日本の後進国意識また発展意欲とちょうど波長を合わせ、明治日本と同じほどに、そして陸奥以上に、肩肘張って奮励力行させる結果となったのかもしれない。

「五尺の小身渾《す》べてこれ膽《たん》」とは新井白石の自画賛であったが、それはそのまま小村の肖像でもあったろう。小村は小柄だった。そのうえにひどく痩せていた。『小村外交史』によれば、彼は幼年少年のころは眉目秀麗、宛然《えんぜん》貴公子の風さえあったが、明治二十八年春、外務省政務局長時代に腸チフスにかかってから、容貌一変、頬こけ落ちて大きな耳だけが目立つような貧相とも言うべき顔になってしまったのだという（上、六頁）。

この点は、ポーツマスで小村らと同じホテルに泊まり、同地の海軍工廠内に設けられた講和会議場で連日大きなテーブルごしに小村と対決したウィッテにとっても、かなり印象的であったらしい。彼は後年、次のように回想している。――「私は小村全権を嘗《かつ》て彼れが公使としてペテルブルグに在任した当時から知つてゐた。彼れは政治家としては勿論優れた点を有《も》つてゐた。唯だその外貌と態度は甚はだ揚《あが》らないものであつた。同じく日本の政治家で私の判つて居る者だけに就いて見ても、伊藤とか、山縣とか、栗野〔慎一郎〕、本野〔一郎〕の諸氏はヨーロッパ人に比べて遜色のない容貌や態度を持つてゐた。しかし小村だけが此の点を欠いて居たのは、この際決して彼れの利益ではなかつた。」（大竹博吉監訳『ウイッテ伯回想記――日露戦争と露西亜革命』上・五〇四頁、南北書院）。

この外見上の、そしておそらく心理的でもあったにちがいないハンディキャップを、小村はもちろんその「知力」と「胆力」で十分に補いつつ、敵ウィッテを追い詰めていったのである。

8

これに対するロシア全権セルゲイ・ウィッテ（Sergei Yulievich Vitte, 1849-1915）は、いま写真で見ても眼光鋭く、風采ゆたかな偉丈夫である。陸奥宗光よりも五歳年下、小村よりは六歳年長であった。そしてその分だけでも小村よりは政治家としての閲歴が長く、かつ幅が広かった。もともと鉄道専門のテクノクラートとして出発しながら、アレクサンドル三世（在位一八八一―九四年）に見こまれて大蔵省鉄道局長となってシベリア鉄道建設（一八九一年起工）の推進に当たり、一八九二年からは運輸相、そしてすぐ蔵相となって一九〇三年八月、日露戦争の直前までの十一年間、ロシア財政の近代化を次々と進める一方で、日本の東北アジア進出の企図に対抗してきわめて積極的な極東政策を展開した。

シベリア鉄道はウィッテの指揮の下、フランスからの借款を得て、とてもロシア人の事業とは思えぬほどの速度で敷設が進んだ。一九〇三年（明治三十六）完成の北満州横断鉄道（東清鉄道）を経由すれば、日露戦時下の翌一九〇四年九月にはシベリア鉄道の予定の全線が開通したことになって、日本側に衝撃を与えた。日本に対するあの三国干渉を実際に主導したのもウィッテであったし、日本を封じ込める一方で露清銀行を設立し、露清同盟を結んで着々と満州への権益の伸長をはかったのも彼であった。いわばウィッテは、日本側から見れば許すべからざる仇敵、過去十年にわたってもっとも恐るべき宿敵であったし、たしかにロマノフ朝末期のロシア帝国において力量、実績ともにもっとも卓越した政治家だったのである。

ただ、ウィッテにも弱みがあった。それは彼が日露開戦に反対したため、武断派を取り巻きにした皇帝ニコライ二世（在位一八九四―一九一七年）との間に意見の齟齬《そご》をきたし、蔵相を罷免され、左遷されて、その溝がひろがったままでいまポーツマスに来ているということだった。対日講和には余人をもってかえがたくて、結局彼が急遽全権に任ぜられたのだが、その点、本国政府の全面的支持を受けている小村とはちがって、たえず「後顧の憂い」があったのである。

メイフラワー号上の（右から）高平、小村両日本全権、ルーズヴェルト大統領、ローゼン、ウィッテ両ロシア全権（外務省監修『新生日本外交百年史』）

しかし、もちろんウィッテはそのような自国政府の内情や個人の身辺の事情を、いささかなりと相手に窺わせるようなことはなかった。それどころか彼はフランスのシェルブール港からニューヨークへ向かう船中で、アメリカという舞台で対日講和にのぞむための基本戦略五カ条を練り、それを一貫して守りつづけたのである。『ウイッテ伯回想記』(上、四九六頁)によればそれは次のような、したたかとも、ふてぶてしいともいうべき方針であった。

一、ロシアが講和を渇望しているような態度は決して見せぬこと。他の列国の要望にやむをえず従ったにすぎぬ、と見せること。

二、大国ロシアにとってこんどの戦争などは一局地での一時の難局にすぎず、その勝敗は痛くも痒くもないと、大きく出て相手を威圧すること。

三、アメリカでは新聞の勢力が強大であるから、記者たちにはとくに愛想よく気やすく接すること。

四、民主主義を奉ずるアメリカ人の人気を得るため、尊大ぶらず、できるだけ率直で気さくな態度をとること。

五、アメリカとくにニューヨークではユダヤ人が新聞などに大きな影響力をもつから、その反感を招かぬように細心の注意を払うこと。

ウィッテはもちろん、小国日本に愚かな敗け方をした大国ロシアの代表という、苦い屈辱感を自覚していた。だがそれを押し殺して、行く先々で自分が役者になったつもりで右の五カ条を実践し、そのおかげで、はじめは圧倒的に日本びいきだったアメリカ輿論を、たしかに少しずつロシア側に有利に転じさせることに成功したのである。

それに反し、日本全権団は、尊大なところこそなかったが、「その秘密主義と陰気な態度が、殆んど正反対に開放的なアメリカ人の人気に投じなかつた」とウィッテは観察している（同前、上・五〇〇頁）。事実はかならずしもそれほどではなく、小村自身は寡黙であっても、随員の山座円次郎や海軍武官竹下勇中佐などを通じて一種の広報や社交の活動を適当に行なわせてはいたらしい。ただ、全体として小村一行が新聞記者との接触を可能な限り少なくし、その表情には「ジャパニーズ・スマイル」さえ乏しく、伊藤博文と李鴻章とのやりとりにおけるような磊落《らいらく》な「哄笑」などはポーツマスの席にはめったに起きることなく、いたって気まじめな態度に終始したことはたしかであろう。それが明治後期日本の官僚としては当然普通のことでも、アメリカ人にはやはり「陰気」と映ったかもしれない。ウィッテは「会見中、日本側の態度は一般に無愛想ではあつたが、非常に謹厳であつた」とも回想している（同前、上・五一〇頁）。

八月九日の海軍工廠での日露最初の顔合わせの後、翌十日午前の第一回正式会談で日本側が全十二条の「講和条件」を提示し、十二日午前の第二回会談でロシア側がそれに対する回答案を示してから、いよいよ小村・ウィッテの熾烈な応酬は始まった。小村はまさにウィッテの言うように「非常に謹厳」に、周到な準備と研究に基づいて明快に、冷静に議論を進め、相手を追い詰めていった。ときに英語やフランス語もはさんだが、基本はもちろん日本語で、随員の一等書記官安達峰一郎《あだちみねいちろう》がこれをフランス語に通訳した。

これに対しウィッテは、つとめて平静を守りながらも、小村のように発言を段落ごとに切る配慮はなく、激すればいよいよ即興的になって洗練に欠き、ときに議論が日本側委員を当惑させるような方向に発展もしたという。主としてフランス語を用い、これを安達が日本語に通訳したが、フランス語に詰まるとロシア語に転じて、随員のナボコフがこれを英語に訳した。「ウヰツテは激する場合には椅子を揺《ゆる》かし、脚を重ね足を捩《ね》ぢ曲ぐるを常とする。小村はより冷静で、その不機嫌な場合にはシガレットの灰を強く敲き落し、卓子を打ち、語調短くかつ粗化するので知られる」、とロシア側随員コロストヴェッツは日記に記録している（『小村外交史』下・五八頁）。

日本側次席全権高平小五郎も、一八七七年以来日露開戦直前まで何回か駐日ロシア公使を務めたロシア側次席、ロマン・ロマノヴィッチ・フォン・ローゼンも、首席たちのこの応酬にはめったに口をはさむ余地がなかった。会談終了まぎわのウィッテの冗談に「一同大ニ笑」ったり（第二回、八月十二日夕）、ウィッテの発言に笑いを洩らす者があるとウィッテが「満面朱ヲ注」いで怒ったりする場面（第五回、八月十六日夕）もたまにはあった。

だが、この八月十六日の第五回会談まではほぼ順調に折衝が進み、日本側が内々に「絶対的必要条件」としていた諸条項については、若干の出入りはあってもロシア側との協定が成立した。すなわち、ロシアは日本が韓国において特別の権益をもつことを認めて、日本が同国を保護、監理するのに干渉せぬこと。満州から日露同時に撤兵し、この地を清国に還付し開放すること。そして、ロシアは遼東半島の租借権および長春・旅順口間の鉄道を、その附属の権利、財産とともに、清国政府の承諾を得て日本に譲渡すること、などである。

ところが、八月十七日の第七回会談からいよいよ軍事費賠償とサハリン割譲の問題に入ることになると、会談はたちまち暗礁に乗りあげてしまった。両問題については、第一回会談に日本側が

「講和条件箇条書」にこれを盛りこんで提案したのに対し、第二回会談でロシア側がすでに文書によって拒否の回答を手交していた。すなわち、賠償金については、「軍費払戻ナルモノハ独リ征服セラレタル国ノミ之ヲ為スコトナリ。然ルニ露西亜ハ征服セラレタル国ニ非ス。凡ソ一国領土カ敵ノ為メ僅カニ攻撃セラレタルニ過キサルニ際シ、該国ハ自ラ以テ征服セラレタルモノト認ムルコト能ハス」との理由から、サハリンについては、「同島ハ亜細亜ニ於ケル露領ノ自然的連続ニ外ナラス。故ニ露西亜国ハ同島ノ譲与ニ同意スルコト能ハス」との理由からであった（『日本外交文書』第三十七巻・第三十八巻別冊　日露戦争V、四〇五―四〇六頁）。

10

そしていまウィッテは同じ理由を掲げて、右の二項に断乎拒否を言いつづけたのである。ウィッテ自身は内心はここでの講和の成立を願っていた。彼のもとには在満州のクロパトキン将軍の幕僚であったルシン大佐が、新しく随員として派遣されてきていて、在満ロシア軍がその将軍たちの誇大発言にもかかわらず、実は苦境にあって、とても戦運回復の望みはないことを詳しく報告してもいたのである。だから、戦費賠償は拒否するにしても、サハリン譲渡は認めて妥結することを、ウィッテとしては考えていた。だがペテルブルグでは継戦派の勢いがいよいよ強く、ニコライ二世も「一寸の地も一ルーブルの金も譲るべからず」との言を繰り返すのみで、ポーツマスの現場からの全権の意見には耳を藉《か》そうともしなかった。こうしてウィッテはただ強硬発言をつづける以外になかったのである。

『日本外交文書』の「講和談判筆記」に残された、このあたりの小村・ウィッテ両首席の応酬はさすがに迫力があって、いま読んでも面白い。同じ八月十七日の会議の一こまを引くと、ウィッテが「賠償金を払うくらいならロシアはその金で戦争を継続する」と言い張るのに対して――

［小村〔男爵〕］　露国カ戦争ヲ継続スルヲ得ルハ本員ニ於テ之ヲ否認セスト雖モ、日本モ亦戦争ヲ継続スルコトハ勿論之ヲ為シ得ルナリ。而シテ今後ノ戦局如何ヲ判断スルニハ、即往《ママ》ノ成績ハ貴全権委員ノ知了セラル、カ如クニシテ、日本ハ此ノ成績ヲ経歴シ来リ、将来ノ成効如何ニ就テハ充分ナル信頼ヲ有シ居レリ。故ニ此ノ際ニ当リ戦争終局ノ談判ヲ為スコトハ、我ニ取リテハ一ノ犠牲ナリ。而モ此ノ犠牲ヲ甘ンスルハ、充分ニ人道及両国真正ノ利益ヲ顧慮スルニ因ル。

小村がこのように、いかにもロー・スクール出身らしく冷静に、少々もって廻った言いかたで講和の恩を相手に着せようとすると、相手はすでに苛立ちながら、意外な方角から反論してきた。

［ウィッテ氏］　然ラハ貴説ノ如ク、仮ニ今後ノ戦局カ即往ノ如クニ進行スルモノトシテ判断セハ如何《いかん》。日本カ今日迄挙ケ得タル成績ニ由リ考察スレハ、十八箇月間ノ進歩ハ約八百哩《マイル》ノ地歩ヲ進メタルニ止ル。之ニヨリテ前途ヲ算シ、愈々貴国軍隊カ進ンテ我本国ニ入リ来ルノ日ハ何レノ時ナルヘキヤ。若シ愈々露ノ本国ニ入リ来ル場合アラハ、其ノ時始メテ償金ノコト講和談判ノ問題ト為ラン。之ヲ要言スレハ、償金ヲ支払フハ戦争ニ全敗シタル国ノミ。而シテ露国ハ決シテ全

敗シタルニアラス。

いかにも短兵急な、強引な、しかしなかなかうまい反撃のしかただ。このときウィッテはまだ五十六歳、敗戦したとはいえ大国ロシアの「威厳」を背負って、小国日本の小村のごときに負けてなるものかと、意気盛んであったことがわかる。日本側もロシア国内の不穏な状況などについて多くの諜報を得ていたように、ウィッテも日本陸軍の疲弊ぶりについてある程度の情報は握っていたのだろう。彼は右につづけて、まるで「鬼サンオイデ、ココマデオイデ」のようなことまで言いつのるのである。

……仮ニ日本軍、連戦連勝ヲ重ネ、聖彼得堡《ペテルブルグ》若《もし》クハ莫斯科《モスクワ》ニ侵入シ来ルコトモアラハ、其ノ時始メテ国民ハ償金ノ問題ニ上ル所以ヲ了解スヘク、其ノ時ニハ貴説ニ応スルコトナラム。

これに対し小村が反論すると、ウィッテはナポレオンのモスクワ遠征を引き合いに出し、しばし両国全権の間にナポレオン論議が展開するという有様だった。すなわち――

［小村］　若シ実際上斯ノ如ク〔日本軍のモスクワ侵入〕ナランニハ、最早平和談判ナルモノアルコト無ク、只自己ノ欲スル条件ヲ命令スルコトアランノミ。

［ウィッテ］　爾《し》カ云ハル、モ、「ナポレオン」ノ如キ偉人ニシテ莫斯科《モスクワ》迄侵入シ来リタレトモ、

其ノ暁、平和条件ヲ命令シタルコトナク、又為シ得サリキ。……

（以上、『日本外交文書』第三十七巻・第三十八巻別冊　日露戦争V、四六七―四六八頁）

11

償金とサハリン問題をめぐる両国全権の会談は、主張平行したまま難航し、八月二十三日の第八回会談に至って、小村は本国の訓令をふまえて、償金要求を撤回、サハリンは南半分のみを日本に譲渡し、北半分をロシアに還付する代金としてロシア側が十二億円を支払う、という妥協案を提示した。ウィッテはこの金額が依然賠償の意味を持つ以上、少なくとも本国政府はこれに同意すまいと答えて、結局会議は決裂寸前に迫り、両国全権ともニューヨークへの引き揚げの準備をするまでになった。八月二十六日の秘密会議でも事態は動かず、あと一回の最後の会談を約束しただけで終わった。小村はその夜、桂太郎宛てに「終ニ臨ミ本員等ハ今回ノ談判ニ於テ深ク帝国政府ノ主旨ノ存スル所ヲ体シ、不肖ナカラ微力ノ及ハン限リヲ尽シタルモ、不幸ニシテ事此ニ至ルニ就テハ甚タ遺憾ナ〔リ〕」と打電した（同右、二九九頁）。

これを受けた桂総理は小村に最終会議の一日延期を申し出させておいたうえで、ただちに八月二十八日、閣議と御前会議を招集、結局「軍事及経済上ノ〔日本側の困難な〕事情ヲ熟慮」して、償金、サハリン割地の両要求を撤回してでも講和を成立させることを、小村に訓令したのである。その直後に日本政府は、ロシア皇帝がルーズヴェルトの勧告を受けてサハリン南部だけは譲与する覚悟をしたとの機密情報を得て、これをも小村に急報した。そして翌二十九日のポーツマス最終会議で、急転直下、日露の講和がきわどいところで妥結したことは周知のとおりである。

もともと日本側の準備した講和案のうち、満韓に関する「絶対的必要条件」三条については早く日露間の妥協が成立していたのに、「事情ノ許ス限リ」とされた「比較的必要条件」に小村が固執したために、会議は難航したともいえる。だが満州の戦線に費やされた人命と戦費の厖大さを自分の眼でも見て知る小村としては、償金・割地の二項にどうしてもこだわらざるをえなかったのだろう。だが、またそれとまったく同じ理由から、日本は一日も早い平和の回復を求めざるをえなかったのである。そして実はロシア側も、ウィッテがやがて回想して言うように、日露戦争によってすでに「愚劣極まるロシアの政治形態を破壊」されたうえに、講和不成立・戦争続行となれば「革命的大動乱」がひろがり、ロマノフ王朝の転覆を早めかねないという事態にさえ、至っていたのである（前掲『ウイッテ伯回想記』上・四九二、五二〇頁）。

帰国したウィッテは皇帝によって伯爵に叙せられた。小村はポーツマスからニューヨークに帰ると、精根尽きたかのようにたちまち発病、長い病床で東京から来る日比谷焼き打ちの大騒擾の報にいよいよ暗澹たる思いに陥らざるをえなかったろう。後代の私たちとしては、小村がこのポーツマス前後の苦心の経営の一端を、そして苦渋に満ちた心境の一部を、せめて日記か書簡になりと洩らしておいてくれればよかったのにと、ただ遠くから恨むのみである。

Ⅲ　新帝国主義の外交官

12

手もとにある日本史年表で明治後半の項を眺めていると、いささか妙な感慨に襲われる。小村寿太郎のポーツマス行きをめぐって問題にしてきた明治三十八年（一九〇五）といえば、三月十日の奉天会戦における日本軍の勝利、そして五月二十七、二十八日の日本海海戦における連合艦隊の大勝利に、日本国中が沸きに沸いた年だった。そのなかから小村は、対露講和の大使命を担って、七月八日アメリカに向けて出発し、苦難の談判十回を重ねて、八月二十九日ようやく講和成立、九月五日には日露両国全権による条約の調印も済んだのであった。

明治の日本が文字どおり国運を賭した対露戦争にかろうじて勝って、アジアにおける、世界における、その地位と役割が大きく転換しようとする一年だったのだが、いま年表の上の眼を政治・軍事の欄から文化の欄に移すと、この年の年頭から翌年にかけて、文藝雑誌『ホトトギス』に連載されて、月々大人気を博していたのはなにか。それはほかならぬ東京帝国大学文科大学講師、夏目金之助による諷刺・諧謔の小説、『吾輩は猫である』であった。中学校の英語教師苦沙弥先生の飼猫が見聞きする、先生とその家族たちの日常の間の抜けたような言動、先生の座敷に出没する大小インテリたちのまことに時代に超然たる高尚にして滑稽な閑談の連続。
そして小村寿太郎は、ポーツマスからニューヨークに帰るとすぐに発熱、三週間近くホテルの一室に病を養って、ようやくヴァンクーヴァーから帰国の船に乗ったのが十月二日、厳重な警護のうちに横浜に入港したのが同十六日であったが、ちょうどその三日前（十月十三日）、東京で刊行されて、これも明治の文学・文化史に一期を画すこととなるのが、帝大英文学科出身の秀才上田敏による訳詩集『海潮音』であった。シェイクスピア、ブラウニング、ダンテ・ガブリエル・ロセッティからハイネ、ボードレール、ヴェルレーヌ、マラルメまでの西欧近代の珠玉を、精緻典雅この上ない日本語に移した耽美の名訳詩集である。この書を開くと巻頭には、次のようなイタリア詩人ダヌンチオの「燕の歌」が、新しい詩文の時代の到来を告げる一種の序曲として訳されていた。

弥生《やよひ》ついたち、はつ燕、
海のあなたの静けき国の
便《たより》もてきぬ、うれしき文《ふみ》を。
春のはつ花、にほひを尋《と》むる
あゝ、よろこびのつばくらめ。

そして頁をくると、次のようなえもいえぬ官能の美の匂いたつ詩行も目に飛びこんでくる。ラファエル前派の詩画の人ダンテ・ガブリエル・ロセッティの「春の貢」である。

されど卯月《うづき》の日の光、けふぞ谷間に照りわたる。
仰ぎて眼《まなこ》閉ぢ給へ、いざくちづけむ君が面《おも》、
水枝《みづえ》小枝《こえだ》にみちわたる「春」をまなびて、わが恋よ、
温《あたた》かき喉《のど》、熱き口、ふれさせたまへ、けふこそは……

13

小村寿太郎とはいちばん縁遠い世界であろうか。このようなまったく新しい詩文がはなやかに美しく響き、ひろがりはじめていた日本に、彼が「海のあなた」の国から持ち帰ったのは、「うれしき文」などではまったくなかった。日露戦争の重い負担に耐え続けた日本民衆が、ついに日比谷焼き打ち事件というような形で暴発させずにはいられないような、彼らにとっては幻滅の、しかもそれが日本国の国際的実力に相応のものでもあるだけにいっそう腹立たしいポーツマスの日露条約を、小村は持ち帰ったのであった。ニューヨークで病に倒れたために、帰国がひと月ほど遅れて、直接の粗暴な攻撃には遭わずにすんだだけのことである。

小村には、苦沙弥先生宅の高踏閑談は縁がなかっただけでなく、その評判の小説を読む暇さえなかったろう。まして「温かき喉、熱き口」など、もう何年もふれたことはなく、ちらとでもそれに思いを寄せたことさえ、もう絶えて久しくなかったのではなかろうか。いまようやく欧米帝国主義列強の一翼に加わろうとする極東新興国の外政の最高官僚《トップ》として、それはやむをえぬ、当然のなり

ゆきであり、これを小村自身は「禁欲」と自覚したことさえなかったのかもしれない。「滅私奉公」は徳川武士から現代日本の官僚にまで続く一つの美徳であったとしても、小村寿太郎の場合にはそれがあまりにも徹底していて（彼は家庭生活においても幸福ではなかった）、何か痛々しさを覚えずにはいられないのである。あるいは彼にはこの明治エリート官僚の道をゆくうちに、一種の自虐の傾向さえ生じて、それが彼についにいっさいの私的な文章を書き残すことまで禁じたのであったろうか。それならばせめて陸奥宗光のように、「一輪深き淵《ふち》の色」の朝顔を生涯もっとも愛したというような風流の一小挿話だけでも、残しておいてくれればよかったのに――そう思わずにはいられない。

私たちは明治三十八年の夏目漱石や上田敏の、あのめざましい近代古典の創造に目をやるとき、同じ日本の一方で孜々《しし》として国事につとめていた小村寿太郎のことなど、まったく無視してしまう。そして外交官小村寿太郎の活躍に注目するときには、しばしば同時代の漱石や敏の作品のことを忘れてしまう。その両者が日本史年表の同一年の左右の欄に並んでいることにあらためて気がつくとき、右に述べてきたような感慨を、そしてむしろ小村痛ましとの思いを、抱かずにはいられないのである。だがこれはまた、文明開化から富国強兵への道を一筋に突き進んできた明治の日本にも、この日露戦争前後から、一方ではようやく政治・外交のプロフェッショナルが出現するとともに、他方では国是や国家目標からへだたりを保って自由な批判的学藝の人々の活躍が目立ち始めたことを意味し、日本社会の多極化と成熟を示す現象であったと言えるのであろう。

14

十月十六日、小村は政府関係者のみの迎えを受けてひっそりと帰国したが、実際、大任を果たしてきたからといって安堵する一刻の暇も彼にはなかった。横浜帰着とともに彼がまず聞いたのは、アメリカ財界の大立者、鉄道王ハリマン（Edward Henry Harriman, 1848-1909）による、南満州鉄道の買収ないし日米シンジケートによるその運営計画の提案で、そのための協定覚書がすでに桂首相の同意をも得て調印を待つのみとなっているとの情報であった。ハリマンは小村帰着の三日前にすでに横浜から帰米の途についていたが、小村はこの計画を知ると即刻その案の粉砕のために全力を傾けた。

この計画は、財政窮乏の日本政府が戦後の満州経営にいかに外資導入を渇望するとはいえ、小村が苦心惨憺の末に締結してきたばかりの日露講和条約における最大のメリット、つまりロシアは南満州鉄道とそれに附属するいっさいの権益を、清朝政府の承諾を得た上で日本に譲渡するとの第六条の手柄を、一朝にして水泡に帰せしめるものだ——それが小村の即座の判断であった。小村はまず、このハリマン提案にすでに同調していた桂首相に強硬に説いて、これを断念させた。同時に、満州経営を日本の過重負担とみなし、アメリカの介入を日露間の緩衝装置として積極的に歓迎しようとしていた元老井上馨や伊藤博文をも説得して、ついに小村帰国後一週間目の十月二十三日には、ハリマンとの覚書破棄の通告を彼の到着予定のサンフランシスコ宛てに送信するまでにもっていった。実に電光石火の早業というべきであった。対露講和の試練の現場から帰国したばかりのこのエキスパートの舌鋒には、さすがの元老たちもたじたじとなったのではなかったろうか。

ハリマン問題を処理すると、即刻こんどは、対露講和条約にもとづいて満州における日本の新権益について清国と条約を締結する件があった。これも清国側に列強からの干渉が入らぬうちに、一日も早く談判を開始し、進めておく必要があった。そのため十月二十七日には対清折衝の大綱が閣議決定された。「清国政府ヲシテ、露国ノ遼東半島租借権及東清鉄道譲渡ヲ承諾セシムルコトハ絶対ニ必要ナル条件」(『日本外交文書』第三十八巻第一冊、一〇六頁)とする基本方針である。これを体して北京に臨む全権には、枢密院議長伊藤博文みずからが名乗りをあげていたが、小村はそれに反対して、伊藤にはポーツマス条約の最重要のもう一項、韓国保護国化の談判をまかせることにして、清国問題はあくまでも自分が引き受けることを主張し、彼の健康を気遣う桂らの配慮をもしりぞけた(『小村外交史』下・二一九頁)。

小村全権大使一行は十一月六日、横須賀から軍艦満州丸で出航、十二日塘沽《タンクー》着、その日のうちに特別列車で北京に入った。ポーツマスから帰国してまだひと月もたっていないときに、本国の外務大臣でありながらまた再び外地の第一線に立って、自国と東アジアの未来の命運にかかわる交渉をみずから直接に担当することとなった。ほとんど日本外交の特攻隊ともいうべき献身ぶりである。

だが、桂内閣の外相となってすでに四年余、その間一貫して満州・韓国を舞台としてロシア帝国主義の進出とわたりあい、日露戦争中から早くも戦後の日本の大陸への逆進出を目標に定めて、その外交を主導、推進してきたのが、ほかならぬ小村であった。二十世紀日本の新帝国主義を担う外交指導者としての強烈な責任感と、ウィッテとの応酬をもやりとげてきたという自信と、みずから

「余人をもって替え難し」とするほどの自負とが、病後の彼の短軀と気力とを支えていたのであったろう。

15

一九〇五年（明治三十八年）十一月十六日、紫禁城の内廷乾清宮で清帝徳宗（光緒帝）と西太后の謁見の儀式が行なわれ、すぐ翌日午後から日清両国全権の会談が始まった。日本側は小村のほかに現駐清公使内田康哉《やすや》（一八六五―一九三六）が全権を務めた。内田は、やはり陸奥宗光に見こまれて引き立てられた人物で、日清戦争直後に林董公使の下ですでに二年間北京に在勤したことがあり、その間に「満州に関する露清密約」（一八九六年）の情報を探知するというような手柄もあげていた。本省帰任後は短い間に政務局長、総務長官を歴任した上で、明治三十四年十一月、外相に昇格した小村の後をついで公使として再び北京駐劄、日露戦争をはさんでずっと清国の動静を窺ってきたという、この年満四十歳の働きざかりである（のち、明治四十四年の第二次西園寺内閣以後しばしば外相として入閣）。

ほかに小村の随員として弁理公使佐藤愛麿や政務局長山座円次郎など、ポーツマス会議と同じ顔ぶれが同行していたのは、当然の人材配置であったろう。

これに対して清国側の全権は三人で、清朝皇族の一員で義和団事変（一九〇〇年）当時以来外務部事務総理（外務大臣）となり、二年前からは首席軍機大臣を務めていた慶親王（一八三六―一九一六）と、軍機大臣外務部尚書の瞿鴻禨《くこうき》と、もう一人、李鴻章以後の清朝政府の大立者というべき北洋大臣、直隷総督袁世凱《えんせいがい》（一八五九―一九一六）であった。慶親王は七十歳という高齢のゆえもあってか、十一月二十三日の第二回会談から十二月十日の第十五回会談までのすべてを病気欠席したので、交渉の主要部分は主として袁世凱がこれを切り盛りすることとなった。袁は小村よりも四歳年少で、この年満四十六歳、日本側から見れば二十年前の朝鮮における彼の軍事行動からして日清戦争の元凶ともいうべき軍閥の将であり、みずからも会談中に「我ハ武人ナリ、字ハマヅシ」といったりするような武張った野心家であった。だが、日本側との交渉の席では意外なほどにというべきか、さすがというべきか、条約内容の細部についても周到綿密かつ執拗な抵抗を示した。

　そのためもあって、日清会談は日本側の予測をこえて十二月十九日まで二十一回にもわたることとなった。だが、その清国側の喰い下がりにしばしば手こずりながらも、小村全権らは日露戦争における勝利と日露講和条約締結の苦心の体験とを前面に押し出し、日本の新権益獲得に関する欧米列強の了解を後ろ盾にして、ロシアの対日譲渡事項の実現を負けず劣らずしたたかに、ときには居丈高と見えるほどに強硬に要求していった。まさに新帝国主義国家の外交官、その面目躍如といった情景もしばしばあった。

　この会談についても、正式の議事録たる「日清交渉会議録」よりは、応酬そのままの筆録である「日清交渉談判筆記」のほうが、いま読んではるかに面白い。文章というものをほとんど残さなかった小村については、前節同様、こ

後に中華民国の初代大統領となった袁世凱

の筆記のなかにその姿を読む以外にない。まず、十一月十七日の第一回会談の冒頭に小村が行なった日本側の趣意説明の演説から引いてみることにしよう。

扨《さて》本会議ヲ開クニ際シ、一言、王大臣閣下ニ申上クヘキコトアリ。御承知ノ如ク、昨年二月我国ハ強鄰ト釁端《きんたん》ヲ開クノ不得已《やむをえざる》ニ至リ、爾来殆ント二十個月、生命ト財力ニ対シ絶大ノ犠牲ヲ供シ、遂ニ平和克復ニ至リタル次第ナリ。（中略）斯《かか》ル犠牲ヲモ顧ミス戦端ヲ開キタルハ、素《もと》ヨリ帝国自衛ノ為メノミナラス、東洋全局ノ康寧ヲ維持スルノ精神ニ出テタルナリ。此目的ヲ達スル為メ我日本帝国ハ全力ヲ挙ケテ、之ニ当リ戦ヒタルカ、其結果満洲ニ於テ日本ハ勿論、露国ニ於テモ、古今未曾有ノ大兵ヲ動カシ、開戦以来数回ノ大決戦ヲ試ミタルカ、幸ニ非常ノ歳月ヲ経過セサル内平和ニ帰シ、日本帝国当初ノ目的ヲ達スルコトヲ得タルハ御互ニ幸ナリ。

（『日本外交文書』第三十八巻第一冊、二〇三―二〇四頁）

この結果、ロシアとの平和条約にもとづいて「満洲ノ善後処分」について貴国と協定するために、当地に来たのだと説明し、協定の眼目として「戦争ノ結果トシテ露国カ日本ニ譲与シタルモノハ是非共之《これ》ヲ確実ニスルコト」など三条をあげた上で、小村はさらに今次の日本の犠牲の絶大を繰り返し強調しながら、次のように清国側に迫った。

日本カ今回非常ニ多大ノ犠牲ヲ為シ、大戦争ヲ起シ、遂ニ東洋ノ大局ヲ維持シタルコト、、若シ日本カ今回ノ戦端ヲ開カサリシナランニハ、満洲ハ勿論、貴帝国ニモ如何ナル影響ヲ受ケタリシナランカヲ御熟考アラハ、今回日本カ満洲善後処分ノ為メ提出スル条件ニ関シ、双方ノ間ニ妥定《だてい》ヲ見ルコトハ至難ノコトニアラスト認ム。（同前、二〇四頁）

16

要するに、ロシアの満州侵略を当の清国政府が放置しているときに、日本はやむをえず単独でこれと戦って、東アジアの平和を回復したのだから、その支払われた犠牲の代償を日本に与えよ、というのであった。この強圧的論法を小村は以後の会議でもしばしば用いるが、たとえば十一月三十日の第八回会談では、満州における日露の鉄道守備兵の撤退をめぐって、清国側が日本の先行実施を求めて譲ろうとしないのに対して、小村はついに業を煮やし、ほとんど恫喝に近いような語調で相手を責めたこともあった。

全体、貴全権等ハ、日本カ大兵ヲ動カシ国運ヲ賭シテ漸ク成シ遂ケタルコトヲ、只単ニ席上ノ論ヲ以テ左右セラル、御意旨ナルヤ。左様ノコトハ出来ス。今迄ノ結果ヲ得タルハ、日本カ国運ヲ賭シテ得タル効果ナリ。御承知ノ通リ、日露講和談判ニテ露国ハ守備兵ノ数ヲ限ルコトヲ拒《こば》ミ、守備兵ノ名ノ下ニ多クノ兵ヲ駐《とど》メントセルナリ。若シ守備兵ノ数ヲ定メスハ、日本ハ断然戦争ヲ継続スルノ決心ヲ以テ、辛フシテ目的ヲ達セシナリ。貴全権等ハ只単ニ席上ノ論ニテ之ヲ左右セントセラル、故《ゆえ》、到底話ニナラス。（同前、二八八頁）

「国運ヲ賭シテ」や「席上ノ論」など、同じ言葉の繰り返しも目立って、かえってよくこのときの小村の興奮ぶりを伝えている。小村としては日露戦時下の苦労も、ウィッテ相手のあの神経を磨りへらすような攻防のことも、ここでまた昨日のことのようによみがえってきて、袁と瞿両人の開きなおったような要求に、思わず本気で腹を立ててしまったのかもしれない。小村の発言は右のあともなお七、八分は続いたと思われ、日露とも講和条約を改定して満州撤兵を十八カ月などではなく、五十年先、百年先とすることさえ可能なのだ、とまでいうのだが、そこまでいけばこれはやはり威嚇ないし恫喝というに近かったろう。小村もポーツマスではこれほど露骨に高飛車な発言はしなかったし、する余裕もなかったのである。

ちょうど同じころ、小村一行より二日前（明治三十八年十一月四日）に東京を発った特派全権大使伊藤博文は、韓国ソウルにあって大韓帝国皇帝高宗と通訳のみを介して一対一で面談し、同じく日露講和条約の第二条を盾に同国の日本保護国化の受諾を強要していた。明治三十八年十一月十五日付の、そのときの「伊藤大使内謁見始末」や、二日後の同十七日、伊藤が韓国側の大臣一人一人に「日韓新協約」への賛否を審問したときの筆録「日韓新協約調印始末」などは、いずれもよくもこれが『日本外交文書』に活字になって残されたものだと思うほどに、小村の場合以上に露骨な恫喝の文言に満ちている。たとえば、前者では、高宗がまず日露開戦以来の日本の対韓施策の実体について縷々《るる》不満を述べはじめると、伊藤はそれをさえぎるようにして次のように述べた。

種々陛下御不満ノ御情実ニ関スル御沙汰ノ趣キハ、委細承知到セリ。乍去《さりながら》、陛下ニ試ニ問ハン。韓国ハ如何ニシテ今日ニ生存スルコトヲ得タルヤ、将又《はたまた》韓国ノ独立ハ何人《なんぴと》ノ賜《たま》モノナルヤ、ノ一事是《こ》レナリ。陛下ハ之ヲ御承知アツテ、而シテ猶ホ且ツ斯ク御不満ノ言ヲ洩《もら》サセ玉フ次第ナルヤ。

（同前、五〇〇頁）

これは一国の皇帝に対しまさに詰問ともいうべき語調である。そして日露戦争の犠牲による「東洋平和」回復の恩恵を押し売りするところなど、あの小村寿太郎の論法と、まるであらかじめ打ち合わせてあったかのように、軌を一にしていた。たしかに、十九世紀半ば以来、イギリスもフランスも、ロシアもドイツも、アメリカさえも、外地での戦争のあとにはこの種の論法でそれぞれの帝国主義的支配を拡張してきた。いま極東の日本帝国も、東アジアの古来の旧交の国々を相手に、よかれ悪しかれ、よく似た手法で覇権を求めはじめていたのである。

ただ小村のほうの「交渉談判筆記」を読んで、救われる思いになるのは、小村・内田と清国側袁世凱とのやりとりの間に、ときおり袁の闊達自在な諧謔に誘われて「一座大笑」や「哄笑」が湧いたことである。その中からただ一例をあげるなら、袁が満州で日本軍の中立違反の行動があったのを批判し、内田康哉がそれに対し「ロシアのほうがさきに中立を犯したから、わがほうはやむをえず防衛手段をとったのみ」と弁明した。すると咄嗟に袁世凱は次のように諷して「呵々大笑」したのである。

本員ノ云フ処ハ大小ノ差アリト云フコトニテ、タトヘハ巻煙草ヲ露国カ二本持去レルヲ理由トシ日本ハ一箱全部持去レリト云フカ如シ。

（同前、二六六頁）

なかなか痛烈な諷喩ではなかったろうか。

第九章　フランスからの詩人大使——ポール・クローデル

I　憧れの日本へ

1

「こんど新しいポストに任命されて、嬉しくてなりません。フランス共和国の代表としてミカドの国におもむくというのは、この上ない名誉なことと感じております。」(*Excelsior*, 1921. 8. 26)

ポール・クローデル(Paul Claudel, 1868-1955)は、一九二一年(大正十)八月末、幕末の弁理公使から数えて第十七代目の特命全権大使としていよいよ日本に赴任するにあたって、『エクセルシオール』誌のインタヴューに答えて右のように語りはじめた。あと一週間あまり、九月二日にはマルセーユから乗船するというので、パリのパッシー河岸のその住まいには、何個ものトランクがころがるなかに机一つと椅子二つがあるだけで、机の上は詩作の原稿と職務のほうの書類が山をなしていたという。

だが、それにしては新任の駐日大使は日本への期待と任務への抱負とを語って、なかなか雄弁であった。一八九〇年に外交官試験に首席で合格して以来、すでに三十年を越える長いキャリアを経ていま五十三歳、初めて大使に昇格して、しかも若いころからの憧れの日本に赴任するというのが、詩人にとってはほんとうに「心嬉しい」ことで、胸に積もる思いを記者にむかってここに吐露したのであったかもしれない。

日本は大戦（一九一四―一八年）の間も友邦かつ連合国として非常に重要な役割を果たしてくれましたが、だからといって極東最大の陸海軍をもつ強国というにとどまるものではありません。非常に古い文明をもちながら、それをみごとに近代文明に適応させた国、偉大な過去と偉大な未来をあわせもつ国でもあるのです。

このたび私に託された任務が実に広大また入り組んだものであることは、私にもわかっているつもりです。海軍軍縮の問題、中国と日本の関係、アジア・ヨーロッパ・アメリカ間の経済関係など、太平洋地域をめぐって数々の深刻な課題が提出されているときなのですから。

小柴錦侍によるポール・クローデルの肖像画　1926年秋（神田教会）

たしかに、第一次世界大戦とロシア革命が相重なって進行した間に、日本は対華二十一箇条要求を提出し（一九一五年）、それをめぐって大陸各地で紛争を誘発し、米英仏とともにシベリアに出兵して反革命軍の支援を試みたが、日本のみがその収拾に失敗した（一九一八―二五年）。朝鮮では三・一運動、中国では五・四運動という手ごわい反日運動を惹き起こしてその鎮静化に苦労した上に（一九一九年）、このクローデル赴任のころには英米仏を相手にワシントンの海軍軍縮会議が始まろうとしていた。大戦と革命とが、後発帝国主義国日本にいわば横殴りといった感じで新たな内憂外患をもたらしつつあったなかに、クローデル大使はまさに赴任しようとしていたのである。彼の机の上に山積みになっていたという書類は、日本の情勢に関する最新の報告書の類いで、クローデルは出発間近までその研究などに没頭していたのかもしれない。

2

その日本で、自分はフランス代表として、関係諸国間に和解と平和と調和をもたらすことをもっぱらの方針とすると述べた上で、クローデルは自分が一八九五年、日清戦争終結の年から一九〇五年まで、十年ほども中国の福州の副領事・領事他として在勤し、その後も再び三年間、天津に領事として赴任して(一九〇六―〇九年)、日中間の商工業関係のさまざまな交渉を直接間接に観察してきたことを語っている。その間に日本側の高官の多くと知り合ったし、一八九八年(明治三十一)の五―六月には一カ月近く休暇をとって、中国から日本見物の旅行に出かけてきたこともあった。これらの経験と研究の蓄積が、なんといっても駐日大使という新しい任務のための重要な、十分に充実した足場となっていたことは、クローデル自身も自負するとおり、たしかなことだった。

その上に彼は日本文化に対してすでに並々ならぬ敬愛の念を寄せ、相当に深い素養をもっていた。一八六八年、日本では明治維新の年に生まれたポール・クローデルが、少年・青年のころから当時もっとも盛んであったジャポニスムの流行に触れ、とくに四歳年上の姉で彫刻家のカミーユに手引きされて、早くから北斎や歌麿などの浮世絵の世界に親しんだことはよく知られている。彼が外交官を職業として選んだのも、それが「藝術の国」日本に行けるいちばんたしかな径《みち》だからであった。彼の最初の第一の赴任希望地は本来は日本だったのである。

浮世絵を中心とする日本美術が、十九世紀後半のフランス美術に及ぼした影響については、クローデルはこの『エクセルシオール』誌上のインタヴューでもかなり詳しく触れ、その感化がゴンクール兄弟やオクターヴ・ミルボー、マラルメからさらに後代の詩人、文人にまで及んでいることも指摘している。だが彼自身の日本文化への関心は、この当時とうに浮世絵への愛着といったジャポニスムの域を越えて、彼の詩人・劇作家としての営為の進展とともに一段と深まり、広さを得つつあったようである。インタヴューのなかでクローデルはすでに次のように語っていた。

わが国の知的文化もたしかに日本でもっと知られてよいと思いますが、他方、日本がフランスを相手にして困っていることがあるとすれば、それは疑いもなく、同国が西洋化した新興軍事勢力と見なされるか、エキゾチックな伝説の国と見なされるか、そのいずれかでしかないという点でしょう。

日本はたしかにそういう国でもあります。だがもっと他のものでもあり、さらなる尊敬に値する国でもあるのです。あの朝日の国は、藝術と思想におけるとても深い貴ぶべき文化伝統によって、人間の尊厳に関する高貴な観念やわが国のそれにきわめて近い騎士道的名誉心の存続によって、またフランス人の感性にも親しみやすい感受性の洗練、自然の美に対する実に生き生きとした愛着と、それの美術や詩における表現の豊かさによって、そしてまたもっとも辛抱強くて巧妙で念入りな手仕事における、あの秩序尊重の態度によって、私たちに高い評価と尊敬とをうながさずにはおりません。

このあとに、仏教と結びついた「もののあはれ」の感情の大切さにまで説き及ぶのだが、それも含めてこのインタヴューは、やがて『朝日の中の黒い鳥』(*L'Oiseau noir dans le soleil levant*, 1927)にまとめられる彼のさまざまな日本文化論を、すでにかなりのところまで予感させるものであったとも言える。そしてまた詩人が訪れようとしている大正期後半の日本で、志賀直哉が、斎藤茂吉が、萩原朔太郎が、また速水御舟や岸田劉生《りゅうせい》、土田麦僊《ばくせん》や小出楢重《ならしげ》が、それぞれの分野で一段とひろやかな西洋化を受け入れながらまさに新しいよみがえりをはかろうとしていたものを、はやくも言いあてていたとも言えるかもしれない。

3

いわば日仏の間のさらに広汎な文化交流をうながすことをこそ自分の使命の本分としてゆらぐことのない、しかもみずからの身と詩魂をその交流のもっとも内密な場にさらすことによって敢えてみずからをも変容させてゆくことを求める——クローデルはまさにそのようなほんものの詩人外交官、文化人大使のなかでもまた格別の大物だったのである。

大正の日本がこのような大詩人をフランスからの大使として迎えたのは、まさに望外のしあわせというものであったろう。文藝の世界と政治・外交の間の垣根が伝統的に低く、十九世紀以来両分野を股にかけて活躍した才人が少なくないフランスでも、クローデルほどの逸材は前後にそうはいなかった。そしてクローデルの、駐日大使のあとは駐米大使（一九二七―三三年）、駐ベルギー大使（一九三三―三五年）という要職を務めて終わる、四十五年に及ぶ長い外交官のキャリアのなかでも、おそらくこの駐日時代の異文化のなかでの正味四年余（一九二一―二七年）が、彼一身の内と外においてもっとも力みなぎり、創造性においてもっとも豊かな、幸福な時期であったのかもしれない。大正期後半の時代は、クローデルも経験する十二年九月の関東大震災まで加わって、日本にとってこそ内外多事の歳月ではあったが、さいわい日仏関係についてはかならずしも火急の問題が相次ぐというような事態には立ち至っていなかったのである。

クローデルは一九二一年九月二日マルセーユを出港し、途中でひと月近くインドシナに立ち寄って諸所を見学するという贅沢を試みた上で、同年十一月ようやく東京に着いた。『朝日の中の黒い鳥』の一章でも「雉子《きじ》橋の家」として語られているフランス大使公邸に入って、やがて執務を開始したのであろう。大使としての当面の課題は、『エクセルシオール』誌上でもすでにその抱負を語っていたように、日本では英語に比べてはるかに立ち遅れているフランス語教育の普及促進と、すでに日仏双方から提案されていた日仏学術交流のための機関としての東京「フランス館」（Maison de France）の建設という、まさに文化交流そのものにかかわる仕事であった。

前者については、クローデルは日本国内各地の主要都市を訪ねては講演をし、フランス語とフランス文化への関心を喚起するキャンペーンをみずから引き受け、文部省当局への働きかけも怠らなかった。後者、現在の東京日仏会館の創設についても、日本側の子爵渋沢栄一や男爵古市公威ら財界、学界の人士との協力のもとに着々と事を進め、クローデルの来日から三年目の一九二四年十二月十四日には、すでに同会館の開館式を催すまでに至った。その日クローデル大使が行なった記念演説は、日仏会館の機関誌『日仏文化』の「ポール・クローデル生誕百年記念特集号」(№23、一九六八年三月)に、そのときの館長ジャック・ロベール教授によって全文復刻されているが、それは平明なうちに情意を尽くして見事な、フランス的雄弁と言うべきものである。

関係者の努力への謝辞を述べた後に、クローデルはさっそく現代において外国を知るということがいかに大切であるかを説き、たえず生きて変化しつづける外国の人と社会を知るには、書物だけではだめで、「外国人との親密で持続的な接触」が不可欠だという。フランスについて、そのための学生・研究者同士の出会いの場を世界各地に設けようというのが、フランス政府の一貫した文化外交政策であって、東京日仏会館も当然その働きをもつ。だがこの館はもう一つ別の重要な機能をもつ予定で、それはここにフランスの若手の日本・アジア研究者が給費寄宿生《パンシオネール》として逗留し、フランス文化のなにものかを当地に伝えるだけでなく、過去から現代へと発展しつづける日本文明を可能な限り総体として研究し、把握することをその主要使命とする点である。

このような文化・学術交流のフォワイエの存在は、日本のような国においてこそ必要であろう、とクローデルは強調する。現代の日本は長年の孤立から脱して、いまや先進西欧文明を共有して生きる国となりながらも、なお西欧から見れば空間的にあまりに遠く距《へだた》っている。そのため日本側はその西洋知識において近年大いに進歩したとしても、西側はまだあまりにも日本を知らない。この無知は危険である。日本は西側にとってなお多くの面で未知の国であるために、無視され、評価されずにいる。この危険な不均衡を正し、人類に対する日本人からのメッセージを学びとろうとして、フランスおよびフランス圏の若手研究生たちはここにやってくる。それが日仏・日欧会館というこの場所なのだ。

4

クローデルはさらに言葉を進めて、同時代の日本に見られる暗黙の趨勢に対して次のような警告、危惧の念の表明まで敢えて行なった。来日してこのときすでに三年あまり、その間に、彼が詩人として外交官として看取したことを指摘したのでもあったろうか。

いま日本を脅かす危険が一つあるとすれば、それは明治の教育者たちはこぞって抵抗したものであったにもかかわらず、大正新世代の人々があまりにも排他的、あまりにも島国的な精神状態に閉じこもってしまうのではないかということであります。そしてもう一つ、彼らが総合的な視野、幅広い思考というものを犠牲にして、あまりにも即物的な、あまりにも実務的な教育科目《プログラム》のなかに身を縮こめてしまうのではないかということであり、また偏狭な思想の感化力にあまりにも柔順に従いすぎはしないかということでもあります。

大正十三年末の一フランス外交官の演説も、ここまでくるといよいよ私たちの耳に痛くなる。「顔のない日本」とか「日本文化ユニーク論」とか「日本からの発信の欠如」とかの近年の日本批判論の合言葉は、すでにこの頃から萌していたことを知り、しかも批判される実体のほうは、その頃と比べてさして変わってもいないことを感じるからである。そしてこの九十年前のスピーチの結語に、クローデル大使が「この東京日仏会館に対応すべき日本人学者、学生のフォワイエが、いつの日かわが国の首都にも設けられんことを願ってやみません」と述べるとき、パリの「日本文化会館」(Maison de la Culture du Japon à Paris) が、フランス政府からセーヌ河畔に立派な敷地を与えられて、長く手間どりはしたが一九九五年ついに開設され、その後順調な活動をつづけていることを喜ばずにはいられない。

そして一方では、五十数年前の昔、東京お茶の水の瀟洒《しょうしゃ》な木造洋館であった日仏会館に毎週かよっては、数人の仲間たちとともに、いまはなきカンドウ神父に「フランス文体論」などを教えて貰っていた頃のことを思い出し、限りなくなつかしくもなるのである。

5

前記『日仏文化』のクローデル特集号には、クローデルの日本在任中に彼と身近に接した人々の何人かが回想を寄せていて、そこに盛られたさまざまの逸話もまことに面白い。ずんぐりとしたからだに逞しい精神的エネルギーを宿し、剛直で気難しい人かと思えば、子供っぽいいたずらもしたりする、ユーモアと洒脱と武骨さをあわせもっていたらしい。その人柄が彷彿とする、『朝日の中の黒い鳥』(黒鳥《くろどり》＝くろうでる)の名篇や、「外交官という職業についての若干の考察」などの興味深いエッセイについては、後で触れることにして、ここではむしろ右の逸話のいくつかを拾って、文人大使の風貌をしのんでおくこととしよう。

来日二年目の一九二三年（大正十二）の三月二十六日から三十一日にかけて、帝国劇場でクローデル原作の詩劇「女と影」が上演された。中村福助の主宰する羽衣会の主催で、山内《やまのうち》義雄訳、杵屋佐吉作曲、鏑木清方《かぶらききよかた》の装置と衣装、舞台監督は小山内《おさない》 薫《かおる》、役者は七世松本幸四郎（武士）、五世中村福助（女）、二世中村芝鶴《しかく》（影）という豪華な顔触れであった。帝劇での稽古が始まったある朝のことを、芝鶴は次のように回想している。

その頃の市電は扉がないから、運転台も車掌台もあけっぱなしで、中へ入れない乗客は処かまわず鈴なりになって、鉄棒にぶらさがっている。

印象に残っているのは、徹夜して振附を完成した朝だった。私が窓から往来を眺めて一ト息入れていると、通勤時のせいか来る電車も来る電車も超満員で鈴なりの人だ。（中略）その〔乗降車口のステップの鉄棒に〕ぶらさがりの中に外国人が一人いるのが眼についた。本社の前で降りた姿を見ると、大使だったから私は意表を突かれたというより珍奇な現象に目を見張った。二月だからまだ寒い。寒風をまともに受ける吹きさらしのステップにぶらさがって来たのだから、大使が稽古場へ入って来た時は鼻の頭を真赤にして、ネクタイも曲っている。「寒いのにどうして自動車で来られなかったのです」と私は迎えるなりいきなり尋ねると「自動車はフランス国家のものだから、国の用事でない時は使いません。今日は自分の用事で来たのですから電車で来ました」と落付いた答えだった。

（「電車にぶらさがつたクローデル」）

冬の朝、鼻の頭を真っ赤にして電車にぶらさがってやってきた特命全権大使――これだけでも旭日大綬賞に値しそうな好エピソードではなかろうか。今日の東京では、これほど朴訥《ぼくとつ》とも真正直とも言うべき、古武士のごとき風格の全権大使は、もう見かけることはできないのかもしれない。

中村芝鶴は「正直といえばこんな話もある」として、次のような伝聞をも記録している。

〔霞が関の〕外務省を訪れて公式の話に移ろうとした時に、「今日は何の話をするつもりで来たか、いま一寸忘れましたから、また来ます」と言って帰ってしまった。その飾り気のない態度には外務省でも感心してしまって、暫くその噂は消えなかったという。

当時こそ、エリート中のエリートをもって自認していたにちがいない日本外務省の高級幹部たちは、フランス大使のこの言動にまず唖然とし、愕然とし、やがてはっと気がついて、さすが文人大使と感嘆したのであったろう。詩人大使はおそらく完稿間近の『繻子《しゅす》の靴』(*Le Soulier de Satin*, 1924)の最後の詰めなどで昨夜から頭が一杯、対日外交案件のことなどは、大臣室の椅子に坐る間にふと忘れてしまったのではなかったろうか。

オーストリア=ハンガリー帝国だったボヘミア出身の建築家で、一九一九年(大正八)に来日してクローデルと親交のあったアントニン・レイモンド(Antonin Raymond, 1888-1976)とその妻ノエミも、「彼はときには大使としては悪口をいわれることもあったが、日本の知識人たち、藝術家たち、民衆は、彼のことを詩人として、またあらゆる種類の文化活動に関心を寄せてくれる人物として、大いに敬愛していた」と書いている。そして、自分たちの次のような見聞を記している。

大使館で豪勢な昼食がすむと、彼はなにか重要な用事があるとかで、客たちのもてなしを優雅な大使夫人にまかせて、いなくなってしまった。アントニンはそれからちょっとして東京クラブの図書室に行ったが、見るとクローデルが安楽椅子にゆったりと坐ってなにか読書に没頭していた。

大震災のあと、私たちは彼に頼まれて当時可能であった限りでの家を建ててやった。それは最低限の費用で、三カ月で建てた、これ以上ないほど簡素な木造の家で、大使が雨露をしのぐのに足るだけのものだった。クローデルはこれを非常に喜んでいた。全部が木で、ニスもペンキも塗らぬ、造りの簡単さ——彼は自分の住まいでこれほどくつろいだことはなかったのである。たった一人のバスク生まれの下僕が、洗濯も掃除も料理(これは抜群だった)も、なにもかもし、お給仕もしていた。

私たちは葉山の海岸に小さな家をもっていて、日曜日はよくそこで過ごした。クローデルもよくやってきて、塩からい澄んだ大気と海上にそびえる富士の眺めとをたのしんだ。……食事は外で、波の音と漁師たちの叫び声を遠く聞きながらした。よく蝦《えび》を食べた。彼はこれが大好きで、たくさん食べた。皿を下げる前に、その殻《から》を数えては面白がったものである。

（以上、*Claudel, l'Ami des Raymond'* 引用者訳）

ありし日の、そして日本にありし日のフランス大使の、まさに「飾り気のない」、そして「飾り気」というものを嫌う、自己内面への矜持があるゆえに他者に対して強《こわ》ばることなく寛容な、自分のありのままの姿でいてもいつもなにか雄渾な、その挙措と風格とが、遠くからなつかしく浮かび上がってくるような気がする。一国の大使というものの一つの理想像が、独特の輪郭をもってではあるが、ここに具現されていたようにも思われる。

当時、詩人・劇作家としてのポール・クローデルは、本国フランスでもようやく具眼《ぐがん》の士たちによって評価されはじめたところで、まして日本ではまだほとんど知られていなかった。アンドレ・ジイドもプルーストもヴァレリーさえもろくに知られていなかった頃のことである。だからこそ、日本でのクローデル大使のフランス文化普及の運動は進める甲斐があったと言えるが、そのようななかで彼の来日前に、いち早くこの詩人に注目して、これを訳したり、論じたりした人も何人かはいた。それが上田敏と永井荷風であり、また堀口大學であったのはさすがと言うべきだが、なかでも若き日の仏文学者山内義雄（一八九四―一九七三）はクローデルの来日早々から親しくそのもとに出入りして、厚い信任を得、詩人と日本の間の貴重な懸け橋の役を演じつづけた。

その山内氏も前記『日仏文化』に「『女と影』前後」という面白い一文を寄せているが、そのなかに今次の戦後間もなく永井荷風が氏に与えた私信の一節が引かれている。

何かにつけ万事ただただ夢のやうに存ぜられ候。クローデル大使の戯曲帝国劇場にて演ぜられしことなど今は殆んど人の噂にも上らず候へども、あの時分がまづ日本と申す国の全盛期かと存ぜられ候。此後は如何に成り行き候や。

ほんとうに荷風の言うとおりであったかもしれない。

Ⅱ　日仏詩画の交遊

6

今宵　床上にあって
手　壁面にものの影をゑがく
月出でぬ

はるばると　わが地の涯《はて》より来りしは
初瀬寺《はせでら》の白牡丹《はくぼたん》

そのうち一点　淡紅のいろを見んがため

水の上《へ》に　水のひびき
葉のうへに
さらに葉のかげ

（以上、山内義雄訳）

白《はく》牡丹の　芯にあるのは
色ならぬ　色の思ひ出
香りならぬ　香りの思ひ出

牡丹　思ひに先立って　わがうちに萌《きざ》す
この紅《くれない》

小舟の帆　幾音節かの荷を積んで

夜明け　男体《なんたい》は白根《しらね》に放つ
大いなる金の矢

緑の森の　動かぬ闇のなかから
緋いろのどよめき

日本　長き琴のごと
出づる日の一指《いっし》のもとに
いまをののく

（以上、芳賀訳）

ポール・クローデルの短唱集『百扇帖』（*Cent phrases pour éventails*, 1927）から、右に数首を引いてみた。この詩集が昭和二年（一九二七）の東京版そのままに、詩人の毛筆による書を石版で復刻して、一九四二年にパリで再刊されたとき、クローデルはこれに序を寄せて次のように書いている。

これは制作から十六年たって今日はじめてフランスの空の下に飛び立とうとする詩を収めたものである。かつて日本にあって私は、俳諧《はいかい》の影を慕って、厚かましくもこれらを句の祭礼の大群のなかに投じてみようとしたのであった。

とはいっても、これらは時に芭蕉（「あらたふと青葉若葉の日の光」）や高浜虚子（「白《はく》牡丹といふといへども紅《こう》ほのか」）や中村草田男（「短夜の日本の幅を日本海へ」）などの句を連想させるものがなきにしもあらずであっても、やはり「俳句」とは呼べないだろう。むしろ短歌に似ているようでいて、しかし俳諧的切り口を随所に見せる。山内義雄氏が名づけたように「短唱」と総称しておくのが、結局いちばん無難なようである。

それにしても、奈良、京都、あるいは日光、東京でのみずからの体験を素材とし、それをよく咀《そ》嚼《しゃく》しながら、なんと巧みに日本的短詩型の利点を生かして、みずからの印象や感動を的確にこれらの短唱に盛りこんでいることか。山を水を、霧を光を、花を仏を、そのなかにうごめくものの一瞬の姿においてとらえ、とらえた時すでにそれを自分の内的ヴィジョンの表出たらしめている。その力わざは、短唱においてさえさすが大詩人と称するに値する。クローデルは芭蕉についてはまだその名と数句しか知らなかったはずだが、その芭蕉の俳論の中核をなすものを、彼はすでにフランス語で実践していたとも言えるのではなかろうか。すなわち、「物の見えたるひかり、いまだ心にきえざる中《うち》に言ひとむべし。」そして、「内をつねに勤めて物に応ずれば、その心の色句となる。」(服部土芳《とほう》『三冊子』(芭蕉語録))

7

この短唱集『百扇帖』は、実はクローデルが一年間のフランスでの休暇から、一九二六年(大正十五)二月末再び日本に帰任して後の制作であった。詩人大使は自分が好む俳句風の短唱をたくさん作って、そのなかのいくつかに旧友の日本画家冨田《とみた》溪仙《けいせん》(一八七九―一九三六)の絵をそえて、日仏合作の詩画集を出すことを考えたのである。

翌一九二七年二月には、七日の大正天皇御大喪に参列の後に、同十七日に日本を去るのだから、この年（大正十五年）はクローデルにとって日本在任最後の一年となるはずだった。詩人大使としては日本生活の記念とし、日本へのかたみともするつもりの詩画集であったかもしれない。

大使は一九二六年の晩春四月二十八日から二週間近く、宮島、岩国の錦帯橋などを見、大阪でたっぷりと文楽・歌舞伎をたのしみ、奈良の長谷寺で満開の牡丹を嘆賞し、伊勢参拝をし、二見ケ浦の夜明けを見て帰京するという旅をした。

年譜をさぐってみれば、クローデルほど、五年近くの在任中によく日本国内を、春夏秋冬それぞれの季節に旅してまわり、名所旧蹟を訪ね、絵や芝居を見、人に会い、しかもそれぞれの出会いを着実にみずからの創作の源に摂取していった外交官というのは、フランスのみならずどの国についても、前後に例がないのではないかと思われる。

文化外交官、文人大使などと呼ばれた人にもさまざまあろうが、その一つの極限の、そしておそらく最高の具現の例が、駐日大使でもあったこの詩人ポール・クローデルの場合なのではないかと思うが、このときも関西旅行から帰るとまもなく、六月上旬までには、あの長谷寺の牡丹のおもかげも、日光や富士山やどこかのお地蔵さまの映像をも漂わせる短唱百七十二句を、短い間に一気に作ってしまったのである。これに山内義雄の訳をそえて、約束どおり京都の冨田溪仙のもとに送ると、画家はまたあらためて大使の詞藻の豊かさ、東洋的なるものを感受するその魂のみずみずしさに驚嘆せずにはいられなかった。山内氏はそのときの溪仙の氏宛ての手紙の一節を、溪仙追悼の文中に引いている。

ク〔ローデル〕氏の百余吟には尠からず愕《おどろ》かされました。それが一週日に描き出されたには更に敬服します。第一句の境地は荘子の逍遥遊を読むの感あり第十六句は寒山詩を見るが如く、知らず知らず微笑みました。第二十一句、宛然東洋哲学の真諦を覚得したるもののみ之を識《し》る乎《か》……
（「クロオデル・溪仙の交遊」）

溪仙が洛西嵯峨の画室でクローデルの詩を、一句一句にうなずきながら読んでいったさまが彷彿とする。どの句に絵を添えるか、句中からの選択は画家にまかされていた。溪仙は春夏秋冬それぞれの短唱を一句ずつ選び、それに応ずる絵を扇面四枚に描いてクローデルに送り、詩人は四句（豊葦原、長谷の観音、月の出、鈴振る巫女）はその同じ扇面に、他の二句は別な新しい扇面に、みずから墨の毛筆で書きこんだ。こうして六扇からなる『四風帖』（*Souffle des Quatre Souffles*）が出来あがり、詩画ともに肉筆の特製版が「日」「仏」「天」「地」「人」と五部作られたほかに、名手伊上《いがみ》凡骨の木版によって、大正十五年十月二十五日、限定普及版が二百部刊行された。四句の詩にはそれぞれ堀口大學、西條八十、鈴木信太郎、山内義雄による訳もそえられたというから、今から思えば、いよいよ豪華なものである。

大使の日本短唱を四句に限っておくのはもったいないということで、それを二十句にふやしてクローデルが墨書し、溪仙も二十の扇面を描いて（うち四扇は合作）、計三十六面の『雉橋集《ちきょうしゅう》』（*Poèmes du Pont des Faisans*）が制作されたのは、ひと月余り後の同年十二月一日。発行元の日佛藝術社はその跋文に同社名で、「まことに世界的大詩人の、日本滞在を記念する最善高雅なる詩画集たると共に、一方当代に於ける日佛藝術交流の、好箇の記念塔たるべきことを信じて疑はないものである」と書いていたが、たしかにそれは疑いのないことだった。

短唱百七十二句のすべてが、詩人の自筆墨書に有島生馬筆の漢字二字をそれぞれにそえて『百扇帖』として東京で刊行されるのは、クローデルが駐米大使として直接にワシントンに向けて離日する、直前か直後のことだった。

8

クローデルの日本在任が、大正十二年九月の関東大震災といった異常事の体験をも含みこそしたが、大正十年代（一九二〇年代前半）の五年間であったというのは、詩人のためにも、ひいては日本のためにも、しあわせであったと思わずにはいられない。親日派の大使として、しかも十五年におよぶ長い中国勤務を通じてすでに深い東アジア文明への理解をもつ詩人外交官として、よき時代のよき日本を知り、その各地の風景に、民衆の生活に、そして各分野でいよいよ活発な藝術の活動に直接に触れ、それらを誰よりも鋭く感じとっては、みずからの詞藻をまた一段とゆたかにしていったのである。クローデル大使がより深く日本を知ることは、そこにより広くフランス文化をもたらすこととなり、それはやがてフランスに一段と奥行きのあるものとして日本文化を伝えることともなりえたのであった。

「フランス文学史を通じて、世界中の主要な文明圏と直接に触れあった度合いにおいて、クローデルは唯一の特権的な存在ではあるまいか」と、クローデル研究者の渡邊守章は書いている。たしかにそうにちがいない。彼は長い中国在勤（一八九五―一九〇九年）の後は、直ちに領事、総領事としてプラハ、フランクフルトに勤務、全権公使（一九一七―二一年）としてリオデジャネイロ、ついでコペンハーゲン、そして本省勤務の経験はほとんどないままに大使として日本に赴任、日本からワシントンに赴いて長い六年間（一九二七―三三年）の大使職、その後二年のブリュッセル駐劄（一九三三―三五年）を経て、六十七歳で外交官のキャリアを終える。つまりクローデルは十九世紀末から二十世紀前半にかけて、西欧、東欧、北欧のほかに、中国、日本、また南米、北米の諸文明を、単なる旅行者としてではなく知り、しかもその間一貫して同時代フランスを代表する雄渾豊麗な詩人・劇作家でもありつづけたのである。

だが、その東西南北におよぶ数多い赴任地のなかでも、日本は、ここが彼の長年の憧憬の地であったことからいっても、五十代半ばというその円熟の年齢とはじめての大使職というそのポストからいっても、さらに大正後期という当時の日本の文化の活況からいっても、クローデルにとっておそらくもっとも面白く、親密で、思うこと感ずることのもっとも豊かでありえた国だったのではなかろうか。彼の作品や日記や行動をさぐってゆけば、ここが少なくとも一つの格別に意味深い体験の場であったことは、たしかなことと思われる。

冨田溪仙などという一人の画家とのめぐりあいも、この大正後期の日本の文化的昂揚のなかでこそ起こりえたことだったろう。当時は詩壇、文壇のみならず、画壇にも俊才、異才が相ついで登場し、日本美術院に並んで帝国美術院が設立されて展覧会を競い、二科会を追って春陽会が結成され、海のかなたの新風が次々におよぶなかで前衛の試みもさかんにおこなわれていた。クローデル来日の前年（大正九年）には、秋の院展に冨田渓仙の気迫に満ちた「列仙」十二連作が出品されていたが、その同じ会場で日本最初の大規模な現代フランス美術展も開かれて、中村彝《つね》などはそのルノワールとロダンに夜も眠れぬほどに興奮してしまっていた。

大正十年秋のクローデルの日本到着のころには、第一回帝展に出品された岸田劉生《りゆうせい》作『童女』がまだ人々の話題に上っていたはずだし、第二回未来派展には白系ロシアの前衛画家ダヴィード・ブルリュークがもってきた未来派作品が大量に展示され、大評判となっていた。クローデルと入れ違いのようにフランス留学に出発したのは、八月には大阪の小出楢重《ならしげ》であり、十月には土田麦僊《ばくせん》、小野《おの》竹喬《ちつきよう》ら京都の国画創作協会の気鋭の同人たちであった。

冨田渓仙はこのような国内の日本画、洋画両分野での新鮮で活発な動きに触れながらも、どちらかといえば日本・中国の伝統の画題と画法に即して、これに斬新な我流の解釈と筆法をほどこし、風景、風俗、神仙などの画中にのびのびとしたリズム感と明るい発剌とした色感を盛り込むことに秀で、院展同人としてすでに高い名声を得ていた。仏典や中国、日本の古典にも相当に深い造詣をもっていたという。クローデルはフランス派の総帥黒田清輝にも、京都画壇の領袖竹内栖鳳《せいほう》や山元《やまもと》春挙《しゆんきよ》などの日本画家とも会い、交わりを結んだが、それらのなかでもより若い、より闊達な渓仙を選んだのは、いかにもよくクローデルの好みが利いた発見であったと、今にして思われる。

駐日大使着任後四カ月目、大正十一年三月、日本橋三越で開かれていた院展試作展をたまたま訪れたクローデルは、そこに陳列されていた渓仙の「西行桜」に眼を奪われたのだという。大使はさっそく、同じく渓仙に着目していた山内義雄を介して画家と連絡をとり、とりよせた試作「白牡丹図」を見ていよいよこの画家の筆致が気に入った。そこで同年七月、直接に日本を題材とした最初の長詩「江戸城内濠十二景」(*Douze poèmes sur la muraille intérieure de Tokyo*)が完成すると、その一篇を溪仙の絵で飾ることを計画し、九月初めには溪仙を東京に招いた。雉子橋《きじばし》の大使館で昼食をともにしながらすっかりくつろいで肝胆相照らすにいたると、午後はともに自動車で内濠を一周、あちこちの光景の美しさを溪仙に説いたのだという。

こうして翌大正十二年二月十七日、クローデルのリオデジャネイロ時代(一九一八年)の作品『聖女ジュヌヴィエーヴ』(*Sainte Geneviève*)が画巻仕立てで公刊され、帝国ホテルでその出版記念会が催されたとき、すでにその詩巻の裏側には「内濠十二景」の第一詩が詩人の自筆墨書で刷られ、溪仙の松林と石垣の淡彩画がこれにそえられていたのである。

森にあらず、磯にあらず、日ごとわが歩むところ、一つの石垣あり
右手《めて》、つねに石垣あり……
石垣、つねにわれと相ともよひ、しりへ、つねに石垣をのこし、
　行く手、繰れどもつきぬ石垣あり
右手、蜿々として石垣はつづく……
(山内義雄訳)

と始まる、この不思議な、荘重で美しい長詩は、やがて逆に画家溪仙自身にも「物に託せられた内心」の表現を教えてゆくことが、研究者によって指摘されている(内藤高「動きと観照」、『比較文

學研究』50号所収、一九八六年十一月)。

9

クローデルは後に溪仙の画業を讃え、次のような言葉を献げている。

> 君は数ある色のうちより、そこに潜む内在の金色《こんじき》を抽《ひ》き出し、この金色をして夜より黒き滴《てき》一滴のうちに凝らすべきすべを知つてゐた。
> (山内義雄訳)

異国の大詩人から、よく自作の美点を見ぬいたこのように美しい言葉を贈られて、溪仙はよろこび限りないことでもあったろう。

フランス大使館におけるクローデル(左から二人目)、山内義雄(中央)、冨田溪仙(右端)(個人蔵)

詩人大使と一画家との交遊にのみ深入りしてしまった観があるが、それもクローデルが外交官などという身分の枠をはるかに越えて、いかに深く親密に、生きた日本文化と交わり、それと共に生きたかを語る、もっともよい一例であったからにほかならない。クローデルは日仏会館の創設やフランス語教育の促進など、まさに文化交流といわれる外交活動をも大いに行なった。だがそれ以上に彼は、詩人としての身と魂を日本の自然と文化に直接にさらし、その触発にこたえることによって、いわばみずからの内面を場とする交流をたえず実践していたのである。

クローデルは滞日中、機会さえあれば能、歌舞伎、舞楽、文楽をよく観、研究し、その印象と考察を日記やエッセイに書きとめたが、その他にも、前にも一言触れたように、毎年二、三度といってていいほど頻繁に、とくに京都、大阪、奈良に旅をした。関西では古寺社を訪ねてその建築や障壁画や屏風絵を鑑賞し、大学で講演し、骨董屋に長居して主《あるじ》と語るのを楽しみとしたが、そのような合間に冨田溪仙の住まいを訪ねたことも五、六回はあったという。たとえば大正十二年四月、あの「内濠十二景」刊行後二カ月の春の私的旅行のときには、十二日に溪仙宅を訪問したことが『日記』に出てくる。

午後、冨田溪仙宅、嵐山の小さな家。小さな庵にはちょうどいいところに窓があって、眼がそれを越して急流を眺めることができる。上の方には四月の大気というもう一つの流れ、猿がいっぱいいるという森、わずかに散りかけた桜。作法に従って、緑の苔のような茶を喫す。……

やがて『百扇帖』の一句——

土の椀から　一口に啜《すす》る　草木の精

Dans une écuelle de terre

je bois une gorgée
de sève

ともなる情景であったろう。

また右から三年後、クローデルの二度目の在日中の大正十五年（一九二六）七月、同年二度目の関西旅行のときにも、同六日、二条城や桂離宮見学のあとに家族連れで溪仙宅を訪ねた。そのときのことを溪仙は山内義雄宛てに次のように報告している。


クロオデル氏には洵《まこと》にお気の毒でした。書斎のあの三畳敷に、エリオ夫人と御令嬢と、あのク氏の大きな体軀と、皆で五人も這入るのですから、迚《とて》も動物園の猿籠以上なので、幾重にもク氏にお詫《わび》をして頂きたいのです。然しお互ひ詩人であり画人であり、家の狭広よりも心の広さの問題であると思つて、只これを考へて気を済ませ、思ひ慰めて居ります。

六日午後に貴下のお手紙が着した時は、恰もク氏が草庵の三畳に居られて、令嬢がちまき餅を脚投げ出して喰つてゐる時なのでした。アー山内の手紙じやと、開かぬ前にク氏微笑して内容の質問をしかけました、……

（山内義雄「クロオデル・溪仙の交遊」）


日本の友人を前にして、狭い畳の部屋をも気にせず、いかにもくつろいで楽しんでいるときの特命全権大使のすがたや笑い顔が彷彿として、まことに好ましい一情景である。クローデル一家はこのあと大堰川《おおい》で舟遊びをし、夜は溪仙を都ホテルの晩餐に誘って、夜十時すぎまで語りあったという。

このように、ときにくつろぎ、ときにもっとも鋭敏な官能を働かせながら日本の自然と文化のなかに身をひそませていって、クローデルがその手に掬みとってきたのが、あの「内濠十二景」や『百扇帖』であり、『都々逸《ドドイツ》』二十六首の英訳と仏訳といった意外な珠玉であり、さらになによりも『朝日の中の黒い鳥』（*L'Oiseau Noir dans le Soleil levant*, 1927）に収められた長短さまざまの日本文化論、日本小品の数々であった。

「雉子橋《きじばし》の家」フランス大使館の庭にいつもきまってやって来て、大使の子供たちがアデマールという名までつけていたという一羽の老い鳥、その黒う鳥《くろどり》（l'oiseau noir）に自分の名と黒服の姿を託して題名をつけたというこの散文集には、いわゆる外交に直接にかかわるような論は一篇もない。だが一外交官がたまたま世界第一流の詩人でもあるとき、どれほど深く鋭く任地の文明を認識し、把握し、それと共感しうるかを語る、最良の古典ともいいうるものだろう。残念ながら近代日本の外交官の文章には、私の知る限り、この種の、これに匹敵するような作品は見あたらない。あえてたとえれば、芭蕉や頼山陽が中国に、森鷗外や斎藤茂吉がドイツに、萩原朔太郎や九鬼周造がフランスに、そして西脇順三郎や吉田健一がイギリスに、特命全権大使として駐箚したとでもいうような感じであったろうか。

この小品集のなかでも、「炎の街を横切って」「一年の後」、また「帝の葬儀《ミカド》」などは、クローデルが体験した大震災や大正天皇御大喪についての、なまなましくも厳粛な一種のルポタージュといえよう。「能」「歌舞伎」「舞楽」「文楽」「自然と道徳――竹内栖鳳画伯に」などは、いうまでもなく詩人がもっとも深く愛した日本の伝統藝術についての、独自の洞察に満ちて、いちじるしく濃密なオマージュの散文である。それらにくらべ「日本の心を訪れる眼」(*Un regard sur l'âme japonaise*)は、もともと一九二二年八月末、日光中禅寺で夏期大学学生を対象に行なわれた講演であり、それだけにフランス文化と比較しながらたっぷりと、言葉をつくして日本文化の特色を論じている。次ぎにこの一篇も含めて、文人大使クローデルの日本像をうかがってみることとしよう。

Ⅲ　ケー・ドルセーとの関係

10

一九四五年八月七日の『日記』にクローデルは「ヒロシマ、ナガサキ、破壊さる」と書いている。そして二日後、八月九日には「第二の原子爆弾がヒロシマに落とされた」と。

広島(八月六日、原爆投下)と長崎(八月九日、同)とについて、若干の情報の錯誤はあるにしても、さすがに前駐日大使はいち早くこの悲報を伝え聞き、一言なりとこれを日記に書きとめておかずにはいられなかったらしい。そのころ、中学二年生であった私などは疎開先で「新型爆弾」の投下、そしてソ連参戦という大きな文字を新聞に見て、ただおびえのような、武者震いのようなものが腹の底から湧いてくるのを感じていたにすぎなかった。右のクローデルの数行は、この大詩人がはるか遠くにあって、なおあの頃の私たちの同時代人として私たちの運命に想いを馳せてくれていたことを示していて、心動かされる。

右の記事から一週間して日本は降伏。その報を聞いてから十日ほどの間に、クローデルはさらに敗戦国日本の来しかた行くすえを思いやる一文を草して、これを「フィガロ」紙に送った。それが同紙八月三十日の号に掲載された「さらば、日本!」(Adieu, Japon!)と題する文章である。十八年前の一九二七年(昭和二)二月、五十九歳の年に別れてきて以来二度と訪れる機会のなかった日本の破局を知って、いま七十七歳の老詩人がその悲惨に思いを馳せ、焦慮のうちに綴った痛切な哀悼の辞ともいうべきものであった。

原子爆弾はほんとうに日本と呼ばれるあの人間の集団、実に稠密《ちゅうみつ》でまとまりがよく能率のいいあの集団の中核を破壊してしまったのではなかろうか。怖るべき破壊力をもつあの爆弾に対して無力であったのと同様に、日本はさまざまの打撃がこれ以上ひろがらぬよう押しとどめることはできないのではないか。そして破壊の病勢は次から次へとひろがり、つのり、ついには絶望的な政治状況の全要因を侵してしまうのではなかろうか。……日本の国民がこの破局という試練に耐えて生きながらえられるかどうか疑わしい。今回の敗北が、以前からすでに活発になり深刻化していたもろもろの破壊の病因を、一気に暴発させるにちがいないだけに、一層そう思われる。

(引用者訳、以下同)

クローデルはまずこうしるして、敗戦日本がその物的政治的混乱の渦のなかにあって、それまで抑えこんできた社会悪のいっせいの露呈、そして激発に遭遇して、復活の力も得ないまま自滅してゆくのではないかとの、暗澹たる展望を述べずにはいられなかった。その文面から見て、老大使はこのときすでに日本が共産主義あるいはアナーキズムの危険にさらされてゆくことを危惧していたと思われる。

そしてつづけてクローデルは実際に、戦前からの日本を今日の破局に導いたと思われる「病因」をいくつも列挙していった。風光こそ明媚であっても、自然資源、とくに金属資源がはなはだ乏しく、石油はもちろん食糧さえも海外に依存しなければならない島国。そのなかで農民も工場労働者も軍備拡張のための負担を強いられて、言いがたいほどの悲惨な生活を送っていたとして、老大使は二・二六事件に言及し、関東大震災の直後、フランス大使館でインドシナから届けられた米で炊きだしをしたとき、そこにやって来てはじめて白い御飯を食べたというような人々のことまで思い出している。戦前日本の商工業のそれなりの繁栄も、軍事力によって海外に得た植民地支配が支えていたものにほかならなかった。

それらの海外領土は当然失うことになるであろうし、日本はこれまでのその誇りも、伝統も、迷信も、名誉も、さらに地球上におけるその存在の権利をかたちづくってきたものをも、いっさい捨てて生きながらえようとして、いったいこれからどう身を処していくのだろうか。たえざる飢餓に襲われているあの幾千万の人々を、これからいったいどうやって平和で民主的な国に変えてゆけばいいのか。クローデルは日本の過去を愛惜し、これからの日本の行き先を憂えて、ほとんど絶望的な語調となったところで、その古きよき日本に訣別を言う。

ともあれ、私がいま別れを言わなければならないのはあの古い日本、私がかつて長く暮らし、愛してやまなかったあの古い日本に向かってだ。たしかに私も、他の誰にも劣らず、あの軍部というものの残忍さ、背信、野蛮の行為を強く責めずにはいられない。あの国は、昔の政治家たちはもっていた智慧を失ってしまって、軍部のせいで今日の破滅を迎えた。だが、だからといって、冬の夕空に浮かびあがる富士のすがたが、この世の人の眼に与えられるもっとも崇高な光景の一つであることに変わりはない。日本の美術が、そしてまた日本の詩歌が、そのみやびな美しさにおいて、ものの本質を「示唆する」そのわざにおいて、人間の思想のいとなみに限りもなく貴い寄与をなしてきたことには、依然変わりがないのである。

日本敗戦からわずか十日ほどたった日に、前駐日大使はこうして古き日本がもっていたよきものを想いおこして、なおそれを讃え、弁護してくれた。そしてこれらの言葉を書くうちに、クローデルにはあの崇高ともいうべき能の舞台がいくつも思い出されてきた。さらに「幾度かの茶会や、京都のお香の店や友人喜多氏の古美術の店で過ごした幾度かの午後のこと、あるいはまた年経た御所《ごしょ》の建物で、金のかがやきと雪の白さとがうつろう楽園のなかを音もなくすべる襖のたたずまいなどが、いま私の眼に浮かんでくる。」

日本敗北の報に接して、一挙に老大使の胸中に湧き上がってきたものが手にとるようにわかる。そしてこの文章の最後にクローデルが次のように書いたのを読むとき、これが書かれてからやがて七十年余り、日本が敗けてから七十年になろうとするいまなお、私たちは胸を抉られるような思いを禁じえない。

そしてまた、あんなにも謙虚でつつましやかだった日本の小柄な母親たちのすがた、子供をおんぶして聖体拝領の壇にすすんでゆくときのあのすがたが、眼に浮かぶ。

日本よ、さようなら！

だがそれでもなお聖書のなかの次の言葉が、しきりに私の心に浮かんできて消えない。

――Dieu a fait les nations guérissables.〈主ハ諸国ノ民ヲ立チ直リウルモノトナサレタ〉。

11

この「さらば、日本！」の一文を読めばクローデルが日本離任後もなお注意深く、この国のその後の進展ぶりを追っていたことがよくわかる。だがそれにしても、外交官とは自分が一度赴任したことのある国の運命を、後々までもこれほどに深く強く想いつづけるものなのだろうか。ドイツ、イタリアとともに枢軸国の一員として、自国フランスにとっては敵国に相違なかった日本が、もっとも惨めな敗北に打ちのめされたその直後に、その過去を批判しながらもなおかつこれだけ深く切実にその行く末を憂い、その古きよき価値を評価した文章というのは、当時他のどこの国の誰によっても書かれたことはなかったのではなかろうか。まして、最後に「それでもなお」(Mais tout de même...)として付け加えられたカトリック旧約聖書の「智慧の書」(一一一四)からの励ましの言葉など、当時にあっては当の日本人みずからが否定しようとさえしたかもしれぬものだった。

駐日大使ポール・クローデルと日本との冥合《めいごう》はそれほどに深く、詩人はそれほどに親密に日本列島の自然と文化に参入して、その体験が後年なお彼自身の生と分かちがたいものとなっていたのである。そのことの証《あかし》は日本論集『朝日の中の黒い鳥』の二十数篇のどの散文、また『百扇帖』や『都々逸《ドドイツ》』のどの詩篇をとっても、そこに明らかに読みとることができる。それらはクローデルの見た大正日本のありのままのすがたの描写、それについての本国外務省宛ての現地報告書、などというものではなかった。すべて彼自身の詩的ヴィジョン、詩的宇宙のなかに吸収され、そのなかで再構成されて表現された日本像にほかならなかった。「クローデル博士」渡邊守章氏が次のように述べるとおりであったろう。

クローデルはたんなる客観的ルポルタージュを心掛けたのでも、教養ある大使の筆のすさびに日本の異国的影像を書きとめたのでもなく、また日本学者として、歴史的・実証的分析を試みたのでもなく、内心の劇の表現として劇作を選んだ現役の劇詩人として、モーリス・ブランショにならっていうなら、現に書きつつある「作品の要請のもとに身をさらし」ながら、日本という〈土地の精霊〉に問いかけ、そしてみずからの生涯にわたる問いの反響に耳傾けた……。

(「クローデルと日本」、『東西文明圏と文学』所収、東京大学出版会)

たしかにそうにちがいない。だが、それでもなおクローデルが詩人として、また大使としてさえ、大正日本の列島にはなおいきいきとして生きていたらしいこの土地の「霊」に触れ、その「霊」に応えていとなまれていた日本人の魂の生活の豊かさを、誰よりも鋭敏に感じとっていたことも、またたしかである。『朝日の中の黒い鳥』のなかでも一番長い充実した一章、「日本のこころを訪れる眼」が、もっともよくその両者交感の消息を伝えてくれる。

これは前に一言ふれたように、もとクローデルが来日の翌年、一九二二年（大正十一）八月、早稲田大学政経学部教授五来《ごらい》欣造の求めに応じて、フランス大使館の別荘もある日光中禅寺湖畔で日本人学生の集まりのために行なった講演で、「日本の伝統とフランスの伝統」と題されていた。それを翌年の夏七月、おそらくまた中禅寺湖畔で改稿して成ったのが、このエッセイである。任地の学徒、知識人に対して講演するというのは大使・外交官たるものの使命の一つにちがいなく、クローデルはしばしばそれを引き受けたが、その中味は、とくにこの日光講演は、まったく詩人としての仕事にほかならなかった。どの一節にもクローデルならではの強力な把握となまなましく美しい表現が満ちあふれ、おそらく今日のどんな達人でもこの講演を同時通訳することは不可能と思われるような密度の高さであった。

12

大使はまず前提として「外からの眼」によってこそはじめて自分の正体は見えてくる、との一種の比較文化原論を述べた上で、それならば日本を観察しようとするフランス人たる自分の文化的アイデンティティはどこにあるのか、と自問する。そしてそれはフランスの国民的伝統のもっとも完璧な産物たるフランス語そのもののうちにこそあると答え、この国語を完全に正確に使いこなして、万人の前でものごとを解明し、自己の見解を主張することに、フランス人は自分の究極の立命の拠点をおくのだ、と説いてゆく。

これに比べて日本の文化は、と語りはじめたとき、クローデルはもう早くも固有のヴィジョン（幻視の力）をもった一詩人として、日光らしく思われる深く暗い森のひんやりとした空気と木漏れ日のなかを、さまざまなひそかな物音に耳傾けながら歩みはじめる。自然と歴史とがかなでる静寂の合奏に心の耳を澄ますことこそが、日本というものの内奥にいたる小径なのだ、と説きながら。そして森の奥から山鳩の声が聞こえ、滝の鳴る音がひびいてくるとき、クローデルにはようやくわかってくる。

ここにいたってはじめて私にはわかりました。——人生に対するとくに日本的な態度、それは、フランス語にはこのような感情を表現する語彙があまり沢山なく、他によい言葉がないので、私は恭敬（révérence）とか、尊崇（respect）とか呼ぼうと思いますが、理知には到達しえぬ優越者をすなおに受けいれる態度であり、私たちをとりまく神秘の前で私たち一個人の存在を小さくおしちぢめてしまうことであり、私たちのまわりになにかが臨在していて、それが儀礼と慎重な心づかいとを要求していると感ずることなのだと——。このことが私にはわかったのです。日本がカミ（神）の国と呼ばれてきたのもゆえなきことではありません。いやこの伝統的な定義こそ、今日なお、みなさんのお国について下されたいちばん正しい、いちばん完全な定義であると私には思われます。（引用者訳、以下同）

詩人クローデルは一挙に「神国日本」の思想に飛びついてしまったのだろうか。いや、彼は彼なりにミシェル・ルヴォンの『日本詞華選』（一九一〇年）などによって日本の古代・中世の詩歌を読んでいた。国学に関する難解な研究論文なども読んでいた。ラフカディオ・ハーンの作品にも接していた。だがなによりも、外国人の別荘地として開かれてまもない日光の、二荒山《ふたらさん》（男体山）を中心とする古い広大な神域の荘厳と、「青葉若葉の日の光」の尊い美しさとを、すでに第一回の日本旅行（一八九八年）のとき以来、その身に直接に感じて知っていた。そして日光に限らず、あちこちの都市、農村の大小の神社に、山に岩に木に滝にさえ、手を合わせて祈る日本民衆の敬虔なすがたを、その眼に見てよく知っていたのである。

右にすぐつづけてクローデルは、日本が神々の棲み給う国であることの、さらに地理学的地質学的な証拠をも示そうとするかのように、日本全列島を一目に鳥瞰するような、ほとんどアニミスティックともいうべき壮麗なヴィジョンを、長い一節に句切れもなく一気に展開してゆく。これはいかに長くとも引用しないでおくわけにはいかない。

日本は凝固した雲のかたまりのように、果てしない大洋のただなかに横たわっております。そのぎざぎざに切りこまれた海岸線、その内海の数々、不思議な感じの海峡、それらは航海する者にとってたえざる驚きの連続であります。この島の支えをなす山々は、世界でも、もっとも錯綜した構造を示すもののひとつである上に、奇妙な地殻変動によってかき乱されており、その性格が不安定なものであることは、落着きの悪い土地をいまだに揺るがしにくるたびたびの戦慄によってもたしかめられます。それはたとえば、道具方が手をはなしたばかりの舞台装置のようなもので、そのカンヴァスも支え框《がまち》もまだぶるぶる震えています。平地の部分は地球上でももっとも人口稠密な地域のひとつですが、それと反対にいくつかの山岳地帯は、熱帯地方を思わせるような真のジャングルにおおわれていて、広大なひろがりにわたって、天地創造の日同様に人煙稀なすがたをとどめております。いたるところそれは、十たびも曲りくねる渓谷にほかならず、夜よりも暗い森であり、葦と羊歯《しだ》と竹のわかちがたくからみあう密林にほかなりません。それらすべての上に、とくにある季節にはほとんど小止みもない雨のとばりが降りそそぎ、お国の画家たちが昔もいまもあんなに巧みにその効果を利用するあの不思議な霧がただよって、風景の一角をまるでわざとのように隠したりあらわにしたりするのです。それはまるでだれかがその風景の一隅を私たちにとくに注目させ、それがもっている隠微な意味合いを束の間啓示してくれようとしているかのようです。そしてこの国土全体の上に、平野や山々、島々や大洋を見おろして、自然がその「創造主」のためにうちたてたもっとも雄渾偉大な祭壇とでもいうかのように、また太陽が人住まぬ海をよぎって長い道のりを馳せてきたのちに、いよいよ人間世界の遍歴に入ろうとする、ちょうどその地点を示すにふさわしい里程標とでもいうかのように、富士山の巨大な塊が聳えている。

柿本人麻呂や山部赤人がフランス語で長歌をうたえばこうもなる、といったら誇張にすぎようか。私たち自身、日本列島はかくも神秘に富んで美しかったのかと、あらためて思わずにはいられないほど力強い把握を示す詩的雄弁であり、この神域を次々に「開発」し「改造」し、ゴルフ場に転じディズニーランド化してきた今次大戦後の日本人の冒瀆的蛮行を、痛烈に自己批判させずにはいない一節でもある。『日本風景論』の志賀重昂《しがしげたか》も、『風土』の和辻哲郎も、大いに共鳴しかつ嫉妬すべき文章であった。ことに列島の中心に聳《そび》える富士山を讃えた末尾の一節は、プレイアド版でも六行に及ぶ長い一センテンスからなり、その語句のうねりの果てに「富士山の巨大な塊」(la masse énorme du Fuji) が坐るみごとな構文となっている。富士山を讃美してこれほどみごとな文も万葉以後、他にめったになかった。

13

自然のうちに宿るなにか超自然的な生命の力、理知の把握を超える神秘な優越者、それに対したときおのれの自我を小さくすること、それに対する崇敬の念——それらをもって日本文化の真諦《しんたい》とするクローデルの見かたは、彼が各地の神社仏閣や公私のコレクションで日本の美術品に親しく接するうちに、そこから帰納して得た洞察の一つでもあった。「日本のこころを訪れる眼」に語られる詩人大使の日本藝術論は、その感受性や直観の働きそのものを伝えるような、一歩一歩の発見と

悟入のよろこびに満ちている。浮世絵のジャポニスムによって日本の魅力に惹きこまれてきており
ながら、しだいにジャポニスムをこえて室町水墨画や初期狩野派や、琳派や、文人画の山水や花鳥
の美と意味にめざめてゆくよろこびが、能や文楽への傾倒と相まって、確実にクローデルの日本文
化観を深め、日本への愛着を一段と深めていったのである。水墨の掛軸などを見せられたときの最
初の戸惑いと、そこからの覚醒の過程は次のように語られている。

そしてときによっては、私たち――いつもはっと驚かされたり、面白がらせられたりしないと気のすまぬ私たち野蛮人の受ける第一印象は、失望のそれであることがあります。私たちにはあの親密な共感の能力がないのです。――もしこういってよければ、あの魂のうるおいといったものがないのです。それがあってこそ、魂は、息づきはじめる若芽の伸びや、泥の闇のなかから水面の明るみへと浮かびあがる魚のあの力づよい尾鰭のひと打ち、などに情愛こまやかに合一してゆくこともできるのでしょう。

ほんの少しづつ少しづつ私たちは気がついてゆきます。――この心地よいしなやかさ。このぴたりとした的確さ。たとえば猿のこの爪のさきから尾のさきまでをとらえ、つつんでいる運動のこのえもいえず快い宙釣り感（猿が動いているのではなくて、運動そのものが猿となっている）。この老巧にして素朴な表現手段の選択。手のはこびの電火のごとき素速さと結びついたこの観照の辛抱づよさ。無用な場ちがいの要素を省略するときの、この断乎たるうちにもつつましげな態度。そういったもの、――それは要するに生命そのものではないか。それはもう芸術などではない。

私たちがその活動中のところをつかまえたのは、生命そのものだ。このような無名のすがたであるだけに、いっそう神聖な生命だ……。こうしてこのあわれな生存のはしくれも、謙虚で敬虔な藝術家のおかげで、とこしえにいきいきと生きるものとなったのです。

「魂のうるおい l'humidité de l'âme」とは、なんと美しい、なんと含蓄に富んだ言葉であろう。それによって日本の画家たちは「まさにこの世のもっともかよわい、もっともはかないものを、言葉にいいえぬあの泉のおののきをまだなによりも爽やかに身におびているものを」とらえ、表現した、とも右にすぐつづけてクローデルは言っている。これらは日本の美的感受性の伝統のもっとも尖鋭なものを言いつくしていながら、また同時にクローデル自身の詩的宇宙から発せられた言葉でもあった。日本の「地の霊」と藝術の呼びかけに答えているのは、まさに彼自身の「魂のうるおい」でもあったのである。

クローデルの『百扇帖』の最後を閉じるのは、「別離」と題する次の一句であった。

もしわれを日本より引き離さんとせば
ねがはくは金の砂子《すなご》をもってせよ
Si l'on veut me séparer du Japon
que ce soit avec une poussière d'or

この深い冥合から二十年の後、戦争と原爆によってさえも、前駐日大使の詩魂のなかから日本が引き離されることはなかったらしい。「金の砂子」がなおそこに漂いえたことを思いおこして、私たちはそれを大正の古きよき日本のためによろこぶ。だが、そのことを直ちにいまの私たち自身の誇りとすることは、はたして許されるのだろうか。

Ⅳ　朝日のなかの黒う鳥（くろうどり）

14

前にも触れたように、クローデルは日本勤務の直後に駐米大使として足かけ六年（一九二七―三三年）ワシントンに駐在し、その後には二年間駐ベルギー大使をつとめた上で、一九三五年六月、外交官としての閲歴を終えた。一八九〇年の外交官試験合格以来、実に四十五年近くの長い外地遍歴のキャリアだった。

クローデルが同時代フランスの外交官および外務省に関して回想と批判の文章を書いて、「フィガロ」紙や『ヌーヴェル・リテレール』のような新聞・雑誌に発表するようになるのは、この引退後まもなくからのことである。「アリスティド・ブリアン」（一九三六年三月）、「エドワール・エリオ」（同五月）のような、クローデルが在日中の本国外務大臣で、彼の外交書簡の送り先となった人々についての、敬愛の念に満ちてゆきとどいた回想の文章がある。

フィリップ・ベルトロ（Philippe Berthelot, 1866–1934）は、クローデルより二歳年長で外務省入省もほぼ同期という名門出身の文学好きの秀才、一九〇三年、極東調査旅行中にインドシナのユエで当時福州領事だったクローデルと知己となってからは、生涯にわたって彼のもっとも親しい友人・上司となり、後ろ楯ともなってくれた人だった。第一次大戦中から戦後にかけてブリアン外相やクレマンソー首相のもとで、ケ・ドルセー（フランス外務省のこと）の第一の実力者、外務省の事務総長として活躍したこの盟友についても、クローデルはその歿後、真に友愛の情のこもった痛切な長文の追悼の辞を捧げている（一九三七年十二月—三八年一月）。

これらの重厚なケ・ドルセーの人物肖像のほかにも、クローデルは「キャリアの回想」としてまとめられるようないくつかの外交官論を書いている。これらは「ブリアン」論や「フィリップ・ベルトロ」論とは打ってかわって、領事、公使、大使として四十余年の外地遍歴をつづけた詩人の、長年のフラストレーションの鬱積を吐き出したような文章である。日本側から見れば、あのように活潑に親密に財界人や政治家のみならず能楽師や学者や画家たちとつきあっていたクローデル大使が、一方では外交官という職業や本国本省に対してこれほどに鬱屈した感情を抱きつづけていたのかと、読んで驚くような文面だ。その意外なほどに辛辣、かつ露骨な外交官論がまたはなはだ面白い。

たとえば「職業としての不在者」（一九三八年二月）は、故国を離れて生涯をあなたまかせの流転に送る外交官、とくに領事の身の上を、わが身の経験もふくめて嘆いた一文である。

不在を職業とする者——そのまさに異様というべき運命、使命、生存の条件そのものが、無人格な意志のあやつるただ一本の糸にしか、もはやつながっていなくて、その糸の動くままにひっきりなしに、まったくなんの予測もなしに、ある場所から他の場所へと引き廻される者——それが外交官であり、なかんづく領事というものだ。　（引用者訳、以下同）

なかにはもちろん例外もあって、一任地に十年もいつづけた大使もいるし、ローマやワシントンから長年離れたことのない書記官もいる。さらに大・公使館事務局の事務官や通訳といったいわゆる「ノン・キャリア」層となれば、遠い異国の任地にすっかり住みついてしまう者もいる。マレーシアの某公館の職員には、木の上に住んで、腰に腰衣《サロン》をまとい、毎日夕方になれば自分の家族にコーランを読んで聞かせていた者もいたそうだ、という話までクローデルは引いている。だが、大半の者は莫大な公費をかけて、年中途方に暮れたまま「八十日間世界一周」そのままの移動・転勤を強いられている。この世界の果てから別な果てへの大旅行が、当人の知識・見聞をゆたかにし、比較・参照のための視野をひろげてくれるということは、もちろんあるだろう。しかし、——

こういった事情の下では、当の男は現実というものをほんとうに真に受けることをやめてしまうが、そうだからといって驚くには値しない。現実は彼にとっては、スクリーン上に映しだされるとりとめもない映像と同じくらいに実体のないものとなってしまうのだ。祖国は永久に失われてしまい、彼を祖国に辛うじて結びつけるものは、ときに何週間もかかってとどけられる手紙や新聞だけとなり、ぼんやりとしたほめ言葉や不当な叱責の連絡だけとなり、諾否どちらにもとれる電信文だけとなってしまう。フランツ・カフカならば、この境遇をめぐって彼流の比喩の物語をまたもう一つ書けたかもしれない。

なるほど、領事・外交官はまさにカフカ的存在なのである。そして彼がひさしぶりに第一回の帰国をしてみると、本省にはもう彼の居場所はないし、英国人が〈He does not belong〉というとおりの無籍の状態になっていることをさとらされずにはいない。担当部局の上司は寛容な微笑の裏に優越心をわずかに隠しながら、当該帰国者のエキゾチックな話をしばらく聞いてやったあげくに、待ちかねたように訊ねる――「こんどは、いつお発ち?」。

ニューヨーク、ボストンの副領事職、領事事務代理から始まって（一八九三―九四年）、中国では各地で計十四年（一八九五―一九〇九年）も副領事・領事他をつとめ、さらにプラハ、フランクフルト、ハンブルクと領事館を転勤してまわり（一九〇九―一四年）、その後にはやや昇格しても、ローマ、リオ・デ・ジャネイロ、コペンハーゲンと異動をつづけさせられた（一九一五―二一年）外交官クローデルの、これは積年の恨みつらみの発露であったのだろうか。

だが、外務省の官僚主義への憤懣は、このような「フィガロ」紙への寄稿一篇ではとうてい尽くせなかったようだ。「昔のケ・ドルセー」（一九三七年六月）の一篇のように、自分が入省したころの、古い煖炉のある、文書は鵞鳥の羽ペンで手書きという十九世紀的外務省から、連絡はすべて電話・電報・タイプライターにとって替られた現代への変遷を揶揄気味に語るエッセイもある。だが、もっとも露骨で苛烈なのは、「外交官という職業に関する若干の考察」というプレイアド版「散文集」で五頁ほどの文章だ。

これは、クローデルが引退後にブラングの城館で一九四一年七月二十二日に書き終えて「フィガロ」紙に載せようとしたが、すぐに検閲にひっかかって発表を禁止され、三年後の一九四四年七月になってようやく出たという、いわくつきのエッセイである。

どこが政府検閲にひっかかった点なのかはよくわからない。この文章の冒頭から、外交官としてクローデルの大先輩であるポールとジュールのカンボン兄弟の著述の悪口を言っているからだろうか。ポール・カンボン（Paul Cambon, 1843-1924）は、駐英大使としてなんと二十二年間（一八九八—一九二〇年）もロンドンに在勤し、その間に一九〇四年の英仏協商（Entente cordiale）、さらに一九〇七年の英仏露三国協商（Triple Entente）の締結を実現させたことで有名な大物である。ところがクローデルは、カンボンの『書簡集』が出版されて、これをアンドレ・ジークフリート（一八七五—一九五九）が賞讃したことを枕にして、この大物大使は演壇上からかしこまった聴衆に美辞麗句をふりまくのが大好きだったが、聴いた者がいったん家に帰ってその雄弁を考えなおしてみると、毎朝の新聞がわれわれに浴びせかける紙つぶてのような低俗な言葉とさしてかわらぬものだった、などと書くのである。

そして弟のほうのジュール・カンボン（Jules Cambon, 1845-1935）も、第一次大戦直前の七年間（一九〇七—一四年）駐独大使としてベルリンにおり、ドイツ情勢の危険をはやくから洞察して、フランス政府と兄ポールの外交活動に貢献したことで知られている。とくに彼の名を後世に残したのは『外交官』（*Le Diplomate,* 1926）という著述一冊なのだが、クローデルはこれを「せいぜいのところ軽い薄っぺらな焼菓子《エショデ》の類い」と一笑に付するのである。勢い余って、彼はこれも史上有名なタレーランの「外交官ラインハルト伯爵礼讃」の学士院演説（一八三八年）についてまで、「あれは偉人が格式張った食事のあと、満場讃嘆のうちに、あのなまぬるい一杯の水をぐいと呑み干し、鼻の穴から噴きだしてみせるようなもの」と書いて、こきおろす。

外交の大先達たちに一応の敬意は表しながらも、フランスの外交官と本国外務省に対してクローデルは、その四十五年の現場経験から顧みて、いったいどんな不満と批判をもっていたのか。

それはなによりもまず「外務省は外国を知らない」という点だった。「他の官庁と同じ官僚組織だが、他よりもおそらくもっと根強い土着的風土をもつ本省部局の官僚たちと、外地勤務者との間には、ほとんど絶対的ともいうべき乖離がある」とクローデルはいう。もちろん本省勤務の者も、毎日手もとにとどく報告書や新聞・雑誌、書籍などによって国際情勢を部分的には知ることができる。だが、それは上っつらの知識だ。「錯綜する多大な問題について、いかなるものであれ基本となりうる見解をつくりあげておくには個人としての努力が必要なのだが、ケ・ドルセーの担当官たちは、たとえその努力をしてみようかとは思っても、その余裕がないのだ」。

彼らが登庁するとデスクの左側に書類の山が待っている。一日が終わると、その山は左側から右側に移っており、担当官はやれやれ堪能した、あとは明日だとばかりにデスクから立ちあがる。

だが、一国の、一状況について判断するのに、このように大半は第二者、第三者の手によってなされ、そのためみな必然的に歪曲されている資料、情報の寄せ集めを手だてにするだけでは駄目なのだ。それとはまったく別に、現地のただなかで生きてみること、その場の空気を吸い、現地の利害関係を呑みこみ、その地の与える衝撃を自分なりの異国人としての感性の上によく感じとること、その地に宿るさまざまの情念をよく嚙みしめてみることが必要なのだ。これらのすべてが本省部局には抽象化され絞りかすとなってしか到達しない。

数年前までの特命全権大使の言としては、これはケ・ドルセーに対して相当にきつい、きびしい批判だ。清末動乱期の中国での「あわれなけちな領事」としての長い屈辱的な経験が根にあったろうし、非西欧の文明圏をいくつも渡り歩いて十分に体験してきた公使、大使としての強い自信も一方にはあっての発言であったろう。フランス外務省内の本省勤務と外地勤務の人事組織上の区別また交流が、当時どのように行なわれていたかについて私はいまつまびらかにしないが、生涯外地勤務に終始したクローデルがこれほど強く執拗にいうのだから、そこにはかなりの軋轢《あつれき》が潜在していたのだろう。本省勤務の担当官は、大使、公使、まして「あわれなけちな領事」などは、パリジャンがオーヴェルニュからのおのぼりさんを見下すように、まるでどこかの田舎者であるかのように優越感をもってあしらった、とクローデルはここでもまた繰り返してしるすのである。

本省部局はたいがいの場合、一政策の実行がいかに困難を伴うものかがわかっていない。その政策についてみごとな訓令書を送ることと、その実効を得ることとは、まったく別な話なのだ。その実現のためには、ほとんど無防備のままの一歩一歩の闘いが必要なのであり、しかもその手柄をわかってくれる者は誰もかたわらにいない。しかしこの過程でのみ、この人知れぬ戦いのなかでのみ、経験というあの測り知れず貴い美徳はつちかわれてゆくのである。

これは十九世紀末から二十世紀前半の激動の時代に、中国で、南米で、日本で、また北米で、おそらく近代フランスの全外交官のなかでももっとも多彩で濃密で重厚な「経験」を積んできた詩人大使であったからこそ、発しえた言葉であったろう。そしてそのような人の言葉として、二十一世紀の国際化の時代にあっても、いまなお多くの外交官、のみならず海外勤務者を激励してくれる言葉でもあるだろう。

実は保守主義者のクローデルから見て、フランスの外交政策の策定と実施の上で最悪の障害をもたらしているのは、本省勤務の吏僚たちなどではなく、国会であった。「堕落しなお下落しつつある議会政治は、フランス国民のあらゆるかたちでの活動を毒し、麻痺させるに至っているが、その忌わしい役柄がもっともひどい害悪を見せているのは外交の分野をおいてほかにない」。あのポール・カンボンでさえこの状況を嘆いていたことがあったが、さらに急進改革派が勢力を増して、各種委員会を牛耳るようになったいまの情勢を見たら、カンボンはなんといったことだろう。「なにも生産することができないくせに、この議会政治という制度は、まさにその機能のゆえに、なんでもかんでも妨害し、なんでもかんでも止めさせることだけは長《た》けていた」、とまでクローデルは書く。そして自分が駐米大使時代に、素っ頓狂な一議員のとっぴな提案が国会の「馬鹿者たち」の大賛同を得てワシントンに送られてきて、とんでもない恥かしい目に遭った例を、その下院議員の実名まであげて引いたりもした（おそらくこれが検閲にひっかかった理由であったろう）。

現代の日本でも、国会と諸官庁、とくに外務省とは、しばらく前からきびしい緊張関係にある。元フランス大使の硬派外交官矢田部厚彦氏はその著書『職業としての外交官』（文春新書、二〇〇二年）のなかで、日本外務省の近年のモラルの低下を慨嘆し批判しながらも、他方では無能なポピュリスト議員の外相就任や、国会委員会の外交への過剰な干渉が、いかに一国の外交上の大計を妨げ、誤まらせるに至るかを、これも例をあげて論じている。

クローデルの外交官論は、矢田部氏が右の著書でいくたびも引いて論じるハロルド・ニコルソンの『外交』（一九三九年）やジュール・カンボンの『外交官』（一九二六年）のようには、また矢田部氏の著作そのもののようには、外交官の職務や身につけるべき徳目を整然と項目を立てて論述したものではなかった。クローデル自身「外交官という職業」の冒頭に「われらの卓越した先達たちは、どうしてももっと専門家としてこの職業について語っておいてくれなかったのだろう」といいながらも、結局彼の論述は種々合わせてもプレイアド版で二十頁にもおよばぬ小エッセイの数篇にすぎなかった。だがそれらは、右に見てきたように、もっぱら自分の体験に即して、激語さえ敢えてして述べられたなまなましい外交官論であり、ケ・ドルセー批判であった。そこがいかにも文人外交官らしい、その面目躍如の評論として、私たちの面白がるゆえんなのだ。

それに、クローデルが詩人外交官として書き残した『東方の認識』や『青龍の徴のもとに』（中国)、『朝日のなかの黒い鳥』(日本)、またその他の任地で書いた数多くのエッセイや「フィリップ・ベルトロ」他の同僚先達の外交官についての論をも読めば、彼が結局は、ニコルソンの列挙する理想の外交官の七つの美徳(誠実、正確、平静、忍耐、よい機嫌〔good temper〕、謙虚、忠誠)の多くを併せもち、なおそれらをもこえて知的・文化的教養の雄渾さをもち合わせる大外交官であったことを、あらためて納得せずにはいられないだろう。

第十章

孤立と国際協調

——幣原喜重郎

I　古風な合理主義者

1

イアン・ニッシュ博士の『日本の外交政策　1869-1942―霞が関から三宅坂へ』（宮本盛太郎監訳、ミネルヴァ書房）は、岩倉具視から松岡洋右までの日本近代外交史を歴代の主要外務大臣ごとにまとめて叙述して、さすがに視野広くかつ簡勁《かんけい》な著述である。日本外交史・日英関係史を研究して四十年に近い蘊蓄《うんちく》がこめられた好著、名著と言ってよいが、この書の副題"*Kasumigaseki to Miyakezaka*"「霞が関から三宅坂へ」は、実は幣原《しではら》喜重郎が霞が関（外務省）を去ってから四年後（昭和十年）の、ある旧友宛ての書簡のなかに使った表現、「三宅坂に於て名実共に霞ケ関を占領すること丶相成候……」からとられたものであった。それは、対外政策決定の権能がもはや外務省にも首相官邸にもなく、三宅坂の陸軍省と参謀本部に移ってしまったことを概嘆する言葉だったのである。

そうなってしまう前、つまり幣原喜重郎が第一次、第二次の加藤高明内閣（一九二四年六月―二六年一月）、ひきつづいて第一次若槻礼次郎内閣（一九二六年一月―二七年四月）の外務大臣であったあたりまで、そしてついでに言えば駐日フランス大使ポール・クローデルがワシントンへと向かって離日するころまでが、「霞が関外交の全盛期」、「日本の内外で霞が関は概して名誉ある地位を占めていた」時期である、ともニッシュ博士は言う（同前、一六六頁）。

小村寿太郎（一九〇一―一一年）、加藤高明（一九一三―一五年）、石井菊次郎（一九一五―一九年）の時代にひきつづき、田中義一（一九二七―三一年）、内田康哉《やすや》（一九三二―三三年）、広田弘毅《こうき》（一九三三―三七年）の時代に先立って、幣原が駐米大使としてワシントン会議に列席し、帰国して外相となって、さらに展開したいわゆる「幣原外交」の時代（一九二〇―二七年）が、霞が関のもっとも華やかで意気さかんな時代だったのではないか、ということになる。そしてそれはまた、純粋の霞が関育ちがはじめて同省のトップとなった時代でもあったとして、ニッシュ博士は次のように書いている。

> 幣原は試験〔外交官〕制度導入後の入省者のなかで、外務大臣に就任した最初の人物であった。幣原の外相就任は日本における専門的官職制度の開始を物語るものである。同時に、一八九〇年代の外務省の機構改革が外務省の頂点にまで行き渡ったことを示している。結局、このような進展は霞が関精神の形成にとって有利に働いた。新しい世代の外務大臣やトップの外交官たちは、高い知性と外交官としての技倆を有し、そして国際経験を積んだ人々であった。一方、その前の世代においては、小村〔寿太郎〕のような強い性格の人物や加

幣原喜重郎（国立国会図書館蔵）

藤〔高明〕のような政治的影響力のある人物、そして青木〔周蔵〕や林董《ただす》のような非凡な外国語の能力をもつ人物、が作り上げられてきたということも付け加えておかなければならない。

（同前、一四〇頁）

なるほど、幣原喜重郎（一八七二―一九五一）のすぐ上のよき先輩で、彼に先んじて外務大臣となったような人たちは、石井菊次郎（一八六六―一九四五）でも、本野一郎《もとの》（一八六二―一九一八）でも、あるいは内田康哉（一八六五―一九三六）や松井慶四郎（一八六八―一九四六）でも、みなそれぞれに得意の分野と得意の技をもつ卓抜な外交官であったが、彼らは外交官試験制度ができる（一八九四年九月第一回試験）少し前に、外務省試補あるいは翻訳官として入省した人々であった。この先輩たちと幣原との間には外交官としてどのような違いがあったのか、あるいは大してなかったのか、それはよくわからないが、あえて一言で言ってみれば、幕末、維新期生まれの先輩たちのほうが、やはり一段とサムライ的気風の度合いが強かったということになるだろうか。そしてニッシュ博士の言うように、幣原の外相就任とともに外務省内の近代的新制度はいわば完成し、同省のエキスパート集団としての自覚はひとしお昂揚したのであったろう。

幣原喜重郎が、浜口雄幸《おさち》内閣（一九二九年七月―三一年四月）と第二次若槻礼次郎内閣（一九三一年四月―十二月）で再度の外相を務めたあとにも、芳沢《よしざわ》謙吉、広田弘毅、有田八郎、佐藤尚武《なおたけ》、松岡洋右、東郷茂徳、谷正之、重光葵《まもる》と、日本敗戦にいたるまで何人かの霞が関育ちが外務大臣となったのは、たしかなことである。だが、昭和六年（一九三一）の満州事変以後外相となった彼らの大半は、もっぱら「三宅坂」への抵抗と「三宅坂」の行動の後始末とに、悪戦苦闘をつづけてゆかなければならなかったのである。

2

幣原喜重郎は大阪中学校、それが制度替えで第三高等中学校、それが京都に移って第三高等学校、そして東京の帝大英法と、幾多のよき先輩、同輩（浜口雄幸とは大阪時代に同級で席次の一位二位をいつも争った）に恵まれて、完備途上の明治の秀才コースを突っ走った。妙ななりゆきから十カ月ほど農商務省鉱山局に籍を置いた後に、大学時代から志していた外交官領事官試験にみごと合格したのは、明治二十九年（一八九六）九月のことであった。日清戦争戦勝の翌年で、三国干渉が彼の外交官志望を決めたのだという。この試験制度が発足してちょうど二年目、第四回の試験で、同期合格者は幣原をふくめて四名であった。

当時は試験に通ると、すぐにも外地に派遣されたらしい。満二十四歳の幣原官補の最初の任地は朝鮮の仁川で、同年末赴任し、六歳年長の領事石井菊次郎のもとで、いくつかの武勇伝も発揮しながら二年余り勤務した。朝鮮国（大韓国）の主権確認をめぐって日本とロシアの間にさまざまなかけひきが行なわれていた時期である。

明治三十二年の五月末に東京に帰ると、こんどはロンドンの総領事館勤務を命ぜられて、驚いたことに十日後の六月九日にはもう東京を出発した。昔の外務省もずいぶん忙しかったというべきか、人使いが荒かったというべきか。

翌三十三年（一九〇〇）の年末には、早くもベルギーのアンヴェルス（アントワープ）の領事館に転勤するのだから、ロンドン在勤も一年と四カ月程度、けっして長くはなかったが、イギリス人の家庭教師を雇っての英語の発音矯正や古典暗誦の訓練など、いくつかのエピソードが、幣原自身の回顧談『外交五十年』（中公文庫、一九八七年）のなかに語られている。

そのなかでも一つ面白いのは、最初の「ベースウォーター」（Bayswater）の下宿から、新聞広告で探したロンドン南郊の二番目の下宿に移って後の挿話である。だいたいそれは番地を間違えて広告とは違う家をたずねて行き、結局その家の一角の書斎向きの部屋と寝室の二間つづきの部分を借りることになってしまったのだが、幣原はこの一家の十三、四歳と、十一、二歳の二少年と非常に仲良くなった。下宿の所在地は「ストラタム・ヒル」（Streatham Hill）というから、ロンドンの中心街からはずいぶん遠い田舎で、一年後に文部省留学生夏目漱石が四回目の引っ越しで移ってくるクラパム・コモン（Clapham Common）よりも、さらに二、三キロ南だった。幣原は毎日汽車でホランド街の日本領事館に通勤したが、夕方帰ってくると、下宿の二少年が頃合いを見はからって、ちゃんとストラタム・ヒルの駅に迎えにきてくれていたという。

幣原は二人の手をとって家に帰り、家では二人を相手に遊んだり、ふざけたりするのが「何よりの楽しみだった」と回想している。この下宿生活は「私の一生涯中で一番幸福な生活の一つであった」とさえ言っている。二人の少年をよほど可愛がったものとみえる。ことに上の少年は幣原によくなついて、彼がアンヴェルスに転勤になってからも手紙をくれ、さらに少年が商売の見習いのためにひとりで南アフリカのケープタウンに渡ってからも、手紙をくれたと、まことに懐かしげに回想している。

幣原にはこのような異国の子供たちにも慕われるような人柄のよさ、育ちのよさ、あるいは心の闊達さがあったようで、それが幕末育ちの先輩たち、一生涯たえず緊張していたような陸奥、小村といったサムライ外交官たちとの差であったろう。

ところで、ここでふと思いつくのは、幣原がイギリス駐在中に、右に名前を出した夏目漱石と、どこかで相まみえることはなかったろうか、ということである。だが、またすぐ気がつくのは、漱石がパリ経由でロンドンに到着したのは明治三十三年十月二十八日の夕刻、幣原よりも一年余り後のことで、しかも幣原は同年の十二月二十二日には、ロンドンを発ってベルギーに向かってしまうのだから、二人の滞在が重なりあうのは二カ月にも満たない、ということだ。

それでも、漱石の日記を見れば、ロンドン到着後二日目の記事には次のようにある。


十月三十日（火）　公使館ニ至リ松井氏ニ面会Mrs. Nottヨリノ書状電信ヲ受ク

ミセス・ノットとは、漱石が熊本時代に知った女性宣教師の母で、日本の娘のもとに遊びに来て帰国するとき、たまたま漱石と同じプロイセン号に乗り合わせた人だった。以後、ロンドンで、夫の牧師とともに何回か漱石を教会仲間らしい敬虔な英国婦人たちのアフタヌーン・ティに誘ってくれたりして、その伝道熱で漱石を悩ませることにもなる。この日漱石が、ともかくも到着の挨拶にとハイドパークの東側、グロヴナー・ガーデン街の日本公使館に赴くと、もうさっそく同夫人からの「御連絡を乞う」などという手紙が来ていたのだろう。

そしてこのとき漱石が公使館で「面会」したのが、ほかならぬ幣原の大阪中学校以来の先輩、幣原よりも四歳年長でこの年三十二歳の松井慶四郎である。二年前（明治三十一年）に日本公使館一等書記官として来英し、前年春、駐英公使加藤高明が日英協調路線を準備した上で帰国すると、一年半以上もの間、臨時代理公使を務めていた。幣原が、松井君のような英語の達人でさえ、公使館から領事館に馬車で行くとき馭者に「ホランド・ロード」と叫んでも通ぜず、いつも公使館の小使いに馬車を呼ばせていた、と面白がって回想しているその人である。このときは新任公使林董男爵が、まだロンドンに着任していないか、あるいは外出中かで、松井が代わって新参の夏目文学士に会ったのだろう。

二人の間のやりとりは、まったく儀礼的ないし事務的な挨拶にすぎなかったのか、いくらかでもそれ以上にパリの万博や日英関係の現状や、英文学などにまで話題は飛んだのか、それはまったくわからない。十日ほど後の十一月八日にも、夏目金之助は公使館に文部省からの「学資金」を受け取りに来ているのだが、もう松井の名も、まして幣原の名も、彼の日記や「断片」には出てこない。金之助はロンドン滞在中に、転々とする下宿の先々で、港湾技師の長尾半平とか、ビジネスマンらしき田中某とか、化学者池田菊苗《きくなえ》とか、日本にとどまっていれば、生涯会うことも話し合うこともなさそうな類いの人々とめぐりあって、結構親しくつき合い、後年の文業のなかにその面影を登場させたりもした。だが、残念ながら、同時期の日本外交官の名は、右の「松井氏」のほかに、もう一人「諸井氏」の名前が日記に出てくるのみである。

「諸井氏」とは諸井六郎（一八七二―一九四〇）のことで、幣原と同年（明治五年）の生まれだが、幣原のすぐ次の第五回外交官試験に合格、上海、蘇州在勤を経てロンドンの領事館に着任し、しばらくは幣原と机をならべて執務した。以後もあちこちの任地で幣原の後任となることの多かった盟友の一人である。諸井は幣原の才と人柄に心服していて、当時まだまだ「豪傑型」が多く、それがよしとされていた日本人外交官のなかで、ひとり幣原だけは語学の修練にも任地の地域事情の調査にも、さらに本国日本の経済事情の研究などにも、すでにロンドン時代から孜々《しし》として刻苦勉励する姿をかたわらで見ていた。はじめのうちは「単にクソ勉強をする奴」とばかり思っていたが、やがてこれこそが「真に国利民福を図る」ために「細心の注意と努力を傾注する」新しいタイプの外交官であると知るにいたった、と後に回想している（幣原平和財団編『幣原喜重郎』三三三頁、一九五五年）。

その諸井六郎が、すでに幣原がアンヴェルスに移った後ではあるが、明治三十四年三月二十七日の夜、テムズ河南岸オーヴァル駅に近い漱石の三回目の下宿に訪ねてきた。グラスゴー大学の臨時試験委員となることを漱石に依頼するためだった。漱石がそれを了承すると、二日後の三月二十九日夜には諸井のところからグラスゴー側の正式任命を電報で知らせてよこし、漱石は即刻問題を作って領事館宛てに発送した。これは明治日本ととりわけ縁の深かった同大学で、日本人留学生のための出題を求めたのであったろうと、江藤淳氏は推測している（『漱石とその時代　第二部』新潮選書、一九七〇年、一二三頁）。

この縁で、グラスゴーからの謝金をめぐって諸井と漱石の間には手紙のやりとりもあり、五月五日午後には、南郊トゥーディングの漱石の四回目の下宿に、諸井が、漱石の先輩で在英中の英学者神田乃武《ないぶ》と一緒に訪ねてきたこともあった。神田はその頃ストレータムに下宿していたらしいが、あるいは幣原が去った後の同じ家に入っていたのかもしれない。——ロンドンの漱石の周辺に、間接的にせよいくらかは幣原の影も射していたかもしれぬと考えるのが、愉快なのである。

3

漱石はロンドンに着いて半年になるかならぬかの頃、二十世紀第一年の西欧社会との接触を深めてゆくにつれて、祖国日本の現状をふり返り、その将来を憂えることが多かった。

日本ハ三十年前ニ覚メタリト云フ。然レドモ半鐘ノ声デ急ニ飛ビ起キタルナリ。其覚メタルハ本当ノ覚メタルニアラズ、狼狽シツヽアルナリ。只西洋カラ吸収スルニ急ニシテ消化スルニ暇ナキナリ、文学モ政治モ商業モ皆然ラン。日本ハ真ニ目ガ醒《さめ》ネバダメダ。

（明治三十四年三月十六日）

日本ハ過去ニ於テ比較的ニ満足ナル歴史ヲ有シタリ。比較的ニ満足ナル現在ヲ有シツヽアリ。未来ハ如何アルベキカ。自ラ得意ニナル勿レ。自ラ棄ル勿レ。黙々トシテ牛ノ如クセヨ。孜々トシテ鶏ノ如クセヨ。内ヲ虚ニシテ大呼スル勿レ。真面目ニ考ヘヨ。誠実ニ語レ。摯実《しじつ》ニ行ヘ。汝ノ現今ニ播ク種ハヤガテ汝ノ収ムベキ未来トナツテ現ハルベシ。

（同三月二十一日）

いずれも当時の漱石の日記にしるされた自己省察の言葉である。英文学者漱石はこう書いて、われとみずからを戒め、かつ鞭撻《べんたつ》していたのだろう。だがいま読みなおしてみれば、これはまたほとんどそのまま、漱石の五年後輩で同じ文明開化期育ちの幣原喜重郎が、近代化・国際化途上の日本の第一線に立つ外交官として抱いていた自己認識であり、みずからに課していた新しい規律でもあったのではないかと思われる。もし二人が、ロンドンの一夜、どこかでめぐりあって語り合うことがあれば、幣原が三高時代にはひとかどの文学青年で『都の花』という雑誌に小説が載ったことがあるなどという話ばかりでなく、明治日本の現状と行く末について、いつのまにか真剣に論じあっていたかもしれないのである。

幣原はまさに「内ヲ虚ニシテ大呼スル」ことを嫌い、「自ラ得意ニナル」ことも「自ラ棄ル」こともなく、次々に迫る難問に立ち向かっては「孜々トシテ鶏ノ如ク」奮励することのできる、有能にして真摯な秀才官僚であった。そしてその点で外務省内外の衆目はしだいに一致し、ときには同僚の嫉妬羨望をも招くほどにすみやかに、彼の地位を推し上げてゆくこととなる。

ここではその外交官幣原のキャリアを追ってみる余裕はない。それは、本省帰任後の小村寿太郎の下での電信課長から始まって、初代取調局長にいたる六年半、そのあとの米英蘭での在外勤務三年半、石井菊次郎外相に懇望されて以来、寺内、本野、後藤、内田と仕えた外務次官の四年間、ワシントン会議での活躍を含む駐米大使の三年間（一九一九―二二年）、そして義兄加藤高明（一九二四―二六年）から若槻礼次郎（一九二六―二七年）にいたる内閣での外相、浜口、若槻内閣（一九二九―三一年）での再度の外相――と、明治・大正・戦前昭和の日本外交史そのままに波瀾に富んで、輝かしくも充実したキャリアであった。

ここではむしろ、その長いキャリアの体験と思索のなかから紡ぎだされた、いわゆる「幣原外交」の哲学ともいうべきもの、その数節を引いてみよう。昭和三年（一九二八）十月十九日、幣原が二度目の外相務めを終えて一年後、慶應義塾大学で行なった「外交管見」と題する講演の速記である。まず「外交の本質は権謀術数ではない」として、外交史上の権謀術数のさまざまな有名な例をあげた上で――

歴史に徴しますれば、従来外交が斯かる権謀術数に依つて動かされる実例は殆んど枚挙に遑ありませぬ。然も其の終局の結末は如何であつたか。一時は確かに国家に貢献したこともありませう、又目前の嚇々たる成功は国民の喝采を博し得たでありませう。併し乍ら之が果して国家百年の長計でありませうか。「リンカーン」の有名なる格言の中に「単に一時的であれば或は総ての世人を欺き得るであらう、併しながら永遠に亘つて総ての世人を欺くことは為し得らるゝものではない。」と云ふ言葉があります。国家の生命は永久なるべきものであるから、一時の功を奏したる権謀術数も、何日《いつ》かは其の国の為めに重大なる禍を来たすことがあるものと覚悟しなければなりませぬ。仏教に説く所の「因果応報」の理は、国際関係に於きましても行はれ得るものであります。

この「因果応報」の一例として、下関条約後に三国干渉を誘引した清末中国が、結局ロシア、ドイツなどによって蚕食《さんしょく》されていった史実をあげ、とくに第一次大戦後、国際間の徳義、信義の水準が向上してきたことを指摘する。その上で、幣原はさらに政治家たるものの最重要の資格の一つとして「実行可能の政策と不可能の政策とを識別する判断力」をあげて、次のようにいう。

斯くの如く政策の可能性は時と共に移動するけれども、一定の時代に就いて見れば其限界は確然と存在するものである。正しく其の限界を判断し、一旦不可能と認めたる政策は初めより之を試みず、唯可能と認めたる範囲内に於いて組織的の計画を立て、着々其の実行に全力を尽すことが実際的政治家の心懸けでなければなりませぬ。政治は空想ではない、妄《みだ》りに不可能の政策に執着して焦せり踠《も》がくものでは政治家でなくして空想家である。外交は手品ではない、観客の目を眩《くら》まし、内部の空洞なる手箱の中より、忽ち数百尺の長き紙片を取り出したり、平和を象《かた》どる鳩を取り出したり、帝国の威厳を現はす国旗を取り出したりなどして、大向ふの喝采を博せむとするものは、外交家でなくして手品師である。外交政策に於いても、自然の法則に反抗し時勢の潮流に逆行しては、何等の有益なる目的をも達し得らるゝものでありませぬ。然《しか》も其の失敗の損害が結局国民一般の負担に帰するに至つては、誤れる外交の責任は極めて重大と申さなければなりませぬ。我が外交が徒《いたずら》に空想家や手品師を真似ては国家の大患であります。世間には往々一定の成算なき無謀の計画を試み、やがて其の計画が必然の運命として蹉跌を来たせば、世論の攻撃を緩和せむが為めに、忽ち掌を返へしたような態度を以て正義を唱へ、殊勝気に珠数《ママ》を手操つてゐる者もある。若し外交当局者が斯かる軽挙妄動を為すならば、帝国の威信は地に墜ち、我国民の対外平和的発展は永く累を受けざるを得ませぬ。

（以上、幣原平和財団編『幣原喜重郎』二七二―二七七頁）

結局、歴史を深く読め、世界を広く見よ、そしてあの漱石の言葉でいえば「真面目ニ考ヘヨ」と説いているのであろう。古風にすぎるだろうか。だがこれがけっして弁論部風の雄弁ではなく、たしかに着実な経験と長年の思索に裏打ちされた、一つの迫力ある合理主義的信条の表出であることがよく伝わってくる。古風だからこそ普遍の力をもっている。

元国連大使小和田恆氏が、その著『参画から創造へ』（都市出版、一九九四）で説いている「外交官に必要な四つの〈I〉」の、第一integrity（誠実、首尾一貫性）も、第二insight（洞察力）も、そしておそらく、第三intellectual curiosity（知的好奇心）、第四individuality（個性）も、みな明らかにこの大先達の信条を受けつぎ、その要請にこたえるものにほかなるまい（同書、二九四―二九六頁）。そしてアメリカの元駐ソ連大使ジョージ・ケナンが『二十世紀を生きて――ある個人と政治の哲学』（関元訳、同文書院インターナショナル、一九九四）で説く一国外交の指導原理もまた、寛容、協調、一貫性、尊厳、文明の端正と、意外に古風なモラルであったことを知るのは（三三六―三三七頁）、さらにも嬉しいことである。

II 「国際協調」の現場

4

幣原喜重郎が原敬内閣の外務次官から栄転して、駐米大使としてワシントンD・Cに着任したのは、大正八年（一九一九）十一月一日のことだった。幣原満四十七歳の年である。

そのころ日本大使館はL街の一三一〇番地にあったという。ホワイトハウスから四ブロックほど北側、いまも各国大使館が並ぶマサチューセッツ大通りのトマス・サークルから一ブロックだけ南に下りたあたりになる。ここで幣原大使直属の三等書記官として勤めた石射《いしい》猪太郎（一八八七―一九五四）の回想によると、それは個人の住宅を借りた「実に惨憺たるボロ事務所」で近くには葬儀屋や淫売宿さえあり、大使公邸のほうもみじめなものだったという。だが、幣原はそんなことはまったく平気で、なんの苦情も言わず、イギリス時代から愛用の山高帽をかぶりステッキをついて、よく前かがみでチョコチョコとそのあたりを散歩していたという。

配下には、一等書記官の広田弘毅、やがて幣原の最良の片腕となる佐分利《さぶり》貞男《さだお》をはじめ、石射を含めて約十名の若手書記官、官補《かんぽ》がおり、陸海軍武官も二名ずついた。海軍からの一人は永野修身大佐で、山本五十六中佐も国際通信会議担当で在勤していたという。幣原大使はよく若手たちの部屋に遊びにきて、冗談と馬鹿話で大笑いするのが好きで、その実力と人柄によって館中の信望を集めていたらしい。
幣原のジョークの巧みさは有名で、石射はそのなかでもとくに有名な一例を紹介している。幣原の名前がワシントンの新聞にしばしば綴りを間違えて出るので、あるとき公邸のパーティに来たお客の一人が彼に質問した。

"Excellency, which is the right spelling of your name, Shedehara or Hedehara?"

すると大使はとっさに答えた。

"When your refer to me spell it Hedehara, but if you mean my wife put it Shedehara."

「こんな調子で活殺自在に頤を解いた。この一面がいかばかり幣原さんの風格をうるおいづけたことか」と、石射猪太郎はいかにもなつかしげに回想している（『外交官の一生』中公文庫、七〇頁）。
一九二〇年前後のワシントンD・Cといえば、いまのように美術館、博物館、劇場、コンサート・ホールが軒を連ねるということもなく、静かだが殺風景であったろう。若い石射書記官はしきりに映画館にかよったというが、勉強家の大使にはあまりそのようなところをめぐる趣味も暇もなかったらしい。なにしろ、当時、世界はロシア革命（一九一七年）と第一次世界大戦の終結（一九一八年）、そしてヴェルサイユ条約締結（一九一九年）とつづく大変動のただなかにあった。その重要な震源地の一つであるワシントンD・Cに駐劄《ちゅうさつ》し、すぐにもワシントン会議（一九二一年十一月―二二年二月）を迎えようとしている以上、彼は息をつく暇もないほどの忙しさであったろう。幣原は七年前の大正元年（一九一二）にも、その秋から一年あまり、同じワシントンに珍田《ちんだ》捨巳《すてみ》大使の下の参事官として駐在したことがあったが、そのときすでに始まっていた、カリフォルニアにおける日本移民排斥運動も、以後いっそうこじれ、深刻化こそすれ、改善の見込みはほとんど立っていなかった。

　珍田捨巳（一九一一―一六年）の後に、佐藤愛麿（一九一六―一八年）、石井菊次郎（一九一八―一九年）と、大物の駐米大使がつづいた後に、もう幣原の順番がまわってきたのであったが、それはまた第二十八代大統領ウッドロー・ウィルソン（一八五六―一九二四）の国際協調の理想主義のもとに、アメリカがはじめて世界政治にイニシャティヴをとるにいたった時代でもあった。しかも幣原のワシントン着任後二、三週間のうちに、そのウィルソンの苦心の、国際連盟規約を含む講和条約の批准決議案が上院で否決されてしまうという思いがけない展開となった。そのあげく、翌一九二〇年十一月の大統領選挙では、共和党候補のウォレン・ハーディングが勝って、政権の全面入れ替えが行なわれた。アメリカの国内政治も振幅の大きな動揺を示していたのである。

5

　幣原大使は、そのような揺れ動く末期の民主党政府を相手に、いくつかの外交懸案をめぐってしんどい交渉をつづけた。一つは、言うまでもなくカリフォルニア州でいよいよ激しく執拗になる日本人移民に対する差別、制限、排斥への対応で、幣原は着任直後から本国政府の方針どおり、これを日米国交の中枢に触れる緊急問題として、写真結婚による日本婦人の渡米の禁止などの妥協も折りこみながら、いくたびも国務省側と折衝した。だが、これは多くの面が州政府の自治にかかわることで、ワシントン政府も日本側の要請を理解しながらも手を出しかね、しばしば立ち往生した。

この難問題は結局、帰国してまもない前駐日大使ローランド・モリス（Roland S. Morris）と幣原とが、移民法とその実態とをあらゆる細部にわたって再検討して解決策を探ることとなり、一九二〇年九月から翌年一月まで毎週一回の非公式会談を二十数回もつづけた。その結果、日米間の協約の改正案を作成するところまで漕ぎつけたのであったが、その間にもカリフォルニアでは日本人の土地所有制限の新法が成立してしまったし、両大使合意の改正案がまとまったときには、すでにワシントン政府は民主党から共和党に明け渡されることが決まって右往左往、せっかくの心労の結実もその着地点を見つけることができないままになってしまったのである。

このほかにも、太平洋上、カロリン諸島のなかの一小島嶼《とうしょ》、ヤップ島をめぐっても、日米間には、はなはだ厄介な懸案があった。パリの講和会議で、赤道以北の旧ドイツ領諸島はすべて日本への委任統治と決定し、そのなかにヤップ島も当然入っていたのだが、この小島は上海―米領グアム―蘭領セレベスをつなぐ海底電線の重要な中継地となっていた。また同島は、グアムと米領フィリピンとのほぼ中間に位置する、という戦略的見地からもゆるがせにできず、アメリカは海底電線の日本側管理に反対したのみならず、同島の日本による委任統治そのものにも、すでにパリ会議でこれについて留保をつけていたとの根拠で、強硬に反対していた。

豆粒のような一島をめぐるこの大問題の交渉は、幣原のワシントン着任直後から始まって、ワシントン会議終了直後の一九二二年二月十一日の当問題に関する日米条約調印にいたるまで、二年数カ月も要した。その詳細はとてもここで追えるようなものではないが、米国務省内では一時期、幣原の顔を見かけさえすると、“yap, yap”（「小犬のうるさい吠え声」にJapを掛けた）と囁かれたというほどの、大使としての責任遂行のための執念と、自国政府からもアメリカ側からも、徐々に譲歩を引きだして妥結にいたらせた仕事師ぶりとは、やはり見あげたものと言わねばならなかった。

このヤップ島問題でも、さきの日本移民排斥問題でも、幣原は意外なほどに隠忍自重の態度を守り、日本国内から聞こえてきていたにちがいないマスコミの声などに応ずることなく、よく交渉相手側の事情を研究して妥協の道を探った。外交とは本来そのようなものであり、国際派とはそうあるべきものなのかもしれない。だが、そこには第一次世界大戦後の原敬、高橋是清とつづいた両内閣と、両内閣を通じての外務大臣、珍田の前に駐米大使を務めたこともある内田康哉《やすや》とからする、幣原の流儀と対米親和の方針に対する信任と支持もあったことはたしかであろう。

6

そしてもう一つ、幣原のその外交態度には、彼がワシントンの参事官だった時代に親交を結んだという、英国大使ジェームス・ブライス（James Bryce, 1838–1922）からの感化があったのかもしれない。オクスフォード出の希代の秀才として若くから名を馳せ、同大学のローマ市民法教授を長く務めるかたわら、自由党系の政治家として政界にも活躍したブライスは、アメリカ政治研究の古典的名著『アメリカ共和国』(*The American Commonwealth*, 1888) の著者として、アメリカでも高く評価されていたが、一九〇七年から一三年まで、駐米大使としてワシントンに在勤していた。幣原はそのブライスの駐米生活の終わり近くに、交際の機会を得たのであったろう。

幣原の『外交五十年』によると、日曜日の散歩の途上、たまたま英国大使館の前を通りかかったからといって、のこのこ入り込んでいって会ったりするような間柄であったらしい。碩学の大使は一九一三年にはすでに七十五歳、幣原参事官は四十一歳という齢の差が、かえって二人に気楽な交際をさせたのかもしれない。そのときはちょうど、ブライスが強硬な抗議をつづけていた、開通直後のパナマ運河の不公平通航税案が上院を通過したばかりだった。そこで幣原が大使は当然抗議をつづけるのでしょう、と聞くとブライスは、いや、もう一切抗議はしない、とあっさりと言う。

幣原がいささか驚いていると、ブライスは「英国はアメリカとは戦争をしないという国是になっている。戦争をする腹もなくて、抗議ばかりしていて、一体なんの役に立つか。われわれは区々たる面目や、一部分の利害に拘泥して、大局の見地を忘れてはならない」と説いた。そして当時幣原がもっぱら頭を悩ましていたカリフォルニアの排日法案への抗議問題についても、幣原の態度を問うたうえで、こう述べたという。

いったいあなたはアメリカと戦争する覚悟があるのですか。もし覚悟があるなら、それは大変な間違いです。これだけの問題でアメリカと戦争をして、日本の存亡興廃をかけるような問題じゃないでしょう。私ならもう思い切ります。

いま聞いても、一瞬ぎょっとするような大胆な言葉だが、ブライスはたじろぐ幣原の顔を見てなのか、こうつけ加えて幣原を納得させた。——アメリカもたしかに外国に対して不正な行為を犯したことがある。ところがアメリカ人には、外国からの抗議、請求などによらず、みずからの発意でそれを矯正してゆく自浄能力がある。それはこの国の歴史が証明するところだ。われわれはしばらく黙ってそのときの到来を待つべきであろう、と。

さすがに偉大な歴史家の言、今日なお傾聴すべきものがあると言えよう。

それから六年後、幣原がこんどは大使としてワシントンに赴任してまもないころ、偶然ふたたびブライス子爵にめぐりあう機会があった。幣原が国務省でランシング長官との会見を待っていると、誰か後から来て彼の肩をぐっと抑えた者がいる。ふりむくと、それがブライス翁だった。アメリカで講演を頼まれて来たのだという。幣原がさっそくパナマの通航税については、前回のブライスの予言のとおりになったが、日本移民問題については的中しなかった、と冗談めかしていうと、ブライスは急に真顔になって、この後輩はまだわからぬのかというような口調で、こう言ったという。

あなたは国家の運命が永遠であるということを認めないのですか。国家の長い生命から見れば、五年や十年は問題じゃありません。功を急いで紛争を続けていては、しまいには二進《にっち》も三進《さっち》も行かなくなります。いま少しく長い目で、国運の前途を見つめ、大局的見地をお忘れにならぬように願います。

（前掲『外交五十年』三八―四三頁）

幣原は「まるでお祖父《じい》さんにでも訓《おし》えられるような気持であった」と回想している。いかにもそうであったろう。そして、右のブライスの言葉がほとんど幣原自身の言葉と化して回想されていることにも、私たちは気がつく。

ブライスの語った言葉を長年反芻しているうちに、それは幣原自身の思想ともなっていたのである。前に引いた、昭和三年の慶應義塾での講演のなかでも、幣原はリンカーンの言葉を引いたうえで、「国家の生命は永久なるべきものであるから、一時の功を奏したる権謀術数も、何日《いつ》かは其の国の為めに重大なる禍を来たすことがあるものと覚悟しなければなりませぬ」と、大局に立ったステーツマンシップの必要を述べていた。それも明らかにブライス大使の教訓の延長線上にあったのである。

7

ここでは、ワシントンでの幣原在勤の終わり近くに始まった軍備制限問題と、太平洋・極東問題をめぐる大国際会議、いわゆるワシントン会議については、もう立ち入らないつもりでいた。問題があまりに専門にわたるからである。だが、幣原喜重郎を論じていて、これにまったく触れないわけにもいかない。これが幣原にとっては、いわば外地勤務における最後の「現場」でもあったからである。そして幣原大使はあらためて言うまでもなく、原内閣の海相、加藤友三郎（一八六一―一九二三）、貴族院議長徳川家達《いえさと》（一八六三―一九四〇）の二人とともに、同会議における日本全権委員となり、極東問題、とくに対中国の山東省における日本権益返還問題と、「対華二十一箇条要求」の修訂の問題については、あのカリフォルニアの日本人排斥問題に劣らぬほどにつらい折衝を直接に担当したのであったからである。

それはほんとうに毎回身と心を削りとられるようなきつさであったらしい。『日本外交文書 ワシントン会議・下』の、たとえば「山東ニ関スル日中直接交渉」の記録二百頁あまりを読んでゆくだけでも、その緊迫感は如実に伝わってくる。しかもこのとき幣原は、一九二一年（大正十）十一月十二日の開会式をかねた総会から三日間ほどは会議に出た。そして第一日の総議長・米国務長官ヒューズ（Charles E. Hughes, 1862–1948）の、「外交爆弾」（diplomatic bombshell）と評された冒頭の軍縮演説を聴いた。第二回総会（十五日）でも英全権バルフォア卿（Arthur Balfour, 1848–1930）につづいて、日本首席全権加藤友三郎が、ヒューズ提案にさっそく答えて、「余ハ雄弁ノ術ヲ知ラズ。単簡明確殊ニ率直ニ陳述セザルベカラズ。日本ハ米国政府ノ軍備制限案ニ現レタル其ノ目的ノ誠実ナルヲ深ク多トスルモノナリ。日本ハ本提案ガ各国民ヲシテ著シク冗費ヲ免レシメ、且必ズヤ世界ノ平和ヲ助成スベキヲ思ヒテ満足スルモノナリ」と、それこそ“simply, concisely and above all frankly”に「共鳴」と「受諾」を表明して、満場の拍手を浴びたところまでは聴いた。

だが幣原は、その二日後から腎臓結石が悪化して、もはや苦痛が耐えがたく、会議欠席のやむなきにいたったのである。全権団のなかの外務次官埴原《はにはら》正直（一八七六―一九三四）が、対中国交渉で急遽幣原の代行の全権となり、幣原も病床から指揮したが、相手の中国側全権は、施肇基《しちょうき》（Shih

Chao-chi, 1876-1958）も、顧維鈞《こいきん》（Ku Wei-chün, 1888-1985）も、王寵恵《おうちょうけい》（Wang Chung-hui, 1881-1958）も、みなコーネルやコロンビアやエールで博士号を取った抜群の英語の使い手、しかもかけひきも達者な若い熱血漢たちで、山東問題は日中双方の要求が対立してたちまち行き詰まってしまった。そこで、加藤全権の困りはてた顔を見て、幣原はついに三週間ほどで病床を離れ、痛みに耐えてふらふらしながらも、十二月十日の第九回からは日中直接交渉の席に出ることとなった。

だからといって山東問題は、ことに山東鉄道の中国側への返還とその代償の支払い方法について、円滑に進みはじめたわけではなかった。素人から見れば、外交交渉とはこれほどの細部についてまで詰めをせねばならぬのかと驚くほど、ことに中国側は詳細に亘って押してきた。もともと中国全権一行は、本国に高まる強い反日ナショナリズムを背に負っていた。そのうえにヒューズの采配によってこの問題が本会議をはずされて日中だけの直接交渉となったことに反発し、在米中国人留学生のデモにも煽られながら、このワシントンを日本帝国主義告発のための絶好の場とすることに決めて、すでに十分な準備を積んできていたのである。

日中両国民のみならず、世界中が注目するなかで、幣原たちはいかに妥協をはかりつつこの苦境を脱しようとしたか、いわゆる「国際協調」の途上の現場を示すような電文の一節を次に引いておこう。一九二二年一月八日、第二〇回の山東会議の直後に、東京の内田康哉外相宛てに「最終解決案」を上申した「大至急」報である（引用にあたっては読みやすさに配慮し、清音の箇所を濁音で表記したところもある）。

極東ニ関スル残余ノ諸問題ハ昨今一瀉千里ニ議了セラレ、今後一週間内ニ大体ノ終結ヲ見ルベキ形勢ナルト同時ニ、山東問題ニ関スル論議又益々盛ニシテ、殊ニ日本政府ハ断乎トシテ借款鉄道案ヲ固執シ此ノ上一歩モ譲ルコトナカルベシトノ報道ハ、著シク当地方人心ニ聳動ヲ与ヘツツアリト認メラルル処、従来欧米諸国ニ在リテハ、山東問題ガ恰モ日本ノ支那ニ対スル侵略政策ノ反影ニシテ、極東方面ノ国際政局上最モ重大ナル不安ノ原因ヲナスモノナルガ如キ感想広ク行ハルルハ、其ノ当否ハ暫ク措キ、今ヤ遺憾ナガラ一ノ事実トシテ之ヲ考慮中ニ加フルノ外ナク、本問題ハ、会議前ニ於テ議セラレツツアルニ拘ハラズ、一般ヨリ各種極東問題中最モ重要ナルモノト認メラレ居ルハ争フベカラズ。他ノ一方ニ於テ、今回ノ会議開会以来、支那国内ノ乱脈ナル政状ハ欧米世論ノ注意ヲ惹キ、現ニ支那ニハ何等政治ノ中心勢力ナク、責任ヲ以テ重要案件ヲ処理スルノ衝ニ当ルモノナキ実況ニ顧ミ、世人一般ニ山東問題ノ解決ニ付テハ、一々日本ノ寛大ナル態度ニ望ヲ繫キ、支那当局ノ無決断ハ之ヲ看過スルノ傾向アリ。右ノ次第ナルヲ以テ、山東交渉ノ決裂ヲ見ルニ至ラバ、帝国ガ華府会議ヲ機トシ普《ひろ》ク世界ニ与ヘタル頗ル良好ナル印象ハ俄然一変スルノ虞《おそれ》アルノミナラズ、延《ひい》テ四国協約其ノ他華府会議ノ決定全体ニ深甚ナル影響ヲ及ボスヲ免カレズ。

このような情勢のなかでは、(一) 山東鉄道を対中国の借款にするという日本側の譲歩案にその期限などでさらに譲歩をつけてやるか、(二) 中国側の望む国庫証券による支払いに若干の条件をつけてこれを認めるか、の二途しかないとしたうえで、こうつけ加えた。

右ハ本邦ニ於ケル一部世論ノ非難ヲ免レザルコトト推測セラルルモ、此際大英断ヲ以テ本問題解決ヲ促進スルハ、我国際関係ノ大局ニ顧ミ万已《や》ムヲ得ザルヲ信ズ。今ヤ前述会議進行ノ情勢ニ照シ、或ハ事態急転シテ御垂示ヲ待ツノ暇ナキヤモ計リ難ク、場合ニ依リテハ政府ヲ羈束《きそく》セザル様 ad referendum ニテ〔暫定的に〕解決ノ歩ヲ進ムルノ已ムヲ得ザルコトアルベキニ付、本委員等ガ右最終解決案ニ依リ臨機執《と》ルコトアルベキ措置御承認アランコトヲ切望ス。

（以上、『日本外交文書　ワシントン会議・下』五三九―五四一頁）

諸般の動きをよく見きわめ、苦渋をたたえながらも思慮を尽くして、結局は明快に一つの決断へと運んでゆく文章と言えるのではなかろうか。

8

山東問題はこのあと、結局日本側がヒューズ、バルフォア両代表の調停を入れて、右の（二）の方の案をとり、一月三十一日の第三十六回会談でようやく結着した。だが幣原らにとって、これで「極東問題」が終了したわけではなかった。悪評ばかりが高い、いわゆる「対華二十一箇条要求」の改定の問題があった。日露戦争以来の中国における日本権益保持のために、大正四年（一九一五）大隈内閣が中国側の執拗な抵抗にもかかわらず、それを上まわる強硬な「最後通牒」によって中華民国政府に受諾させ、調印、批准させた条約である。中国側はすでにパリの講和会議のときから、これこそ日本帝国主義の悪の象徴と、宣伝戦を展開し、その無効を主張してきた。そしてこのワシントン会議でも、新聞などを通じて、さらに巧妙に対日非難の材料としていたのである。

中国全権の王寵恵などは、アメリカの新聞記者たちに向かって、いかにも中国的な誇大なレトリックを使って、「(いま行き詰まっている)山東問題などは手足三本を失うかどうかの程度だが、二十一箇条問題にいたっては、これはもう全身を冒す毒薬なのだ」とまで吹いていたそうだから、相当なものである。この問題は、ヒューズ議長の斡旋によって、一月末ぎりぎりに山東権益返還問題が片づくと、その直後の二月二日、はじめて極東問題総委員会に正式にかけられることとなった。議長にうながされて日本側の幣原全権が最初に発言した。

幣原は、政府訓令を十分に踏まえたうえで、批准ずみの条約を中国側の言い張るように無効とすることなど、国際慣例上あり得ぬことを、まずあらためて明快に主張した。そのうえで、南満州および東部内蒙古における日本資本の優先権の放棄と、他日の交渉まで保留となっていた問題の第五号条項(民国政府への日本人の政治・財政・軍事顧問の傭聘《ようへい》などを含む)の全面撤回など、日本側の譲歩内容を、これまた一気にはっきりと提示したのである。幣原はこの陳述を、もちろん流暢な自分の英語で行なったはずだが、ここでは便宜のために日本語訳文から冒頭の数節だけを引いてみよう。

日本委員ハ支那委員ノ困難ナル立場ヲ諒トスルモ、支那ガ自由独立ノ国トシテ締結セル国際協約ヲ破棄センガ為現ニ執ラントスル手段ニ至ツテハ、同意ヲ表シ難シ。惟《おも》フニ支那委員ハ、全権ヲ委任セラレタル両国代表者ノ正式ニ署名調印シ、確立セル国際慣行ニ拠リ批准交換ヲ了シタル千九百十五年ノ取極ニ付、其ノ法律的効力ヲ争ハントスルノ意図ニ非ルガ如シ。蓋シ支那ガ右文書ノ廃棄ヲ主張スルハ、即チ支那モ亦現ニ右文書ノ効力ヲ有スルヲ認ムルモノニシテ、本取極ハ其ノ廃棄セラレザル限リ有効ニ存続スベシトノ見解ヲ持スルコト明ナリ。

何国ト雖、領土権若《もしく》ハ其ノ他重大ナル権利ノ譲与ヲ承諾スルニ躊躇セザルモノニ非ザルハ言ヲ俟タズ。然レドモ苟モ条約ニヨリ許与セラレタル権利ガ、許与者ヨリ自発的ニ進ンデナサレザリシ理由ニヨリ何時ニテモ廃棄シ得ベキモノナリトノ原則一度承認セラレンカ、之レ亜細亜ノミナラズ、欧羅巴其ノ他到ル所ニ於ケル国際関係ノ平調ニ重大ナル悪影響ヲ及ボス極メテ危険ナル先例ヲ創出スルモノナリ（中略）

日本委員ハ本会議ニ於イテ、参加国ノ一ツガ他ノ一国ニ対シ有スル旧来ノ不満ヲ穿鑿シ、再ヒ之ガ審査ヲ行フモ、何等益スル所ナカルベク、寧ロ互ニ希望ト信頼トノ情トヲ持シテ将来ニ対スルコト、本会議ノ崇高ナル趣旨ニ合スル所以ナルヲ信ズルモノナリ。

（『日本外交文書　ワシントン会議　極東問題』三〇五―三〇六頁）

幣原が冒頭に〝...The Japanese Delegation, while appreciating the difficult position of the Chinese Delegation, does not feel at liberty to...〟（日本委員ハ支那委員ノ困難ナル立場ヲ諒トスルモ……）などと、わざと自分が一段優位の立場にあることを強調して切りだしたとき、中国側席のまだ若い顧維鈞や王寵恵は、幣原のほうをどんな眼でちらと見やったことか。さらに幣原が、一九一五年の日華条約成立の根拠と概略とを手ぎわよく述べたうえで、それでも日本はその後の「事態ノ変遷ニ鑑ミ」譲歩しうるものは譲歩する、と述べてゆく直前に、おそらく顧、王のほうにさっと顔を向けて、いつまでも恨みごとを言い立てていたりするよりは、"It will be more in line with the high aim of the conference to look forward to the future with hope and confidence."(「寧ロ互ニ希望ト信頼ノ情トヲ持シテ将来ニ対スルコト、本会議ノ崇高ナル趣旨ニ合スル所以ナルヲ信ズルモノナリ」)などと、にわかに殊勝なことを述べてみせたときには、幣原の手だれぶりをよく知っている二人の中国全権は、内心「何を言う、この日本のじじいめ」と大いに口惜しがったにちがいない。

翌日、一九二二年二月三日の民主党機関紙『ニューヨーク・ワールド』は、右の幣原演説をめぐって「日本の誠意披瀝」と題する社説をのせ、「日本ハ華盛頓ニ於テ怜悧ニシテ而モ正直且ツ寛大ナル取引者タルコトヲ示セリ」と評したという(同前、三〇八頁)。だが、そのほめ言葉よりも、同二月七日の『ニューヨーク・タイムズ』の次の社説のほうが、実はもっと的を射ていたのではなかろうか。——「(日本は)支那ノ財政及産業改造ニ関シテ他国ト提携セムコトヲ懇《ねんごろ》ニ主張シ乍ラ、既ニ獲得セル特殊ノ利益ハ毫末モ之ヲ棄テントスル意志ナシ。要スルニ日本ハ華府会議ニ於テ多大ノ譲歩ヲ為シタルモ、其ノ絶対必要ト認ムルモノニ就テハ、固ク取テ一歩モ動カザリシモノナリ」。

幣原喜重郎はたしかに大正デモクラシーの時代にふさわしい、よく大局の見える国際派であり、協調主義のステーツマンであった。だがまた、外交の現場に立てばなかなかしぶとい、したたかな交渉家でもあったのである。

第十一章

「愛する女が狂ってゆく」

――ジョージ・サンソム

I　外交官夫人キャサリンのまなざし

1

キャサリン・サンソムの『東京に暮す　一九二八―一九三六』は一九九四年（平成六）に岩波文庫ではじめて翻訳が出た（大久保美春訳）。原著 *Living in Tokyo* (London, 1937) はめったに手に入らない。訳者も佐伯彰一氏愛蔵の一冊を借りて、それのコピーによって訳したと聞く。私はもちろんこの訳書で初めて全巻を知った。

なんと楽しくて、おもしろくて、しかも品がよくて美しい本だろう。私は読みすすめながら、微笑しつづけ、ときには声に出して笑った。さっと涙が湧いて眼鏡が曇ってしまうこともあった。著者は戦前昭和の日本人の生活を手放しでほめているのではない。そのなかにのめりこんでしまっているのではもちろんない。当時の日本人一般の外国事情に対する無関心、外国に対するとすぐに殻にこもってしまいがちな心理の閉鎖性、またとくに若い男女の人生を束縛する家族・社会の人間関係の窮屈さ、などについては随所に自分の見聞をあげて批判もしている。だがその批判はけっして大所高所から後進国民に対して下される御託宣などというものではない。その批判さえ、まるで優しい叔母か、かしこい従姉が、こちらの素行をみとがめて注意してくれているかのようで、共感と信頼に裏打ちされている。それだけいっそう私たちの身にもしみるのである。

一時代の日本人の生活を、女性ならではの聡明な眼ざしで回想し、ユーモアもある品のよい語り口で語った傑作としては、幕末維新期については桂川甫周の娘である今泉みねの『名ごりの夢』（平凡社東洋文庫）があった。文明開化期から大正にかけての日本については、山川菊栄による『おんな二代の記』（同）があった。いま英国婦人キャサリン・サンソムの見聞記も、戦前昭和の日本についての貴重な記録として、毛色こそちがえ、当然、同じ系譜に加えてよいものであろう。

この書物にそえられた、詩人西脇順三郎の前夫人マージョリーによる四十二点の挿画（文庫版にも復刻）も、文章とよくひびきあっていてまことにたのしい。まさに女ロートレックともいうべき軽妙洒脱な筆致で、本書にあふれる「さながらアール・デコ・ジャパン風物詩の雰囲気」（牧野陽子評）を、いよいよゆたかなものにしてくれている。

2

『東京に暮す』は、一九三四年（昭和九）一月、著者キャサリン・サンソム（Katharine Sansom, 1883-1981）が夫とともに二回目の休暇帰国からふたたび横浜に戻って上陸するところから始まっている。だが実際の内容は、彼女が東京在任の英国大使館員ジョージ・サンソム（George Sansom, 1883-1965）と結婚するために初めて日本にやってきた一九二八年から、この見聞記を書きあげる一九三六年までの長い間の日本体験が、素材となっている。その三年後の三九年五月、アジアにもヨーロッパにもいよいよ戦雲のひろがるなかで、サンソム夫妻はついに日本生活を切りあげて、帰国するのである。

それは夫ジョージにとっては、一九〇四年（明治三十七）という遠い昔、領事職試験に合格してただちに通訳生として来日して以来、実に三十五年の長きにおよんだ日本関係担当の専門官としての閲歴の終わりでもあった。そのジョージ自身の外交官、また偉大な日本学者としての体験と業績については、これもキャサリンの著である『ジョージ・サンソム卿と日本』（*Sir George Sansom and Japan. A Memoir.* The Diplomatic Press, Florida, 1972）によって、後に眺めわたしてゆくこととするが、彼女のこの第二作をとおしてみてもよくわかるのは、さすがサンソムは、実に知的に聡明で感性ゆたかなイギリス女性を愛し、これを生涯の伴侶としたということである。

しかし、実は二人の結びつきは、いわば苦い熱い中年の恋の果てに熟した実りともいえるようなものだった。ジョージは第一次大戦中、帰国して海軍の情報機関で働き、戦争終結とともに、一九一九年ふたたび日本に帰任する前に、汽車のなかで知り合ったランカシャー出身の娘と一度結婚したことがあった。その女性は日本まで一緒に来たのだが、うまくゆかず、一年ほどで離婚したのだという。ジョージ三十六、七歳のころのことである。

そのころすでに、ジョージはキャサリンに会ったことがあったらしい。前にちらと名前を出した牧野陽子氏の研究で初めて私たちは（日本人も英国人読者も）知ったことなのだが、キャサリンはヨークシャー州の中流家庭に育ち、ドイツに二年間留学して音楽を学んだりした後、一九〇九年、二十六歳の年にブラッドフォードの弁護士スティーブン・ゴードンと結婚し、男女二人の子供ももうけていた。大戦後しばらくしてスティーブンはロンドンで弁護士業を開始し、大いに成功したが、妻キャサリンが夫の友人ジョージ・サンソムと親しくなり、たがいに惹き合うものを感じるようになるのは、ジョージが賜暇《しか》帰国していて関東大震災をまぬがれた一九二三年の頃からのことらしい。その三年後の一九二六年から二七年にかけてジョージは病気保養のために帰国して、スイスに滞在し、その間に日本学の大先達バジル・ホール・チェンバレンに会って、日本研究の将来を嘱望されたりもするのだが、その保養先にもキャサリンは二人の子供を連れて訪ねてきて逗留したという。

東京に帰任したサンソムからの激しい求婚の手紙にうながされて、キャサリンがついに夫スティーブンに離婚を求めたのは一九二七年。スティーブンは悲痛な思いでこれを認めざるをえなかった。キャサリンはこうして同二八年、すでに十九歳になっていた長男マイケルと、その下の十六歳の娘とを故国に残して、恋人の待つ日本へと単身渡航したのである（以上、牧野陽子「赤裸々の人間賛歌」、およびこれに附せられたマイケル・ゴードン氏からの書簡参照）。

キャサリン・サンソム（『東京に暮らす』岩波文庫）

二人の結婚披露は、一九二九年五月二十九日、英国大使館敷地内のサンソムの宿舎で、大使館の同僚や日本人職員を招いてつつましく催された。この日のことをヨークシャーの母に報じたキャサリンの手紙に、大使ジョン・ティリー夫妻の名が見えないのは、この春以来、ちょうど大使が賜暇帰国中だったからであろう。同い年生まれのジョージとキャサリンは、このとき四十四歳ないし四十五歳。まさに円熟のロマンスであったが、二人の

愛がいかに深く強いものであったかは『ジョージ・サンソム卿と日本』に収められたジョージから
キャサリンに宛てた手紙の一節にもうかがえる。商務参事官に昇進したばかりのジョージが、充実してはいるが多忙な一日を終えた後、あと二週間足らずでマルセーユを出帆するはずの恋人に想いを馳せながら、おそらくセイロン島（現・スリランカ）の寄港地あたりでその手に渡るようにと書いた一節である。

あなたがこの手紙を手にするころには、あなたは僕からもう三週間ほどしか距《へだ》たっていないことになる。それを思うと、なんと心が休まることか。あなたはきっとまたきびきびとした振舞いを見せているのだろうなと思うと、僕はときどき自分がぼんやり者で、とんでもない退屈男なのではないかと考えてしまう。ほんとにそうだろうか。よく考えておいてくれ給え。でもきっとあなたは僕を元気にしてくれる。それに僕はあなたがいないからぼんやりしているのであって、あなたがいれば、あなたと比べてぼんやり者に見えてしまうだけなのだと、そう自分に言い聞かせておくことにしよう。

（『ジョージ・サンソム卿と日本』一八頁、一九二八年、日付なし。以下、引用者訳）

3

当時すでにフォーリン・オフィスでも一、二を争う日本通であったはずの有能な外交官、そしてこの年『歴史的日本文法』を刊行し、三年後にはあの名著『日本文化小史』(*Japan, A Short Cultural*

History, 1931）を出版するはずの卓越した歴史学者が、一方ではこのように自分の内面を通じて愛を語るような人でもあったことを知るのは、いささか意外であり、しかしまたなにか心うれしく、「やはり」とも思わせられる。

このような情熱と内面の葛藤をひそかに抱いているような人であったからこそ、プルーストの『失われし時を求めて』が刊行されてゆくと、それを巻を追って愛読し、再読しては、「悲しいことと嬉しいことのどちらについても沈鬱な、秋のようなこの物語」こそわが心の唯一の「鎮痛剤」であったと、愛人に向かって語るようなこともできたのだろう。そしてそのような経験と、精神の奥行きの深さをもつ人であったからこそ、『日本文化小史』に見られるように、日本というまったくの異文化の世界にみずから滲透してゆき、そのかすかな震動にも共鳴しながら、なおこれを普遍史の場に誘い出すこともできたのであろう。そしてみずからの任地の文明についてそこまで理解を深めえた人であったから、ジョージ・サンソム卿はやはり卓抜な英国外交官であったと評さなければならない。

4

どちらかといえば沈鬱なムードにあったこの英国商務参事官のかたわらに、ついにキャサリンがやってきてくれて、ジョージの身のまわりはいっぺんに桜も薔薇も罌粟《けし》の花も咲きほこるような雰囲気に変わったのにちがいない。さきに引いたジョージの恋文に"I think of you in your dashing moods..."とあったように、キャサリンはいつどこにいてもきびきびとしていて、明朗闊達で、しかも情感のこまやかさ、しとやかさをあわせもつ、まことにすてきな女性だったからである。
といっても筆者は、その昔、金井圓《まどか》、平川祐弘《すけひろ》、多田実《みのる》という同志たちとサンソム卿の大著『西欧世界と日本』（*The Western World and Japan*, New York, 1950）を共訳し終えたころ、米国アリゾナ州か英国にレイディ・サンソムに会いにゆこうと思えば、不可能でもなかったはずなのに、それを実行しなかったのだから、ついに生前にはお目にかかったこともない。だが、この夫人が、サンソム先生の惚れこむほどにすてきな人であったことは、『東京に暮す』の何章かを読めば、たちどころに了解される。例をあげてゆけばきりがないが、たとえばまず第五章で、東京の百貨店のにぎわいと、そこに並べられている日本人の生活用品の多彩さを述べてゆくくだりはどうだろう。

ところで、商品の中でひときわ鮮やかで美しいものは絹や綿の女性や子どもの着物です。それに日傘です。日本人は本当にこういう華やかなものが大好きです。日本に来れば、お金持だけが美しいものを楽しんでいるわけではないことがすぐにわかります。イギリスでいうとフランスの高級デザイナーの最新作品に相当するような非常に美しくて大胆な着物を、田舎の女中の娘があかぎれの手で触っているのを見るのは面白いものです。この娘にその一番豪華で一番高価な着物が買えるはずはないのですが、娘と社交界の婦人との間に好みの違いはありませんし、娘にも美しいものをめでる権利があります。お客を平等に扱うという点では日本に勝る国はないでしょう。急《せ》き立てる人もいませんから、娘は何時間でも好きなだけ着物に触ったりじっと眺めていることができます。それに日本人は評判の買物好きですから、この娘だって時にはとても素敵で高価な商品を買うことでしょう。
（『東京に暮す』大久保美春訳、岩波文庫、九一頁）

キャサリンはデパートの婦人用商品の華やかさ、美しさに見とれているだけではない。それらの商品に同じように心を奪われて眺めたり触ったりしている田舎出の娘のいじらしさにまで、優しい好奇心を向けている。それも英国外交官夫人という立場からの、優越者としての同情（condescension）などではなかった。その娘よりは少し年上で、少しばかりは余計にお金のある同性の一人として、彼女に共感しているのであり、その共感のうちにキャサリンは、日本社会では伝統的に階層間の格差が少ないこと、とりわけ美の趣味においては一種のデモクラシーがあることにまで、ちらりと観察の眼を向けていたのである。

キャサリンも日本の田舎娘と同じほどに、「日傘や扇子のことが話題になるとつい心が弾んで」（同前、九二頁）しまう。するといよいよ、夫ジョージのいうあの"dashing moods"「才気煥発ぶり」が発揮されてきて、彼女はこのような美しいものを身にそえた日本の女たちの身ごなしを讃え、手放しの日本女性礼讃にまで走ってしまわずにはいられない。

白と紺の浴衣と大胆な柄《がら》の日傘が行き交う夏の日本の街は芝居の舞台のように華やかです。女性たちの優雅な動きが舞台を一層美しくしています。いいえ、女性こそが魅力の源なのです。優美で優しい女性のいない日本などは海の底に沈んだ方がいいでしょう。日本とは呼べませんから。
（同前、九二頁）

拍手喝采したくなる。なるほど、こうもみごとに啖呵を切ってみせたりする妻がかたわらにいたのでは、大歴史家サンソム卿もたじたじとし、俺はダメ男なのかなどと、ときに思ってみたりしたくなったのも、よくわかるというものだろう。そしてキャサリンがこのようなことを叫んでみたくなった裏には、昭和十年前後、軍人と政治家がいよいよ居丈高になってきて、この愛する国がまさに「日本とは呼べ」ない日本になりつつあることへの、日ごろの鬱憤もあったのにちがいない。なにか日本の政治への不安があったらしいことは、キャサリンの、日傘をめぐる次のもう一節からも察せられる。数年前、夫とともにシベリア鉄道経由で賜暇帰国したとき、モスクワで猛暑に遭い、日本からもってきた日傘をさして歩いたら、すっかり目立ってしまったという話である。

久しぶりに外見からは外国人であることがわからずに済むのは気持が良いものでした。極東と違ってモスクワでは私もプロレタリアートの群衆の中に溶け込めるはずでした。それが日傘のせいで駄目になってしまったのです。その時私はロシア型の革命は日本では絶対に成功しないだろうと思い嬉しくなったのです。日本は古くからの伝統が国民全体に伝わっている非常に恵まれた国です。みんなが何でも買えるというわけではないにせよ、この商品は特定の人しか所有できないといった階級差別はありません。だから、たとえ革命の恐ろしい鐘が鳴ったとしても、日本の夏の街は風にゆれる色鮮やかな日傘で相変らず花壇のようであると私は確信しています。

（同前、九三頁）

日傘ひとつの経験から、日本におけるロシア型革命不可能論に飛躍するとは、これこそなんと"dashing"な、自由な発想であろう。日本では、その文化的伝統の豊かさと平等主義の社会史的コンテクストからいって、共産主義の鋳型の強制などとうてい受けいれられるはずがない、というのである。日本はいつまでも、夏ともなれば女たちの日傘が風にそよぐような国であろう、と「確信」しているというのは、つまりキャサリンが切にそう願っているということにほかならなかった。

5

キャサリンが大好きになったのは、この日本の最大の平和要員というべき女性たちばかりではなかった。日本の男たちのなかにも敬愛すべき立派な人は何人もいた。『ジョージ・サンソム卿と日本』によれば、英国商務参事官夫妻は吉田茂にも会った。吉田の義父で内大臣の牧野伸顕伯爵はまことに魅力的な人物であった。團《だん》（琢磨）男爵は一種の「ルネサンス型人間」と仰ぎ見て親しくしていただけに、昭和七年（一九三二）三月のその暗殺事件には暗澹たる思いにならざるをえなかった。美術史の矢代幸雄《やしろゆきお》（一八九〇―一九七五）はサンソム夫妻の日本美術探訪の最良の伴侶であったし、化学者・枢密顧問官桜井錠二《じょうじ》の古風なオクスフォード仕込みの英語は奥ゆかしかった。

だが『東京に暮す』のなかでは、キャサリンはこれらの名士についてはほとんど触れていない。彼女がこの書物のなかでもっともいきいきとした語り口で紹介するのは、もっと無名の男たちばかりである。

たとえば、植木や草花が好きなサンソム家に出入りしていた日本人の庭師たち。オーケストラの指揮者のように身ぶり手ぶりで弟子たちに植木の指示を与えるので、トーマス・ビーチャム卿とあだ名をつけてやった庭師もいた。その男のあとをついだ老庭師は「痩せて頬がこけ、高齢のために背中が曲がっていて、まるで彼が世話をしている松のよう」（同前、一三三頁）なので、その「中世の雰囲気」から彼には「チョーサー」と名前をつけてやった。彼らはみなあらゆる樹木を熟知しており、その天才的な寡黙な仕事ぶりをとおして、キャサリンたちに日本人とは何か、日本文化の奥底にあるものは何かを、篤《とく》と教えてくれたのである。それでキャサリンは、「庭師」の章の最後に、例の才気をきらめかせて、こんな面白いことを言っている。

世界中のあちこちで、日本の政策を最終的に決定するのは誰かと問うています。このグループか、あのグループか、有力者某氏か、この人たちとあの人たちの微妙な連合なのか。人々がこのように問いかけ続けているということが私には不思議でなりませんし、不必要に思えます。日本に住んだことがある人には答えは明らかです。それは庭師です。（同前、一三九―一四〇頁）

また英国大使館で実に六十年間、使い走りを勤めて八十二歳で退職した老人の話も出てくる。この老人のことは『ジョージ・サンソム卿と日本』のほうにも出てくるので、より詳しいこちらの記述から訳しておくこととする。それは一九三一年（昭和六）元旦の、キャサリンの母宛ての手紙である。老人はサンソム家に朝のうちに年賀に来たのだが、その皺だらけの顔があまりにみごとなので、キャサリンは彼が酒を飲んでいる間に、その顔を急いでスケッチして手紙に同封し、こう書きそえた。

東洋の人たちは美しく老いてゆくという天分に恵まれています。このお年寄りは詩歌が好きな老人たちの集まりにこれから行くところだと言って、そのために作った自分の歌をたずさえていました。最近のことですが、六十年勤めた大使館を退職することになったとき、彼はジョージに別れの歌を一首贈ってくれました。ジョージも優雅なしきたりに従って、お返しに、巻紙を入れるきれいな蒔絵の箱を一つ、この老人に贈りました。日本人というのはなんと教養のある民族なのでしょう。ジョージが日本人のことを、あれだけ長い年月をかけてあれだけ深く研究したのも、不思議ではありません。

(『ジョージ・サンソム卿と日本』四八頁)

キャサリンの日本の老人に対する賛嘆ぶりもさることながら、右の最後の一説がまた殊《こと》によい。"How civilized this people is: no wonder George has studied them so long and deeply." 彼女には外交官である自分の夫が、またなぜ学者として日本文化史研究に打ち込んでいるのか、その根本の動機を、こんな瑣細なことをとおしてもよく納得することができたのである。

キャサリンは、仲間二人と日本アルプスに登ったときは、混浴の温泉にも平気で入ったし、谷川の水が涼しそうだといっては急に思いついて水浴びをし、乗鞍の山頂に近い雪解け水の池にさえ飛びこんで、ガイドのカメジョーさんたちを呆れさせた。彼女はそんなお転婆な女学生風のところをいつまでももっている自由闊達な英国女性でもあったが、また一方で、官歴の上でとかく不遇な夫を励まして、よくこれを支え、日本史学者としての彼には、右に洩らされたような親密な理解と深い敬意を抱いていたのである。そしてその上に、歴史家たるサンソム卿自身が「近代日本に関する最良の書」と認めるような、この才気横溢で、なお繊細で美しい同時代日本文明論、『東京に暮す』を書いた。これはどう見ても、メアリー・フレイザーの『英国公使夫人の見た明治日本』(Mary Crawford Fraser, *A Diplomat's Wife in Japan, Sketches at the Turn of the Century*, originally 1899, ed. by Hugh Cortazzi, 1982. 横山俊夫訳、淡交社、一九八八年)の衣鉢をつぎながらも、そのヴィクトリア朝風饒舌体とはまったく異質な、とびきり上等の英少納言の名品であった。

本章ではははじめサンソム卿自身のことを論じるつもりでいた。それが思いがけず、妻キャサリン・サンソムの百点満点の外交官夫人ぶりに全文を捧げることとなってしまった。そのことを筆者としてはむしろ喜ぶのである。

Ⅱ　古参日本通の鬱屈と悲嘆

6

四十年を越える(一九〇四―四七年)日本問題専門の外交官として、また戦中戦後の欧米における日本研究のもっとも豊かな源流となった歴史家として、ジョージ・サンソム卿が残した業績はあまりにも大きい。ちょっと一目では見とおせないほどだ。将来、誰か比較文化史の学徒が、近代日英外交史と欧米日本学の歴史との両分野を自在に往復しながら、その波瀾に富んだ生涯をくわしく追って、一冊の評伝とし、博士論文とさえするに値しよう。その評伝のなかでは、もちろん妻キャサリンも大事なあざやかな役割を演じることとなるにちがいない。

だが、いまここでは、サンソム卿の一通の手紙を読むことから始めることとしよう。一九三八年（昭和十三）一月、東京からキャサリンに宛てたものである。キャサリンは家族を見舞うためにイギリスに帰国中だった。昭和十三年一月といえば、日本政府が「支那事変」の早期処理に失敗して、「国民政府を対手《あいて》とせず」との近衛首相の声明を出す一方、いよいよ総力戦態勢をととのえはじめた時期であり、サンソムは最ヴェテランの商務担当参事官の身でありながら、前年九月着任したばかりの新大使ロバート・L・クレーギー（Robert Leslie Craigie, 1883–1959）から意外に冷淡なあしらいを受け、やり場のないフラストレーションに苦しんでいたときだった。その暗澹たる気分がこの手紙にはにじみ出ている。

ジョージ・サンソム卿
（キャサリン・サンソム『ジョージ・サンソム卿と日本』）

戦争（支那事変）のほうはちょっと一休みというところだ。日本側はいつもの派手な調子で「不動の方針」を宣言したりしている。だが用心深く、それがなにかは言わないでいる。だから、その方針を変えたところで、誰にも一向にわかるはずはないわけだ。……政府は「精神総動員」に向けて懸命に動いているし、「言論統制」や「思想統制」も言われはじめた。

反英感情は、しかし、いまのところ収まりかけているようだ。日本軍は〔中国大陸で〕しきりにアメリカ在留民の財産を侵害したり、国旗を引き裂いたりしているらしい。先週などは漢口《ハンコウ》でアメリカの副領事を殴打する事件もあった。議会では、議員が政府に対し、「民衆の声なき声を聴き、見えざる局面に眼を見張れ」と求めていた。なるほど、これならいくらでもその不動の方針を変えることができるわけだ。

あなたに伝えるほどのニュースは大してない。ただ、大使閣下の心変わりを追うのは面白い。大使はいまや本国外務省に電報して、いったいどういう手でわれわれは日本人に対して自分たちのことを不愉快に思わせたらいいのか、などと問いあわせたりしている。あなたもおぼえているだろうが、まさに私が大使の着任三日目に、いま必要なこととして教えてやったとおりのことだ。でも私はいまさら館員の誰それほどにも驚きはしない。誰かが私の言い分を正しいと思ってくれるかどうかなど、もう私は気にしない。いまでは、ときどき自分が正しいと感じられさえすれば、それで私は十分に幸福なのだ。……

矢代〔幸雄〕が〔北鎌倉の〕別荘で一緒に一日を過ごしてくれた。とてもしあわせな、くつろいだ一日だった。矢代は私にコロンビア大学などに行くなと言う。いますぐにも勤めをやめて、ここに落ち着いて研究をしろという。彼によれば、コロンビアに行けば事務員《オフィス・ボーイ》のような仕事が多すぎて、学問に専念する暇がなくなるそうだ。

私は日本がいまのような行き方をしているのでは、とてもここにはいられない、と正直に言ってやった。矢代は同意してくれた。そしてこれは反日感情からなどではなく、好きな女が気が狂っていくのを見ている男が感じるような、悲痛な思いからなのだと言うと、彼はとても心動かされた様子だった。自分だって悲しいんだ、と矢代は言っていた。私は日本の開明派《リベラル》の人たちが黙りこくっていることについて、矢代と大いに論を交わした。彼は真正面からぶつかっていくのは間違いなのだ、と言い張る。いまとなってはそうなのかもしれない。私は開明派はバスに乗りそこねてしまったのだと思う。……

イタリアとエチオピアの紛争問題をめぐってイーデン外相が辞職してからというもの、日本の新聞論調はにわかに親英に変わりはじめている。彼らがいともあっさりと方針を転換させていくのは、見ているだけでも胸が悪くなる。空襲警報のサイレンの練習というのが始まった。それで一日中、間をおいてあの悲しげな悲鳴が鳴り響いている。連中は中国空軍の九州爆撃を心配しているらしい。だが、東京はこの点についてはいたって冷静に構えている、と言っておかなければならない。私の知っている日本人の一人は、「これは国民のためにはとてもいい訓練だ」と言っていた。それはつまり、これで日本人はいつかは自分たちが爆弾で吹き飛ばされるという考えにしだいに慣れてゆける、という意味なのだろうと私は思う。

あなたがいないので、なんだかもの淋しくなってきている。いまごろはきっと出発の荷造りを始めているのだろうと考えると、嬉しい。いや、待てよ。そう思うのは間違いだ。あなたのことだから、汽車が出る十分前になって荷造りを始めるんだ。でも、あなたも心づもりは始めているのだろう。待っているよ、腕をいっぱいにひろげて。

（『ジョージ・サンソム卿と日本』九九―一〇一頁）

7

かなり長い引用となってしまった。クレーギー大使がどうやって日本側に英国を不愉快（disagreeable）に思わせたらいいのか、本省に問い合わせた、などという箇所のように、なにかクレーギーについて皮肉を言っているらしいが、私にはピンとこない点もある。だが、前に引いたキャサリン宛ての恋文の場合もそうだったように、この年満五十五歳になっていたはずの一ヴェテラン外交官が、おそらくその外貌とは裏腹に、内面にはこれほどの苛立ちと不安と孤立感とを抱いていたのかと、あらためて驚き、心動かされずにはいない文面である。私たちのような局外者が、この男のこのような心のゆらぎの様まで覗き見たりしていいのか、と気がとがめさえする。

たしかに当時の日本は、軍部の跳梁がいよいよ激しくなるままに、サンソムの言うように政治家たちは内容空疎の壮語を繰り返すだけで、確たる国家戦略を誰が立てるということもなく、自滅への道を滑りはじめていた。すでに三十数年、欧米との間を往復しながら日本の発展を見守り、研究し、それを願ってもきたサンソムにとって、この日本の国内情勢の険悪化と対外関係における孤立化とは、当然ながら最大の憂慮の種であったろう。毎日、東京の各種新聞を読んでいれば、日ごとにその憂慮は深まらざるをえないのに、さまざまの情報が伝える日本の政治家や軍人たちの言動は、まるでこのイギリス人外交官ほどにも危機を自覚していないかのように、浅薄で衝動的で、児戯に類したものだった。そしてそのことがさらにもサンソムの苛立ちをつのらせずにはいなかった様子が、右の手紙の文章からはうかがえる。

そのうえにサンソムには、自分と同年の直接の上司クレーギー大使との間の、当初からの感情的齟齬《そご》があり、これも日々に深まる一方だったのである。それまでサンソムは、一九〇四年の初来日以来、六人の特命全権大使に書記官ないし参事官として仕えてきていたが、彼らとは大体いつもうまくつき合ってきた。なかでもチャールズ・ノートン・エリオット（Charles Norton E. Eliot, 1862-1931）のような、大使にしてかつ東洋学・宗教学の権威であったような人物とは、とくに親しく交わり、ほとんど師弟のごとき関係を、その大使辞任後も守りつづけた。エリオットの遺著 *Japanese Buddhism*, 1935 は、サンソムが自分の本を書くよりも難しいと言いながらも、原稿をまとめ、校訂し、補って、出版まで世話してやった大著であった。そのあとではリンドレー大使（Francis Oswald Lindley, 1872-1950）とも、とくにうまが合った。

ところが、クレーギー夫妻とは最初からうまくいかなかった。クレーギーはロンドンの本省のなかでは、数少ない対日協調派の一人で、その点ではサンソムと路線がそう違いはしなかったはずである。その線上でクレーギーは日本側と種々の妥協をはかりながら、やがて在中国の英国権益防衛のために、外相宇垣一成や同有田八郎と会談を開いたりもする。いずれも頓挫はしたが、彼はけっして無能な外交官などではなく、むしろ逆にジュネーヴ海軍軍縮会議（一九二七年）など以来、国際交渉の名手として評判の高い人物であった。

クレーギーはあるいはその名声を鼻にかけ、サンソムのような古手の日本通をやや見下して、国際派のエリート風を吹かせるところがあったのかもしれない。そして日本政府を相手にしてもジュネーヴ式の交渉術で突破できると、高《たか》をくくるところがあったのかもしれない。この外交スタイルの明らかな違いが、おそらくサンソムにはカチンときたのであろう。夫ジョージのその気持を代弁して、キャサリンは英国の自分の息子(マイケル・ゴードン)宛てに、クレーギー夫人の悪口まで含めて、次のように書き送っている。

奇妙なカップルです。彼のほうは委員会向きの人間としてそれなりの経験もあるが、相手を東洋人だけに限ってみても、そもそも民衆とはどういうものかなどということは、およそ頭にない人のようです。そして彼女のほうはジョージア州出身のアメリカ人で、善意の人にはちがいないが、しかしまったくの独裁者として振る舞うことしか知りません。ロバート・クレーギー卿は自分ひとりで自分の手押車を押して行きたがる人で、ジョージほどの見識のある人であろうと、誰であろうと、手助けは一切不要というのですから、私たちは、これは私たちがお払い箱ということなのだと受けとって、もっぱら鎌倉で過ごすことにしています。ついでに言えば、ジョージの健康のためには、このほうがずっといい。いまは政治の成りゆきが一番深刻な心労の種になっているときですから、ジョージはいらないというなら、暇にしているのが私たちには一番いいことなのです。

(一九三七年十一月十七日付。同前、九六頁)

キャサリンは相変わらず歯切れよく語っているが、なるほどこれではサー・ロバートとサー・ジョージの間のみならず、両夫人の間までも齟齬を来たさずにはいなかったであろう。サンソムは頭上の暗雲が日ましに濃く重くなるなかで、大使館においてまでも寂寥《せきりよう》を感じなければならなかったのである。彼の手紙の文中の「誰かが私の言い分を正しいと思ってくれるかどうかなど、もう私は気にしない」という言葉は、時局の悪化を眼前にしながらの、自分の徒労感を洩らしていたのであったに違いない。

8

内からも外からも憂鬱に閉ざされて、キャサリンも留守の鎌倉山ノ内の別荘にジョージがひとり籠《こも》っていたところに、盟友矢代幸雄が遊びにきてくれた。これはサンソムにとって、さきの手紙にいうように、なによりも嬉しいおとずれであったろう。

北鎌倉のサンソム夫妻の別荘というのは、鎌倉五山のひとつ浄智寺の地所に、寺にすぐに接して建てられた住まいだった。二年前（一九三六年）の春、日本人の友人の紹介でその寺の住職と会って、ジョージがその僧と禅などをめぐって一席の歓談をするうちにすっかり肝胆相照らす仲となって、別荘を建てることを許されたという経緯《いきさつ》があった。キャサリンによると、後ろは山、まわりには深紅の椿がいっぱいに咲いているというような場所だった（同前、九三頁）ここにも彼らはなじみの庭師「チョーサー」を招いて、いい庭をととのえさせたのであったろう。矢代幸雄がジョージ・サンソムを訪ねるのに、いかにもふさわしい閑静な美しい場所であった。

矢代が英文三巻の大著 *Sandro Botticelli*（1925）をひっさげて、四年間のヨーロッパ留学から帰ってきたのが一九二五年（大正十四）、美術研究所（現・国立文化財研究所）創立にたずさわるのが一九二七年であるから、サンソムと知り合うのもその前後のころからのことだったろう。一九二九年秋、大英博物館の東洋美術史家ローレンス・ビニョンが夫人同伴で来日したときには、サンソムたちも同行して、矢代の案内であちこちの名物コレクションを訪ねてすばらしい眼福を得た、とキャサリンは書いている（同前、九三頁）。東北大学の日本美術史教授福井利吉郎《りきちろう》（一八八六―一九七二）とともに、矢代はサンソムの『日本文化小史』執筆に当たって、もっともよい相談相手となってくれた一人であったし、キャサリンは「長年にわたってジョージと私の多分最良の日本の友人、すばらしい人」とも書いている（同前、四三頁）。

その矢代がまずサンソムのコロンビア大学行きを勧めたというのは、三年前（一九三五年）の秋、サンソムが同大学に招かれて、日本文化に関する連続講演をしたときに、専任の教授職につくことを勧誘され、サンソムとしては一応それを断りはしたが、なお未練が残っていたからであろう。彼は結局、終戦後の一九四七年、英国外務省から正式に退職すると、十二年ぶりにコロンビアに戻って、その極東（東アジア）研究所の初代所長となるのである。

矢代はつづけて、サンソムにすぐにも外交官をやめてここで研究に専念してはどうか、とも勧めた。いかにもよく親友の身を思う温かいはげましの言葉というべきだろう。それは一方ではサンソムの『日本文化小史』を卓抜な学者の業績として評価し、すでに四年前（一九三四年）から彼が準備を始めていた次の大著『西欧世界と日本』（*The Western World and Japan*, 1950）の完成をうながす、という意味があったのにちがいない。そしてもう一方では、おそらくサンソムから大使クレーギーとどうしても反《そ》りが合わぬことと、また臨戦態勢下での外交の難しさなどを聞かされて、君はもう三十数年も外交官として忠誠を尽くしてきたのだから、次の研究の達成のためにも、もうこのへんで二足のわらじを履くのをやめてはどうか、との忠告となったのではなかったろうか。

矢代のこの意見に対するサンソムの答えが、実は右の書簡のなかでももっとも興味深い一点であった。つまり、矢代のこのサンソム宅訪問でさえなにかの嫌疑をかけられかねないような、なにもかにも軍国主義・国家主義で統制されてゆくいまの日本には、もうこれ以上とどまり難いし、こんな日本のすがたは、もう見るにしのびない。この自分の気持は、いわば「好きな女が気が狂ってゆくのを見ている男」の嘆き悲しみのようなものなのだ、とサンソムは打ち明けたというのである。

"just a feeling of distress such as a lover might have when he saw his mistress losing her mind"とは、矢代とのやりとりのなかで急に出てきた表現であったとしても、むしろそれだけによく当時のサンソムの対日感情の動揺を言いあらわしていたのだろう。しかもこの言い廻しは、やはりプルーストも謡曲も近松の浄瑠璃も原文で愛読し、静かな夜には妻と二人でジェイン・オースティンの『分別と多感』(*Sense and Sensibility*) を声に出して読んでゆくのが楽しい、というような人でなければ思いつかないようなものであるところが、また面白く、味わい深いのである。

9

たしかに、ジョージ・サンソムは、すでに何回か触れたように一九〇四年(明治三十七)という遠い昔に、アーネスト・サトウやウィリアム・G・アストンといった幕末の英国公使館の先輩たちと同様に、領事職通訳生（student interpreter）の資格で、二十一歳の若さで来日してから、ひたすら日本の多彩な文化を、歴史を、宗教を、また経済を研究しつづけてきた。そしていまや、右の二先輩にラザフォード・オールコックやバジル・ホール・チェンバレンをも加えた英国日本学の学統を継承し、それをさらにも高め深める英国一、いやおそらく同時代ヨーロッパ屈指の日本スペシャリストとなってきていた。しかも、その学識の豊かさをそのまま外交官としての職能上の貴重な美質としても評価するのが、英国在外公館の古きよき伝統でもあった。若きサンソムにとってもっともよき上司であった、あの大使にして大学者エリオット卿は一九二六年、東京勤務を最後に官を辞して奈良に引退するにあたり、彼がそれまでに書いたサンソムに関する勤務評定を特別に見せてくれたが、それには一九二一年の分ですでにこうあったそうである。

純粋に知的能力からいって、サンソム氏は疑いもなく日本在勤の英国公務員中の第一位を占める。氏は日本文学日本文化について造詣深く、すでにいくつかの日本文学作品を訳し、これに有益な脚注をつけて刊行している。氏は文章の起草にも卓越し、日本における外交・領事問題についても貴重な知識情報を身につけている。（同前、一三頁）

一九二三、二五年の分についても、この高い評価は、いよいよ強調されこそすれ、ゆらぐことはなかった。英国大使館では、午後も勤務していたりするとかえって変な眼で見られ、午後は自分の関心事の研究に打ちこむのが大使館員の当然の務めとされたというが、そのような雰囲気のなかで、一九二五年の頃からサンソムが取り組みはじめたのが、他ならぬ『日本文化小史』の準備と執筆であった。その頃のことを後年、サンソムはマリウス・ジャンセン教授宛ての手紙（一九五九年九月一日付）のなかに、次のように実になつかしげに回想している。

私は当時、一種のひっきりなしの興奮状態にありました。それまでに私はもう十年以上も、日本の藝術家たち、学者たち、美術蒐集家たち、考古学者たち、僧侶たち、博物館の館長たち、役者たち、農民たち、漁民たちとのつき合いのなかで過ごしてきていたのです。あの書物のなかには、絵でも彫刻でも建築でも、風景でも山でも河でも、私自身がなじみでないようなものは、ほとんどなに一つあげてありません。(Gordon Daniels, *Sir George Sansom: Historian and Diplomat*, p. 447)

この日本への愛の結実といってもいいような『日本文化小史』が、ついに一九三一年に刊行されて、その焦点《フォーカス》の深さと鋭さ、また叙述の文体の優雅さによって内外に高い評価を得、サンソムに日本史家としてのゆるぎない地位を与えるようになってからも、彼は外交官として、商務担当参事官として、いよいよ多忙になっていった。

一九三三年（昭和八）夏には、インドと日本の間に木綿製品の関税問題で紛糾が昂じ、それには印英間の植民地支配・独立問題もからむので、サンソムがインドの現地に英国外務省の代表として東京から派遣され、この難役を巧みに果たすというようなこともあった。そのときも彼は少なくとも三分の一ぐらいは日本代表の顧問のような役を演じるのだが、当時彼が書いて本省に送る「日本関係貿易レポート」でも、満州事変以後の諸国の対日貿易規制が日本の過度の孤立と敵対姿勢をうながしかねないことを警告し、日本に代わって日本の立場を弁明するニュアンスをしのばせていた。

だが、この愛する日本も、一九三六年の二・二六事件のあたりからは、ついに内部から狂い始めたように思われた。軍部もジャーナリズムも野良犬のように吠え、のさばり、矢代幸雄との議論でもサンソムが指摘していたように、真面目な分別のある人々は次々に口を閉ざしはじめた。そして、いつもあれほど親切で礼儀正しくて、文明というものの生きているすがたを見せてくれていた町の人々の間にさえ、いつしかかたくなな、すさんだ表情がひろがりはじめていた。そしてその市街の上に、あの陰気な警報訓練のサイレンばかりが鳴りひびくようになる。愛する女が狂ってゆくのを見ている男の嘆きと悲しみ——それはたしかに、五十代半ばの日本史家外交官サンソム卿の実感であったにちがいない。

彼は妻とともに一九三九年五月、ついに離日、帰国して、外務省を辞職した。だが、またすぐ翌年、再び東京の職務にもどることを求められて来日せざるをえなくなったとき、日本はもう手のほどこしようもなく狂乱しはじめていたのである。

＊補記——一九四五年八月の日本敗戦から四カ月あまりの同年歳末、サンソムは極東委員会の英国代表として、他の委員とともに久しぶりに来日した。多忙な用務の間に彼は二日間の暇を見つけて、矢代幸雄を誘って奈良、京都を訪ねたという。アメリカ側の一人、前駐中国大使ネルソン・ジョンソンと、近世日欧交渉史の専門家チャールズ・ボクサー少佐も同行して、軍用機での往復というあわただしい旅だ

った。だが一行は、矢代自身も含めて、戦前のままの二つの古都のすがたに心やすらぎ、中宮寺の如意輪観音の美しさや西芳寺の苔の庭の閑けさに深く心動かされて、実に楽しい雅遊、雅談の二日を過ごしたという。矢代幸雄は旧友サンソムの「心意気」に感謝しつつ、この古都再訪の旅を回想している（『私の美術遍歴』岩波書店、一九七二年）。

第十二章

大戦前夜の駐英大使――吉田茂と妻雪子

I　夢の浮橋

1

キャサリン・サンソムの『ジョージ・サンソム卿と日本』を読んでゆくと、その終わり近くにジョージ・サンソムと吉田茂（一八七八―一九六七）の交友の話が出てくる。

前章末で触れたように、サンソム夫妻は一九三九年（昭和十四）の五月に日本を引きあげて、マルセーユ経由でロンドンに帰った。これで、一九〇四年以来三十五年におよんだ日本との因縁はついに切れた、というつもりだった。ジョージは外務省に辞表を提出し、自由の身となって著述などに精を出し、近いうちに再びコロンビア大学に教えにゆくことを予定していた。ところが同じ三九年九月にはドイツ軍がポーランドに侵攻し、フランス、イギリスも参戦していよいよ第二次世界大戦が始まると、ジョージはやめたはずの外務省でまたさまざまな仕事にたずさわらなければならなくなった。そのあげくに、翌一九四〇年の春には、彼は特別の使命をおびて、いやいやながらまたも日本に派遣されることとなったのである。

サンソム卿が吉田茂に招かれて、彼の別邸を訪ねたのは、日本に帰任してまもない同年六月の上旬のことだったのではなかろうか。サンソムがロンドンのキャサリンに宛てた一九四〇年六月十八日付の手紙には、次のように報告されている。

あなたにまだ伝えてなかったと思うが、吉田〔茂〕が戦場ヶ原の彼の別荘《コテージ》に一晩でも二晩でも泊まれ、と誘ってくれた。たいへん親切なことだ。いまの状況では私をもてなしてくれたりするのは危険ではないか、というと、彼は笑いながらこう答えた。「いやいや、私はもうどうせひどい評判を立てられているのだから、かまいませんよ。どうぞいらっしゃい」。吉田はほんとうに私たちとの関係を大切にしてくれる。私はもちろん訪ねて行って、短かったけれど楽しい一ときを過ごした。

（『ジョージ・サンソム卿と日本』一一二頁。以下、引用者訳）

このときの吉田訪問のあとに、サンソムはまたもう一度、おそらく再度の離日の少し前に、吉田邸でくつろぐ機会があったのだろうか。キャサリンの同じ本には、右にすぐつづけて、同じ一九四〇年九月付の吉田の英文の手紙が引かれている。これは珍しいから原文も訳とあわせてあげておくこととしよう。

サンソム様

大兄が拙宅逗留をたのしんで下さったとのこと、幸甚に存じます。これはいつか、もっとしあわせな時代になったら、しあわせな共有の思い出として語り合うことにしましょう。ことに私たちの談論はいまのような一番難しい時期でのことだっただけに、いつまでも忘れられないものとなることと思います。私の夢は、大兄もこれに賛同してくれましたが、いつかきっと実現されると思っていますし、その実現のためにはどんな機会も逃さないつもりです。その時が来たら、大兄の御協力が一番必要になること、申すまでもありません。

Dear Sansom,

I am happy to learn that you enjoyed your stay with me. It will be an ever happy memory of ours to talk over in a much happier time.

Particularly our conversation at this most difficult time will be long remembered. I am quite sure my dream, shared by you too, will be realized, and I will never miss any chance for its realization. It is needless to add that in that occasion your co-operation is most needed.

（同前、一一二頁）

2

「私はどうせ評判が悪くなっているのだから、かまわない。いらっしゃい」と言ったというエピソードも面白い。吉田茂の、不敵な開き直りのなかにユーモアをたたえた風格が、ちらと垣間見られる。九月の英語の手紙のほうは、サンソムから来た礼状への返事だったのだろう。サンソムは、前年に比べてもさらに露骨になり、さらに猛々しくなってきた日本の軍国主義化を日々目のあたりにして、いたたまれぬ思いになり、憔悴し、「日本で暮らしている時代ではもはやない」と決めていた。上司クレーギー大使との関係もさして改善されなかった。八月後半にはすでにはっきりと、大使館を去ってキャサリンの待つニューヨークに行くことにして、毎晩荷造りに汗を流していた。その頃に再び吉田に招かれて、長いこと語り合い、「もっと幸福な日」の再会を約して別れてきたのであったろう。

ところで、珍しく少々センチメンタルにもひびく右の英文書簡のなかで、吉田が「大兄も賛同してくれた私の夢」といっていたのは、いったい彼のどのような「夢」を意味していたのであろう。その「夢」はかならずや実現されるにちがいないといい、好機いたらば大兄の協力を乞うとも書いていたのである。もちろん、それは正確にはわからない。だが、ヨーロッパではドイツ軍の電撃作戦の下にあっという間に戦線が拡大し、中国大陸では日本陸軍が独走して本国政府の対策が次々に手遅れになり、行きづまりになっていた昭和十五年半ばの当時、前駐英大使吉田茂の「夢」といえば、大使時代以来の長年の構想である、英米側との協調による大陸および国内での「穏健派」による政治的イニシャティヴの奪還という夢以外にありえなかったろう。

吉田茂（国立国会図書館蔵）

それはもう当時では、さすが強気の吉田であっても、"my dream"と呼ぶほかないような事態にまで追いつめられていた。だが、そうなればいよいよもってこの「夢」の追求によって時局を打開する以外にないと思いつめるのが、吉田の吉田らしいところであり、英国大使館でクレーギー大使と不仲であることは知っていても、第一の知日派として評価の高い参事官サンソム卿を自邸に招いて、彼にたっぷりと自分の構想を説いてみずにはいられなかったのであろう。右の手紙に"my dream, shared by you too"などとわざわざ書いていていたのは、あのとき私の話に大兄もうなずいていたではないか、との念押し、追い討ちの感さえないではない。

サンソムはもちろん、吉田をはじめ、吉田の岳父牧野伸顕、駐英大使として前任者であった宮内大臣松平恒雄、興津《おきつ》坐漁荘《ざぎよそう》に老いを養う最後の元老西園寺公望とその秘書官原田熊雄男爵(一八八八—一九四六)など、軍部に抵抗しながら親英・親米の平和路線を守ろうとする貴族派リベラルたちの動向をよく知り、これを尊重していた。吉田と最後に会っていたころのサンソムのキャサリン宛ての手紙には、いよいよ息苦しくなる日本の現況がなまなましく伝えられ、そのなかで結局親英米派が封じ込められてゆくさまが観察されている。吉田のことも出てくる一九四〇年七月、八月のその手紙から引いてみると——

一年の間に日本がどんなに変ってしまったか、驚くほどだ。もちろん人気《じんき》もひどく悪くなった。人の話では、こそ泥がふえてきているそうだ。靴や下駄を玄関にぬいでおいてはだめで、茶簞笥にしまいこめ、と言われているという。美徳というものが眼の前から消えてゆくのを見ているのは悲しい。誰もが「新体制」を口にしている。これは私には規制の下の一種の混沌であるかのように思われる。吉田〔茂〕は私にこう言っていた。ヨーロッパでの情勢が「力は正義なり」を証明してみせるようになると、日本も本気でこの主義をかつぐようになるのではないか、心配だ、と。

（一九四〇年七月一日付。同前、一一三―一一四頁）

当地では事態はひどく悪化している――新聞には大使館まで含めた在日の全英人に対する口汚い嘲罵。そのあげく、日本の文化にいくらかでも興味を示す者、また日英の友好関係に尽力したりする者は、実はみな変装したスパイなのだ、とまで言いたてる始末だ！　ここでの生活はもうどうしても耐えられない。ただ、さいわい、私にはしなければならないことが山とある。ほとんど一日中仕事だし、夜も遅くまでかかる。日本には強力な一派があって、これがドイツからの刺戟のもとに、われわれを戦争に挑発しようとしている。少なくとも戦争への口実を見つけようとしている。野良犬どもがしきりに吠えたてているのだ。私はこんな雰囲気をいまだかつて経験したことがない。……

（八月一日付、同前。一一四―一一五頁）

あの冷静明哲なジョージ・サンソムも、この昭和十五年から始まった「新体制」運動のもとにいよいよ混乱し逼迫する日本情勢に、苛立ちと憤懣とを抑えきれないでいたことが、よくわかる。あの日本がこんなみじめな姿になってゆくとは、との愛する者に裏切られた思いが底流していることも伝わってくる。ここに、当時の「朝日」や「毎日」の記事やその見出しを引いて、国民が大規模に「マインド・コントロール」されていった実況を例示すればいいのかもしれない。だが、いまさらその必要もないだろう。

右の第二の手紙の三週間ほど後には、サンソムは同じくキャサリン宛てに、すでに第二次大戦の結末とその後の世界への予想をさえ述べていた。それは暗い悲観的な予想で、この歴史家外交官が、駐日米国大使ジョゼフ・グルーによって「虹を追う」男と評された吉田茂（ジョン・ダワー『吉田茂とその時代』上・二八六頁）とは、体質においても同時代世界への態度においても、すでに相当に距たっていたことを示唆している。

われわれはこの戦争にともかくも勝つだろうとは思っている。だがそれは膨大な犠牲を払ってのことだ。そして大きな危険は、その後に来る新しい体制への必然の移行の過程にこそある、と思われる。それは国民社会主義、国家資本主義の一形態というようなものだろう。困難は、この変化をあらゆる自由と文明的洗練の価値とを失うことなく進めるところにあるだろう。

（一九四〇年八月二十日付。同前、一一六—一一七頁）

3

それでは、在東京の英国大使館参事官が、祖国の妻だけに宛ててこのような憂悶や絶望の言葉を綴っていた頃に、彼よりも五歳年長の前駐英大使吉田茂は東京で退役の身にあって、なにを考え、なにをしていたのだろうか。

吉田もそれなりに政界、外交界を奔走し、日本の危機の打開に尽力していた。あの「夢」——おそらくグルーのいう「虹」と同じもの——を懸命に追い、その実現に精魂を傾けていたのである。

吉田は昭和十年（一九三五）にすでに一度外務省を退官していた。だが、翌年の二・二六事件の直後に広田弘毅内閣が成立したとき、吉田は近衛文麿の頼みで外務省同期（一九〇六年）そして同年（一八七八年）生まれの友人広田の引っ張り出し役を務め、さらにその内閣の外務大臣に擬せられた。これが陸軍からの強硬な横槍でつぶされ、文部大臣への就任も拒否されると、広田の配慮で再び外務省の現役にもどって、三六年四月、駐英大使に任命されることとなった。その経緯《いきさつ》はすでによく知られているところだろう。

イギリスには、三十一歳のとき（一九〇九年）と四十二歳のとき（一九二〇年）からの二年間とにつづいて、三回目の勤務であったが、今回の大使在勤二年の間に、吉田は英国政府にしきりに迫って、これを旧来の親善提携の路線に引きもどし、中国大陸における日中間の対立調停にも仲介役を演じさせようと試みた。その過程にしばしば吉田流の独走を行なって、本国政府からも英国政府からもかえって不信を招き、結局その努力も挫折した。そのことは原田熊雄の『西園寺公と政局』第五巻などにも随所に触れられており、ジョン・ダワー氏の研究には彼我の史料を駆使して詳しく追跡されている。

こうして吉田は昭和十三年末、ないし十四年初めに、後事を後輩の重光葵（一八八七―一九五七）に託して帰国し、十四年春には再び外務省を退官して、まったく在野の人となったはずだった。だが、親英派の実力者、重臣牧野伸顕の女婿としての吉田には、挫折感や失望に打ちしおれている暇も、そのような弱気もなかったようだ。『西園寺公と政局』にはしばしば彼の元気な姿が登場する。吉田とサンソムのやりとりのあった、昭和十五年の春から夏の頃の関連記事を探ると、たとえば同年三月二十三日、原田熊雄はいつものように興津坐漁荘で西園寺公望に会い、憲法尊重の大切さを説かれて、昼過ぎに大磯の自分の別荘に帰っていたが、そこに吉田が英国大使クレーギー夫妻を連れてなんの前ぶれもなく来訪した。

暫くすると、突然吉田大使夫妻と令嬢とがイギリス大使夫妻を連れて遊びに来た。イギリス大使夫人はしきりに自分を揶揄して、「後から警察官が三人も附いて来てゐる。貴下は怖くはないか」と言つてをつたから、「自分は少しも怖くないし、また警察なんか来るわけはない」といふことで、約一時間ばかりよもやまの話をしたり、お茶を飲んだり、非常に愉快に過した。嵐のやうに来て嵐のやうに葉山のイギリス大使の別荘に吉田達も一緒に帰つて行つた。

(『西園寺公と政局』第八巻、二〇七―二〇八頁)

サンソムがこの年の八月になってもまだ、「クレーギーたちがここにいる限り、英国大使館のめちゃくちゃぶりは直らない」といっていた(キャサリン・サンソム、前掲書、一一六頁)当の大使夫妻である。クレーギーは一九三七年九月に日本に着任する前から在ロンドンの吉田と交渉があり、中国派兵による負担の増大が日本国民の間に軍部に対する反感を呼び起こし、日本政治における親英リベラル派路線の復権をうながすはずだ、との吉田の希望的観測に、少なくとも当初は同調していたといわれる(ダワー前掲書、上・四四九頁)。クレーギーはその後、その路線に応じて、第一次近衛内閣の外相宇垣一成(昭和十三年五―九月)、つづいて平沼内閣の外相有田八郎(同十四年一―八月)との有名な会談を行なって、在中国の英国権益の保護・確保と交換に日本軍の中国進駐を承認する、という対日宥和策を進めた。だが、それはかえってアメリカおよび本国からの猛反撃を招いて、結局挫折してしまう。商務担当参事官サンソムは、基本的には、自分の上司のこの楽観主義が国際政治にもはや通用しえないことを見ぬいていたのではなかろうか。

それはよく知られた太平洋戦争前夜のきわどい史的一齣であったが、その挫折からほぼ一年後のこの日、クレーギー、吉田両夫妻は、吉田の三女和子も同行で、まるでピクニックのようなにぎやかさで原田別邸に襲来したのである。英大使は短い歓談の合間に、日独、日ソ間の協調の進行などについてふと危惧を洩らしたが、原田はこれを否定したという。原田はこの訪問を、彼のまわりの重臣グループがいまや英国大使との接触を避けているのではないかとのクレーギーの誤解をとこうとして、吉田が思いつきのいたずらめかして企てたものだろうと解し、ひそかに吉田に感謝した、と書いている。

4

それから五カ月後の昭和十五年八月二十九日、家族とともに箱根に避暑中の原田は、富士屋ホテルに吉田を招いて、昼食の席で語りあった。

その席で吉田はいよいよ深まる時局の混迷に慷慨して、思いあまったといった調子で論じたてた。原田は高級情報連絡官としてのその特殊能力を発揮して、吉田の口調まで写しとっているようにさえ思われる。

一体どうなるんでせうか。まことに憂慮に堪へない。いま日本の新聞は挙《こぞ》つてドイツが結局において勝つやうなことを書き、ドイツに有利な宣伝を書いてゐるけれども、実際の情況はイギリスも相当にやつてをる。……ドイツの勝利もすこぶる疑はしい。のみならず、イギリス海峡を渡ることは、どうも実際において難しいやうに思へるし、今後の戦争の成行きについては逆睹《ぎやくと》〔予見〕し難い。一方、ソヴィエトは非常に日本を見くびつて来てゐるし、アメリカも態度が怪しい。かういふ時によほど重大な結果を生みはせんか。将来のことを考へると非常に心配だ。なほ実はこの間から君に会ひたいと思つて、今日使に手紙を頼んで大磯に出さうと思つてをつたところだが、大田元大使（大田為吉、元駐ソ大使、一八八〇―一九五六）が来て、「この新体制については、すこぶる危惧が多い」といふので、日本外交協会では会議を開いてみんな心配してゐる。極端な人に至つては、近衛公自身の根本思想にまで疑をもつてをる。また、どうもこれはナチスやフュウラー・システム、或は協和会を合したといふよりも、寧ろソヴィエトのケレンスキー（Alexandrovitch F. Kerensky）の時の推移に非常に似てゐるといふやうなことで非常に心配してゐる者もある。とにかくこの問題については、非常に重大だ、と言つて心ある者は心配してゐる。

（同前、三二八―三二九頁）

ジョージ・サンソムの焦慮も深かったが、吉田茂の「憂慮」は当然もっと強かった。第二次近衛内閣がようやく発足して一カ月あまり、外相に松岡洋右、陸相に東條英機が坐って、たしかに吉田の危惧するような「新体制」の冒険的内政・外交が、予想以上に急速に展開されつつあった。「大東亜新秩序」の建設、「国防国家」の建設という大スローガンのもとに、文字どおりの国家総動員が進められ、松岡外相の離れ業《わざ》たる日独伊三国同盟の交渉ももうすぐ東京で開始されようとしていた。すべては吉田をはじめ重臣グループの予期、願望を蹂躙《じゅうりん》する方向で走り、そのグループの期待の旗手であり騎手であったはずの近衛首相は、奔馬たちに翻弄されるがままになっている。吉田の、腹も胸も痛くなるような悲憤のほどがよくわかるというものだ。

5

吉田の話をこのとき原田は、「共鳴する点もあり、共鳴しない点もあつた」という程度で「一応」(以上、同前、三二九頁)聞いておいただけだったが、それでも興津の老公に直接に訴えることをすすめたのであったろうか。五日後の昭和十五年九月三日付で吉田は西園寺公望宛てに政局逆転を求める激越な手紙を書いて、これの伝達を原田に託した。同文を岳父牧野伸顕にも送っている。この書簡もやはり「外交官の文章」の一種にはちがいない。十日あまり後(九月十七日付)に近衛文麿に総辞職を迫った長文の手紙とともに、吉田茂の候文書簡の一傑作ともいうべく、硬派の文体に渡辺崋山か、高野長英か、ほとんど幕末の志士を思わせるような熱い気息を走らせている。いまここに、原文のまま引用しておこう。

謹啓、残暑之砌《みぎり》御機嫌如何ニ被為渡候哉《わたらせられそうろうや》奉伺候、陳者《のぶれば》、昨今国状誠ニ寒心ニ不堪、別而老公閣下ニ於かれ一段御痛心之義と乍恐奉拝察候、惟《おも》ふに禍源ハ当面の日支事変処理ニ専念せす将又《はたまた》専念する能ハさる事情の伏在するに在るへく、其処理ニして成らハ国家新体制、外交転換等自ら定まるところニ定まるへく被存《ぞんぜられ》候処、独伊側終局之勝利を軽信し、現状打破の声ニ眩惑して、英米在支勢力ヲ敵視し、将又和平交渉当然之相手方たるへき蔣介石を度外視する等、外交之常道を逸脱し、政治経済其他方面も亦同様の始末ニして、日〻ニ国民の不安を増長せしめ居るハ、一部の輩、兵時ニ藉口《しやこう》して専恣の風を致せるか故ニ外ならす、然れとも現状も自ら窮極するところ可有之、英独之勝敗も近〻相当の見据も付可申歟《か》、其場合政局之収拾の任ニ当るへき内閣首班の撰衡に就てハ今より特ニ御用意相成度と奉存候、最早相剋磨《（ママ）》擦をのみ恐るへきニ無之、既往の小倣《しようさ》ニ拘泥すへきにも無之、愚私《ひそ》かに按するに此難局一応の収拾ハ之ヲ宇垣、池田、町田の諸政事家の協力ニ俟つの外な（か）るへき歟、小生帰朝以来右三氏ニハ屢〻卑見開陳、日支事変の処理ハ英米の在支勢力を利用するの捷径にして英米の国際干係の現状能く我用を為すへき所以を力説致候処、宇垣大将とハ意見暗合の点も不尠、且又軍国兵を収むるの衝ニ立つへき首相とし而《て》軍出身の政事家ニ之を求むるの当然なるを思ひ、茲《ここ》ニ敢而《あえて》一書を裁して老公閣下の左右に奉捧呈候、恣《みだり》ニ大政を私議するの段誠ニ恐懼之至ニ候得共、座視難致哉ニ考不得已《やむをえず》茲《ここ》ニ到れる次第何卒可然御了察可被下奉願候、恐惶謹言

九月三日

吉田　茂

西園寺老公閣下

（『吉田茂書翰』六五五―六五六頁）

原田によると、九月十一日、興津に行ったときにこの手紙を西園寺に渡したが、満九十歳の老公はこれを読んで「吉田の考は、我々とちつとも違はんぢやないか。しかし、いま自分が先に立つてどうするといふことはかへつてよくない」と述べたという（『西園寺公と政局』第八巻、三三六頁）。西園寺はもうこのとき余命二カ月だった（昭和十五年十一月二十四日歿）。それに、吉田はここでもなお英米の対日提携による中国問題解決の「夢」を披瀝していたが、その策に同意してくれたという宇垣一成の首相就任も、三年前（昭和十二年）に失敗したものが、いまそれ以上に容易になっているはずはなかった。

吉田の「夢」は熱く強かったが、それは内外のどちら側から見ても、もはや「春の夜の夢の浮橋」にほかならなかった。日本の親英派が説きつづける「伝統的な日英友好」は、いまやなんら政治の現実を意味するものでなく、「無価値にひとしい」という、一九三六年八月のサンソムの暗い査定・洞察（ダワー前掲書、上・二〇九頁）のほうが、はるかに正しかったのである。「夢の浮橋」は「とだえして峰にわかるる」以外になかったのである。

6

Ⅱ　辺境領事の体験──満州時代

吉田茂の八十九年におよぶ長い充実した生涯のなかで、敗戦直後の東久邇宮《ひがしくにのみや》内閣や幣原内閣で外務大臣となったことを除けば、いわゆる外交官生活はおよそ三十三年間を占めている。明治三十九年（一九〇六）日露戦争の直後に満二十八歳で外交官領事官試験に合格して、奉天の領事館に官補《かんぽ》として派遣されたときから、昭和十四年（一九三九）、駐英大使から帰国して六十一歳で依願免官となったときまでを数えてのことである。

四内閣（加藤高明─第二次若槻礼次郎）における計六年の外相経験を含めて三十六年間（一八九六─一九三一年）という先輩幣原喜重郎のキャリアにくらべて、吉田のそれは意外に長かったと言うべきか、むしろ短かったと言うべきか。霞が関の栄光の時代の寵児、秀才幣原にくらべれば、吉田は土佐藩志士の家の生まれ、横浜の豪商の養子、そして重臣牧野伸顕の女婿というその出自のよさにもかかわらず、外交官としては日本外交のもっとも難しかった時代に、海外前線のとりわけ難しい現場での試練の期間が意外に長かった、と言わなければならないだろう。

大正後期の駐日フランス大使でもあった詩人ポール・クローデルは、退官後五年あまりしてからのことだが、前にも触れたように「外交官という職業に関する若干の考察」（一九四一年）という、なかなか辛辣な興味深いエッセイを書いている。そのなかで彼は、四十五年間（一八九〇—一九三五年）におよぶ自分の長い外交官生活の間に、賜暇帰国の期間は別として、ケ・ドルセー（Quai d'Orsay オルセー河岸）の本省勤務となったのはわずか一年か二年しかなかったことを暗に含んでのことか、同じ外交官でも本省勤務の長い者と外地——それも「極東」や南米のような遠隔地在勤の者との間に、不可避的に生じてしまう思考・感情・情報のギャップ、後者がたまに帰国したときの、前者のこれに対する冷んやりとしたあしらい、本省のデスクの上で干され抽象化されて処理されてしまう前線現地からの報告書、などについてかなり生々しく論じていた（そのためか、この論文は検閲にひっかかって発表を許されず、「フィガロ」紙上でようやく日の目を見たのは三年後のことだった）。

　吉田茂の場合は、たしかにクローデルの例ほど極端ではない。だがそれでも彼も、大正六、七年（一九一七、一八）の頃の本省大臣官房文書課長心得というような短い職務と、とんで昭和三年七月から五年十二月までの二年半の、田中義一首相兼外相と幣原外相の下での外務次官勤務の時期とを除けば、あとの三十年ほどのほとんどは、東西各地での在外勤務に過ごさねばならなかった。

　そのなかでも吉田はとくに中国勤務の機会が多く、また長かった。右に触れた領事官補時代の奉天在勤の約二年を終え、英国とイタリアの在勤（明治四十一年十一月—四十五年五月）を経て帰国すると、大正元年八月にはふたたび中国満州の安東《アントン》の領事に任じられた。ここは長くて四年二ヵ月にもおよんだが（大正五年秋まで）、在米大使館二等書記官に転任の予定で帰国すると、それは赴任直前に取り消されて、一年ほど本省勤務を命ぜられた。そして大正七年二月にはまたも中国山東省の済南《チーナン》の領事。だが吉田自身の岳父への運動が功を奏して、同年末には牧野伸顕全権の随員としてパリ講和会議に赴いたが、これは要するに全権のための小間使いの仕事であったらしい。ただ、そのまま続いて在英大使館の一等書記官となり（大正九―十一年）、皇太子裕仁親王殿下の訪英に際し、その身辺に侍するという幸運を得た。帰国するとただちに四度目の中国勤務、すなわち天津総領事として三年三カ月（大正十一年三月―十四年六月）、奉天総領事として二年余り（大正十四年十月―昭和二年十二月）の長い在勤であった。

7

こうしてみると、吉田茂の中国勤務は、合計してほぼ十二年もの長きにわたったことになる。これは彼の二度におよぶイタリア在勤、三度におよぶ英国在勤のいずれよりもはるかに長い。しかもそれは日露戦争の直後から、光緒帝、西太后の死去（一九〇八年）、日韓併合（一九一〇年）、辛亥革命（一九一一年）、日本軍の山東進出（一九一四年）、日本政府の対華二十一箇条要求（一九一五年）などの大事件を経て、華南・華北・東三省（遼寧、吉林、黒竜江の三省。満州の別称）における幾多の軍閥の相剋と浮沈を巻き起こしながら、五・四運動（一九一九年）や国共合作（一九二四年）や蔣介石の国民革命軍の北伐開始（一九二六年）、そして張作霖の北京脱出と爆死（一九二八年）へといたる、中国・北東アジアの政治・外交の全面にわたって深刻な大変動が続いた二十数年間であった。

外交官吉田茂はもちろんそのすべてに立ち会ったり、関与したりしたわけではない。だが、この危機の展開を観察し、調査し、経験し、時にこれに直接に圧力をかけることもしながら、日露戦争以後、日本が東三省その他に得た権益の確立と擁護と徐々の拡張に力を傾けた。現地の日本軍部とのかけひき、本国政府との応酬も、すでに吉田流に相当に強引だったようだ。この中国での十数年におよぶ外交交渉の体験は、すでに吉田流であったと同時に、将来の敗戦国の宰相としての彼の見識と底力《タフネス》を培うよき土壌ともなったと思われる。吉田の中国、とくに満州在勤時代の文章のいくつかをここに読んでみることとしよう。

まず一つは、吉田の遼寧省安東の領事在任中の大正三年（一九一四）二月七日付の一電文である。前述のように、吉田は二年前の八月から、初めて領事に昇進してこの地に赴任し、この年の正月には妻雪子との間に次女が生まれ、市のすぐ南側を流れる鴨緑江《おうりよくこう》にちなんでこの女児に「江子」と名づけたりしたばかりだった（『吉田茂書翰』六〇三頁、大正三年一月十九日、義母牧野峯子宛て）。安東（現・丹東《タントン》）は、市街の北東を流れて鴨緑江に入る靉河《あいが》の中洲に漢代の建造とされる古城址があり、その西岸には金代の九連城もあって、かつては辺境の一防衛拠点であったらしい。その後、長くさびれて、河口に近い一寒村となっていたのが、十九世紀半ばから漢族の入植が進んだところに日清・日露の戦争が起こり、朝鮮側から渡河してすぐの日本軍の根拠地としてふたたび重要な国境の町となった。

対岸の朝鮮側に新義州の町が建設されたのは日露戦争中、これと安東を結ぶ鴨緑江上の鉄道橋が完成して、京城（現、ソウル）から奉天（現、瀋陽）まで汽車で行けるようになったのは（京義線―安奉線）、早くも日韓併合の翌年、そして吉田の安東赴任の前年の、明治四十四年（一九一一）のことだった。吉田も以後ときどきこの鉄道を使って京城の初代朝鮮総督寺内正毅《まさたけ》に会いに行ったりすることとなる。
だがそれだけに、安東は朝鮮と満州（東三省）の間の越境者や政治的亡命者ないし浪人の往来や密貿易の絶えることのない町ともなり、日本領事館は地域の在留邦人の保護とともに、この国境の往来の監視の任をも担うこととなっていたのだろう。もともと不器用な吉田にはあまり向いた仕事とも思えないが、ここに引くのは、まさに安東近辺における孫文系革命党の日本亡命者の動向について、吉田が勇み足の間違いをおかしたらしい一報告である。

（大正三年）二月七日　在安東吉田領事ヨリ牧野外務大臣宛て（電報）

安東附近革命党ノ動静ニ関シ報告ノ件

第八号
予《かね》テ白馬地方（新義州ヨリ約五里）薄《ウスキ》、山内、中村等、及若干ノ浮浪支那人アリテ何等ノ不穏ノ企ヲ懐クヤノ噂アリ。注意中ノ処、機密第六号貴信所載ノ金子克巳等カ、大連王雲峯、其ノ他陳其美一派支那人約百名ト共ニ、銃器ヲモ用意シ、今日迄ニ新義州及其附近ニ竄入《ざんにゅう》シ、明七日頃安東ヲ襲ヒテ一派ノ資金ヲ掠奪調達セントノ趣、過日来都督府ヨリ電報アリ、厳ニ監視中ノ処、右金子ハ愈々今夕其ノ一味ノ支那人ト共ニ新義州ニ入込ミ、其徒党ニハ多少「ピストル」等ノ用意アルコト確実ナリト認メラル。然ル所、義州警務部及新義州警察署ノ取締ハ何故カ甚タ緩慢ニシテ要領ヲ得ス。之レヲ種々ノ情況ニ徴スルニ、安東掠奪ノ企ハ多少事実カトモ存セラレ、又右噂ニ止マルトスルモ、金子並ニ其ノ一味ノ存在ハ不穏ノ情況ヲ生スル原因ニ付キ、義州警務部ニ於テ本官ト十分聯絡ヲ取リ、在新義州金子、王雲峯一味、及在白馬薄《ウスキ》以下ノ日支人ヲ拘束シ、適宜退散セシムル様、朝鮮総督府ニ対シ直チニ厳重御照会相成リタシ。尚又御交渉次第本官心得迄ニ電報ヲ乞フ。

辻本ハ其後未タ逮捕ニ至ラス金子等ニ関係ナキモノヽ如シ。

（『日本外交文書』大正三年第二冊、七二二頁）

8

吉田領事の文章としてこのような小電文をあげるのは、彼の本意にそわぬことだろうか。だがこれは、一九一二年（明治四十五）の南北妥協による袁世凱の中華民国臨時大総統就任以来、またも急速に展開しはじめていた革命派の日中間での動向の一端と、国境の町安東の当時の「西部劇」風、あるいは密偵活劇風の少々埃っぽい雰囲気とを伝えていて、やはり面白い。

北京の袁世凱がたちまち独裁化を強めてゆくのに対抗して、孫文（一八六六―一九二五）らは第二革命を試みて失敗、その直後から孫文自身をはじめその流れの革命同盟会の党員の多くは日本に亡命、あるいは大連に逃げて、第三革命の機会の到来をうかがっていた。

右の吉田の文中に出て来た陳其美《チンキビ》（一八七七―一九一六）は、まさに孫文側近の重要人物の一人で、上海南軍の総司令官、上海都督まで務めたあと、孫文とともに日本に亡命していた。その陳が大連の革命派残党からのしきりの要請に応じて、同志戴天仇（戴季陶）、満鉄社員山田純三郎とともに大阪商船の船で大連に入港したのは、この電文より十日ほど前の一月二十六日午後。一行は身の安全と経費節約のために、すぐに租借地内の満鉄病院に入院したというのも面白いが（陳と山田は実際にX線検査の結果、肺に疑点のあることがわかったそうだ）、それ以来、大連、奉天の革命党員は、にわかに生色《せいしょく》をおびてきていたのである。

満鉄流竄《りゅうざん》の革命党員は、日本の孫文と連絡をとりながら、当地の大軍閥張作霖、同じく当地に亡命中の粛親王配下の宗社党、さらには各地の馬賊の頭目とさえ手を組んで、満州から反袁の第三革命を起こす、と意気込んでいたのだが、陳其美は孫文の意を体してむしろ彼らの軽挙を戒め、華南各地にも機が熟するまで待つことを説くためにやってきたのであった。そしてなによりも、彼らがもっとも強く欠乏を訴えていた軍資金を補給、配分してやるために、来満したのであった（孫文がみずから手持ちの株券を処分して調達した金四万円であったという）。

こうした亡命者、革命党員の動静は、日本では警視庁、満州では大連民政署の警視や警視庁から出張の警部などによって、それぞれの来歴や役割から宿所、密談の内容までが（東京の孫文などはその分刻みの行動までが）追跡され、なかなか生彩ある報告書にまとめられて、最終的には外務大臣牧野伸顕や同次官松井慶四郎の手元にまで提出されていた。それらがいま外務省編『日本外交文書』数巻に満載されて、将来の直木賞作家によって活用されるのを待っているわけだが、吉田の電文に登場した「金子克巳」も警視庁密偵たちの間では有名な人物だったようだ。

吉田領事もむしろ東京の本省経由の情報で金子の動静を知っていた様子だが、彼は長崎県人、いわゆる大陸浪人の一人で、熱心な革命党支持の活動家だった。前記の山田純三郎とともに大連に来、山田の帰国後はひとりで大連革命党を操縦して党員の離散を防ぎ、日本と連絡して金策をはかり、奉天で張作霖の配下と密会し、いまは武器の買い集めに奔走しているという。彼自身が警視庁派遣の警部に打ち明けたところによれば、彼は「朝鮮半島の安全保障のためには東三省の独立ないしは日本による占領しかない」と信じて暗躍していたというから、その壮士風の壮語ぶりまでが彷彿とする。

その金子が陳其美派の中国人浪人百人ほどを引き連れ、ピストルなどの武器も携帯して、鴨緑江対岸の新義州近在に現れた。今夜あたり安東市内を襲って軍資金調達のための略奪行為をしかねない、との情報が吉田のもとに入った。吉田としてはその伝聞を全面的に信用していたわけではないようだが、不穏分子の鴨緑江両岸にまたがるという活動については神経をとがらさずにはいられなかった。そこでさっそく牧野外相への御注進となったのが、前掲の電文だったのである。

だが、この電文でとくに吉田らしいのは、後段で、これだけ徒党の動きがあるにもかかわらず、新義州側の警察の取り締まりぶりは「何故カ甚タ緩慢ニシテ要領ヲ得ス」とつけ加え、外務省本省から朝鮮総督府への「厳重御照会」あらんことを要請した点であろう。いわば隣領の行政に難癖をつけ、上からの横槍を入れさせようとしたのである。

同日（二月七日）のうちに吉田は続報を打電して、結局金子らはその手はずに狂いが出たうえに、日本官憲の警備が厳しすぎて、安東での略奪計画を中止した模様、と報告した。それと重なるようにして東京本省からはさっそく返電があり、貴電を朝鮮総督府に回して厳重取り締まりを頼んでおいたと言ってきた。

9

面白いのは、右の二日後（二月九日）、朝鮮総督府政務総監山縣伊三郎（一八五七―一九二七）から牧野外相宛てに発信された電文である。山縣有朋の養子で伊藤博文の腹心であった男が、若造吉田某の言いがかりにカンカンになって、彼の岳父と知ってか知らでか、大久保利通の次男たる外務大臣に、急遽実情再調査の結果を打電してきたのである。

それによると、金子某の一味が朝鮮側に潜入したとの事実はまったくなし。彼らはまさに安東市内にこそいた。また、満州で在留禁止処分をうけて、白馬近辺に流れ込む者がいるのはたしかだが、それとて金子らとは没交渉。もし彼らに不良行為ありというならば（吉田）領事の側から証拠をあげて処分を要求されたし。要するに――

〔吉田〕領事ハ現ニ自己ノ手元ニ金子等ノ浮浪者入込アルニ拘ラス、恰モ朝鮮側ニ入込ミ居ル如ク声言シ、而《しか》モ朝鮮側警察ノ取締振《ぶり》ヲ云々《うんぬん》スルハ甚タ迷惑千万ナリ。要スルニ領事ハ、金子及王雲峯ノ一味ガ新義州ニ入込タリトシテ、斯《かく》ノ如ク他ヲ疑フ如キ報告ヲナスニ至リタルハ、支那官辺ノ諜報ヲ丸呑ミニシ、事実ヲ確メサル結果ト思料ス。（同前、七二五頁）

吉田の朝鮮総督府警察への越境的越権的言いがかりも相当に不遜なものだった。だが、それに対して向かっ腹を立てたかのごときこの山縣の言辞もまた大いに露骨である。このような明治式官僚同士の、丁々発止の応酬の記録がそのまま掲載されているところが、『日本外交文書』のもう一つの深甚なる魅力だと言わなければならない。

吉田は右の山縣の糾弾電文を回覧したのかしないのか、不明だが、おそらく読んだのだろう。右の応酬から一ヵ月後の本省宛て報告には、金子克巳らの革命派一味が安東から大連に引き上げた後、二月末に、こんどは船で朝鮮湾をへだてて対岸の定州に渡り、同地や亀城、さらに奥の山麓地域に潜伏していることを、密偵に調べさせて報じている。そしてその末尾には、またも繰り返して義州、新義州の警察がたるんでいて「日支浮浪輩」についての取り調べも取り締まりも不徹底だ、と批判していた。吉田もまた、なかなか執念深かったのである。

吉田は当時、ことに東三省の政情不安、あるいは政治不在に便乗して跳梁する、この種の大小の「浮浪輩」、大陸浪人どもを苦々しく思い、彼らの壮士風の浮薄な大言壮語をもっとも忌み嫌っていた。それは在留邦人の着実な経済活動の発展を保護・誘導すべき在満領事としては当然のことでもあったろう。ところが、大正五年（一九一六）三月、時の大隈内閣は、袁世凱の帝政施行に反対したのはよいとしても、重ねて、満蒙で反袁活動を展開する日本人に対しては取り締まりを手加減し、これを黙認すべしと閣議決定し、関東都督（旅順）を通じて領事たちに通達してきた。同内閣が袁に対華二十一箇条要求を呑ませようとしたとき（大正四年）も、吉田はこれに猛反対して在中国領事のあいだに反対署名運動を起こそうとさえしたと伝えられるが、このたびの通達に対しても、彼は敢然異を唱えずにはいられなかった。

大正五年三月十五日、関東都督府から内命伝達のために一警視が安東に派遣されてくると、吉田はさっそくその日のうちに牧野伸顕宛ての私信に悲憤と危惧の念を訴えた。

斯くの如きハ小生共苦心して其掃蕩ニ努め候浮浪の輩をして再ひ満州ニ棟（ママ）〔跳〕梁せしめ候事ニ可相成《あいなるべく》、彼等の活動とハ掠奪暴行ニ外ならずして何等《なんら》為スなく百害ありて一利なきハ既往の事跡甚た顕然ニ有之、……何れニもせよ日支提携ハ我外交方針と了解致居、年来苦心計画ハ此際処置相過《あやま》り候得者《そうらえば》一朝ニして水泡ニ帰し可申候耳《のみ》ならす帝国官憲も亦盗跖《とうせき》〔春秋時代の大盗〕ニ与《くみ》するものとし而《て》其権威忽ち失墜可致候、満州如何に処分致候とも民心を得るに非んハ帝国之業遂ニ不可成《なるべからず》、一時の事功を急候為めに万事を犠牲ニ供《そなえ》候如き最も不可然《しかるべからず》と存候……

（『吉田茂書翰』六〇五頁）

ついては同問題について石井（菊次郎）外務大臣（大正四年十月—五年十月）に直接に、都督への厳重訓令を再要請すべく発信するから、父上からも格別の御高配を賜るよう願う、というのが書簡の趣意だった。いかにも現地当事者が現地を知らぬ本国政府の措置に憤激して、一気呵成に書いたというような勢いのある文面である。岳父宛てに書いたとおり、吉田はすぐ翌日（大正五年三月十六日）、石井外相宛てに右とほとんど同趣意同文の抗議文を電信した。

それを在北京の日本公使と在奉天の日本総領事館にも発信したからか、翌十七日には奉天総領事代理矢《や》田《だ》七太《しちた》郎《ろう》も石井宛てに、同地方の宗社党員など「不真面目ナル雑輩」の「近来急ニ有頂天トナリ言語挙動謹慎ヲ欠ク」ありさまを訴え、これは容認しがたきことであると述べて、あらためて請訓した。これらの抵抗がある程度は功を奏したのか、翌十八日には石井外相から、宗社党の黒幕川島浪速《なにわ》の子分のような者でも「統一ナキ軽挙ニ出」るような輩は厳重取り締まるべしとの回訓が来て、現地は一応は胸を撫でおろした。

10

ヨーロッパには第一次世界大戦が展開し、中国大陸では南方についに第三革命も始まって袁世凱政権が気《き》息奄々《そくえんえん》たるなかで、日本政府の対外方針はぎくしゃくし、とくに中国に対しては確たる展望もないまま「内政干渉」に深入りして、かえって排日ナショナリズムを煽るという事態が続いた。にわかに世界の「大国」の位置に押し上げられながら、その位置にふさわしい大局に立つ大計を立てられないでいるのが大正初期の日本帝国であった。安東という一僻地にあって、四年あまりもその帝国の外交の頼りなさを末端から実地に経験し、観察し、批判し続けたことは、三十代半ばの吉田茂にとってまことに重要な基礎学習となるものだった。その学習の一つの結論ともなるべき見解を、吉田は前引の牧野宛て書簡から一週間ほど後に（大正五年三月二十一日）、ふたたび牧野宛てに述べている。牧野伸顕は吉田茂のさすがによきコンフィダントであり、コンサルタントであったようである。

日支両国永遠之関係ニ顧み候得者《そうらえば》支那の為めに速かに治平の途相講《あいかまえ》候筈ニて、支那国内内乱ニ乗候様の小策相弄《あいもてあそび》候なと大ニ不可なるハ勿論、治平の効を以而《もって》支那ニ相臨み可申候事善隣の誼当然の事に奉存候、然れども又従前の如くニ誠心誠意一天（ママ）張ニてハ支那の国状ニ相適せさるものニ有之、支那ニ於而形勢ニ多少把握するところありて後誠意相示候はずハ無効ニ相終り候事既往ニ考へ明ニ有之、愚考ニハ満州ニ於ける我政治経済上の地位を確立致北京背後地ニ於ける我勢力を以而誠実ニ支那指導致候用意肝要かと相心得候、左候得者《さそうらえば》遼西之地の如き今後我に於て益〻注意可致候と奉存候……

（『吉田茂書翰』六〇六―六〇七頁）

この文のなかでも、とくに「誠心誠意一天〔点〕張ニてハ支那の国状ニ相適せさるもの」というあたりが興味深く、また重要な点であろう。これは十年後、奉天総領事という枢要の職についてからも、「日支親善の如き漠然とした理念」を排し、満州における日本の政治的経済的権益の確実な拡充に専念する「積極」姿勢にほとんどそのまま通じてゆく。その奉天から帰国して外務次官に就任する直前に書かれた吉田の覚書「対満政策私見」（昭和三年三―四月頃執筆）は、右の延長線上に据えられた重大な里程標ともいうべき興味津々の文章である。それについては次に検討することとする。

Ⅲ　奉天からグロヴナー・スクエアへ——妻雪子のささやき

11

吉田茂は自分の海外生活のうちで「いわゆるチャイナ・サービス」（中国勤務）が普通以上に長かったことをよく自覚していて、日本外務省の組織におけるその意味合いを後年回想して、次のように述べていた。

> わが国の外交の中心は、前述の如く、明治時代はもちろんのこと、大正、昭和時代に入ってからでも、支那問題や対支政策であったのであるが、不思議なことに、外務省内での出世街道としては、いわゆるチャイナ・サービス（支那勤務）、わけてもその領事勤務は、いわば裏街道であって、表街道は古くからロンドン、パリ、ベルリンか、もしくはワシントン、ニューヨーク、すなわち欧米諸国の首都、大都市での勤務であった。従って、私は如何に自惚れてみても、外務省の秀才コース、出世街道を歩いてきたとはいえない。しかし負け惜しみでなく、今にして思うと、支那大陸に早くから勤務できたことは、私として非常に得るところがあった。
>
> （『回想十年』四、中公文庫、一〇七頁）

吉田がここで「外務省の秀才コース」を歩いた者として、漠然とでも誰の顔を思いうかべていたのか。外務省入省同期の広田弘毅か、三年後輩（一九〇九年入省）の有田八郎か。それはよくわからない（広田も有田もそれなりに「チャイナ・サービス」はしている）。しかし、右にいう吉田の感慨がけっして「負け惜しみ」ではなかったことは、たしかである。

吉田茂は前後三期にわたって「中国勤務」をしたのであって、たしかにそれは異例に長かった。前節で主に論じた安東領事時代は、領事官補としての奉天駐在に次ぐ第二期にあたっていた。その後、本省内でしばしの「島流し」的処遇を受けたのちに（対華二十一箇条要求に一領事の身分で反対運動を起こそうと企てたせいだという——『回想十年』四、一〇九頁）、総領事館に昇格直前の済南に領事として短期間（大正七年の約九カ月）赴任したこともあったが、これは第二期に入れて数えてしまってよいだろう。

第三期は、駐英一等書記官の任務から帰国してすぐに赴任した天津総領事（大正十一年三月—十四年六月）と奉天総領事（大正十四年十月—昭和二年十二月）勤務の時期で、これも合計すると五年半の長きにおよんだ。満四十三歳の年から四十九歳になるまで、いちばんの働きざかりの時期に、一つの定点とてなくまるで原油のかたまりのように流れ揺れ反転しつづける中国大陸の内戦の現場に立って、その「勢力ノ動揺極マリ無キ」（吉田報告、大正十一年十一月二十七日）さまを日々に観察し、これに対処し、その間に一貫して日本の対中国の条約上の諸権利を保全すべく努めた。その果てしもない軍閥政治の動揺のなかには、すでに革命後のロシアからの共産主義の策動がおよびはじめていたし、中国共産党の蠢動も蔣介石勢力の擡頭も目立ちはじめていたのである。吉田が外交官としての実力を発揮して、さらにこれを養い、将来のステーツマンとしての見識と骨格を築いてゆくのに、たしかに絶好の総領事職の期間であった。

12

この時期に吉田が天津から、奉天から、本国政府に発信した報告書の類いは、『日本外交文書』の既刊分に所収のものだけでもすでに長短あわせて何十通におよぶことか。未刊の分も入れれば何百頁かに達する量であろう。その内容は諸軍閥の動向、とくに東三省を支配する張作霖のそのときそのときの言動から、奉天票の暴落に対する措置の苦心、また東支鉄道その他の鉄道の運営や敷設にかかわるソ連がらみの交渉にまでおよんで多岐にわたり、とても一研究者ではおおいつくせないほどである。将来もし『吉田茂全集』というようなものが編集されるならば、そこにはぜひこれらの本省宛て報告書の一篇一篇を註解つきで採録すべきであろうし、また他日誰かが張作霖の波瀾万丈の生涯をつぶさに追ってその近代的評伝を書くというようなことを企てるならば、これらの吉田報告電文はそのための興味深い一等資料ともなるものであろう。

ここではほんの二、三の例だけをあげておくこととしよう。張作霖麾下の軍閥「奉天派」内部で実力をつけた将軍郭松齢は、中国国民軍の馮玉祥とひそかに内通した上で、一九二五年（大正十四）十一月二十二日、張に対して叛旗をひるがえし、配下の全軍を山海関に集結させて、奉天をめざして北進を開始した。前年秋の第二次奉直戦争（奉天派と直隷派の抗争）に、直隷派内部の馮玉祥のクーデタに助けられて勝利を収め、ついに関内にまで勢力を伸ばしていたはずの張作霖にとって、これは寝耳に水の大打撃であった。馮は中国北西部を拠点として、親ソ連の傾向を強めながら奉天派への打撃を狙っていたのであり、これは在満の日本官憲にとってもただごとならぬ事態と認識された。

関東軍の司令部はさっそく動きだしていたが、奉天着任後ちょうどひと月の吉田総領事もたちまち忙しくなった。即刻戒厳令が敷かれた奉天から、城内の人心動揺のさまや奉天票の下落の状況、また奉天軍の動静や奉天省長王永江の対応ぶりなどを、日々にまとめては東京の幣原外相宛てに発信した。そのなかの一通（大正十四年十一月二十六日付）には、部下の領事内山清を、事件発生後三日目（十一月二十五日）の夜に張作霖のもとに往訪させて、その様子をさぐらせた一件が報告されていて、興味深い。

張ハ甚タ興奮ノ体ニテ、赤露赤化ノ害遂ニ郭松齢、李景林ニ及ヒ、今ヤ彼等部下ノ軍隊モ亦赤化シ去レリト談シ、腹臣《（ママ）》ノ楊《よう》宇霆《てい》迄此ノ機ニ及ヒテ彼〔張〕ヲ見捨テ去ルニ至レリトテ、憤慨置カサルモノノ如ク、差シ当リテノ措置トシテ関内ノ奉軍ハ之ヲ関外ニ収容シ、山海関ヲ第一線、石山坦ヲ第二線、遼河ヲ第三線トシテ、死力ヲ尽シテ最後迄奮戦スル決意ナリト云ヒ、言動幾分気違シミ居レルヲ以テ見ルモ、形勢甚タ重大ト張自身モ感シ居リ、而シテ之ニ処スルノ方策未タ立タサルモノト察セラル

（『日本外交文書』大正十四年第二冊下巻、八〇一頁）

張はこのとき満五十歳（一八七五—一九二八）、吉田よりも三歳年長なだけで、まだ老将軍と言うにはほど遠かったはずなのに、腹心の部下たちの相次ぐ叛乱にはさすがに動顛していたようである。「言動幾分気違シミ居レル」との評語が、馬賊からなりあがったこの戦国将軍の当夜の憤激の表情

と挙動とを、よくなまなましく伝えていると言えよう。

このように報告しながら、一方吉田は翌十一月二十七日の幣原宛て電信では、郭松齢が張を「売国奴」呼ばわりし、その親日策を弾劾する点から見ても、満州の治安維持と日本の権益保護のためには、当面、張の余威を守ってやって現状維持をはかるのが最善であり、そのため日本政府は至急、日本勢力圏内では軍閥の私闘を許さずとの宣言を出すべきだ、と上申していた（同前、八〇五―八〇六頁）。同じ意見は大正十四年十二月一日の本省宛ての電報でもややエスカレートして繰り返され、「満州ニ於ケル我地位ヲ擁護シ、進ンテ我勢力進展全ク停頓セル現状打破ヲ策スルニハ、今日窮境ニ在ル張作霖ヲ困厄ノ間《かん》ニ援助シ、彼ヲシテ其ノ再起ヲ容易ナラシムルノ断シテ無益ニ非スト思考ス」（同前、八二三頁、傍点引用者）と述べられていた。

他方、旅順に司令部をおく関東軍も吉田総領事とほぼ同じ判断を下し、さっそく奉天に兵力を集中して援張・反郭の動きを見せるにいたった。するとすぐさま、軍のこの動向に反発したのも吉田であった。吉田はすでに十一月二十七日の幣原宛て電文で、日本軍の出兵は反奉天軍にかえって討張の口実を強化させることになると危惧して、「目下ノ形勢、出兵ヲ要スル迄ニ進展セリトハ信スル能ハス」と報告し（同前、八〇九頁）、さらに四日後、十二月一日の電文では次のように一段と語気を強めて、陸軍の独走を牽制する必要を上申していた。

現ニ白川〔義則〕関東軍司令官ノ如キ、郭松齢決起ノ当時、当地張作霖、楊宇霆等ト往来ヲ重ネタルニ拘ラス、本官ニ対シテハ何等当面ノ問題ニ言及セス、勉メテ言及スルヲ避クルノ風ヲ示シ、爾来軍司令官ノ此ノ事変ニ対スル方針ニ付テハ、本官直接何等聞ク所ナク、支那側ヨリ会々《たまたま》ソノ一端ヲ窺ヒ知リ得ルカ如キ事、往々ニシテ之有リ。張作霖ノ赤化脅威ヲ説ク、亦吾陸軍ノ所説ヲ反復スルノ感無キニ非ス。……特ニ此ノ際在支外交機関ト協力共助、国策ノ運用ヲ誤タサル様、陸軍筋ニ対シ充分御手配相成ル様致シ度ク、陸軍単独（行動？）再開ノ徴有ルヲ認メ、既往幾多ノ事例ニ顧ミ、早キニ及テ当局ノ注意ヲ喚起スルノ当面ノ急ヲ想ヒ是ニ電稟スル次第ナリ

（同前、八二二頁）

これもなかなか興味深い電文である。省略した冒頭部分で吉田は「在支吾政府諸機関中、従来労農赤化ノ脅威ヲ力説スルモノハ、吾陸軍ナリ。目今、猶然リ。夙《つと》ニ満州出兵説アルモ此ノ見地ニ出《いづ》ル儀ト存ス」と述べて、関東軍がことさらに中国におけるソ連共産主義の浸透を強調し、満州での赤化防衛をよい口実として出兵を進めようとしているのではないか、との疑惑を述べていた。右引用中に「張作霖ノ赤化脅威ヲ説ク、亦吾陸軍ノ所説ヲ反復スルノ感無キニ非ス」というのも、関東軍の言動に対する吉田のこの日ごろの懐疑にもとづく推測であった。

この推測の当否については判断のしようがないのだが、真偽さまざまの情報操作によって東三省の政治状況に介入し、自己の兵力を強化してゆこうとする陸軍、一年半後（一九二八年六月）には当の張作霖を爆死させるにいたるような関東軍の謀略的動向に対して、吉田がこの頃すでに、相当に強い警戒心を抱いていたことは明らかである。

吉田は目下の危機に際し日本政府が張作霖擁護の立場を宣明することの必要は、前に触れたよう

に、いち早く認め、これについて本国に上申もしていた。ただし軍事介入は当面不要というのが彼の判断であったが、もし万一それが行なわれることになっても、いまの関東軍司令官白川義則のような、現地の外交当事者を故意に無視ないし忌避するかのごとき「単独行動」は、従来もしばしばあったことだが、「国策ノ運用ヲ誤」まる危険が大きく、「陸軍筋」に早いうちから注意を喚起しておく要ありと吉田は訴え、いわば告発していたのである。

13

だが、本国では幣原外相の対中国不干渉政策はしだいに旗色悪く、加藤高明、若槻礼次郎とつづく内閣のなかでも、軍部を代弁する陸相宇垣一成からその「弱腰」を責められる有様となっていた。一総領事の現地からの訴えが、その情勢のなかでどれほど効力をもちえたかは心もとない。そして吉田自身、これから後、外地でも内地でも、いよいよひんぱんに軍部の独走に遭遇し、その横槍を食らい、その被害者ともされてゆくのである。

郭松齢事件の結末については、ここに述べるまでもない。関東軍司令官名による張・郭両軍に対する軍事介入の警告と、張軍側への実質的な援助とによって、一時は奉天間近まで迫った郭軍が敗退し、一九二五年十二月末、郭将軍はその妻とともに捕えられ、吉田らの助命運動にもかかわらず射殺されて、一件は終わった。

事件落着後、三週間ほどして吉田が一夜張作霖を訪問し、噂される同将軍の下野問題や、東三省独立の意思表示の真偽などについて直接にたずねたことを報ずる一文も、また興趣に富む（幣原宛て、大正十五年一月十六日付)。張は満州独立の意思表示などしたことがないと否定した上で、郭松齢事件の善後処分に話題を転ずると「最モ沈ミ勝チニ自己既往ノ来歴ヨリ、闞朝璽《かんちようじ》、張煥相《ちようかんそう》其他腹心ヲ今日迄引上ケ来レル種々ノ来歴ヲ述ヘ、多年生死ヲ共ニセル郎党、今ニシテ自分ニ異心ヲ抱クニ至ツテハ殊ニ長歎ノ外ナシト云」ったという。まさに飼犬に手を噛まれた生き残り将軍の嘆きである。

そして日本の友人たちの好意にはいつも感謝しているのに、自分の意を解さず、心外なことを言いふらす日本人も多いのは「最モ不快千万ナリトテ稍興奮、色ヲ為セシカ、次テ言ヲ和ラケ、自分近頃漸ク老ノ至レルヲ感シ、久シク任ニ堪エサルヲ以テ、後継ヲ得テ去ラント欲スルノ情切ナリ。呉俊陞《ごしゆんしよう》、張作相等良ク自分ニ代ルヲ得ヘク、自分モ亦去ルニ臨ミテ後ヲ良クスル相当ノ用意モアリトテ、何時ニナク元気無キ体ニテ語リ出」たともいう(以上、『日本外交文書』大正十五年第二冊上巻、一一四—一一五頁)。

なかなか芝居がかった、奉天の厳寒の一夜の対話篇ではないか。吉田茂はさすがにヴェテラン、人物把握においても、その人物の描写においても、なみなみならぬ洞察力と文才さえもっていたことがうかがわれる。張作霖は吉田総領事にあまり好意をもたず、むしろ煙たがっていたらしいが(張はあるとき、ふだん世話になっている日本人有力筋に虎の皮の贈り物をしたが、あとで気がつくと吉田のところには一番小さいのが贈りとどけられていたという『回想十年』四、一七二頁〕)、吉田のほうも張の大げさな表情や仕種をよく観察しながらも、その言にけっして乗せられてはいなかったのである(張作霖の運命に対する吉田のこの冷静さ、あるいは冷淡さは、翌昭和二年七月、東京での「東方会議」

における彼の発言にもよくあらわれていた［ダワー『吉田茂とその時代』上・一〇六―一〇七頁所引］）。

はたして張作霖はこのあと下野・引退どころか、さらに幾たび目か関内に兵を進め、合従連衡を繰り返して、一九二七年には北京で陸海軍大元帥に就任、軍政府を組織するまでになる。だが蔣介石の国民革命軍による北伐に敗退、関外に引き揚げる車上で悲惨な爆死を遂げたことは、あらためて述べるまでもないだろう。

その間《かん》にあって、中国在勤の日本陸軍武官たちが「一知半開（ママ）之支那論、政治論ニて支那政情ニ干《かん》与《よ》し」、張作霖だ、呉佩孚《ごはいふ》だ、いや孫伝芳だと、軍閥巨頭たちの提携や離反に奔走して得意がる愚を、吉田は奉天から苦々しく眺めていた。「此儘《まま》ニて我武官か支那之復雑（ママ）なる政争之渦中ニ没頭致候得者《そうらえば》、意外之結果生せさるを保し難く」「我政府ハ絶対不干渉を標榜せるも、政治ニ干（ママ）係す可らさる武官か他国之政治ニ狂奔致候ハ奇怪之次第ニて、見《み》逸《の》かすへからさる義と存候得者、斯様なる矛盾ハ絶へす生居《しょうじおり》候得者、前途も懸念ニ不堪《たえず》候」と、言葉も激して、義父たる重臣牧野伸顕に訴えずにはいられなかったのである（以上、大正十五年七月二日付。『吉田茂書翰』六二五頁）。

14

吉田茂は軍人を嫌い、彼らの言動にいつも警戒の目を向けていた。ことに右の牧野宛て書簡のなかにむきになって列挙しているような、在中国の陸軍将校たち、すなわち「支那各地駐在之陸軍官憲、駐屯軍司令官、幕僚、駐在武官及軍事顧問等」（同前）の、国策の大局を離れた独善的な対華政治活動、その秘密主義や行動の粗暴には辟易し、当惑し、そのなりゆきを大いに危惧していた。

だが、それにしては、吉田が奉天総領事在任の末期に、満州における排日運動の昂揚や、張作霖の相変わらずの策動や、中国全土にわたって無限運動をつづけるかのごとき軍閥間の内乱などに対抗して構想し、本国政府に繰り返し上申もした、小さくは満州における「治安維持」のための京奉《けいほう》線《せん》の軍事的利用の禁止、大きくは列強の連携による停戦勧告の強制などを含む対策案は、中国側に対してあまりにも威圧的であり、現地の民族感情を無視、あるいは蔑視した帝国主義的態度そのままではなかったか。それは結局、昭和二年（一九二七）四月から幣原喜重郎にとって代わった田中義一首相兼外相の「積極外交」をも上まわるような強硬策であって、吉田の忌み嫌った関東軍将校たちの思考や行動とやがて軌を一にしてゆくようなものではなかったか。

ジョン・ダワー氏がその著に引く吉田の当時の電文や意見書（未公刊）を読んでゆくと、たしかにそのような疑念が湧いてくる。ダワー氏自身その疑念を強調し、肯定し、関東長官児玉秀雄や関東軍司令官武藤信義など、同じ在満の高官たちからさえ批判され、田中首相兼外相からさえ却下されるような対満・対中強硬意見に固執してゆく吉田のすがたを描いている。そこには満州の現地にあって中国の現状を観察し、かつ清末以来の中国内外の歴史を顧みれば、かく判断し、かく対応する以外にないはずだと信じて猛進する、よくいえば国士風、悪くいえばすでにワンマンの吉田の風貌さえ浮かんでくる。

ここでは最後に、吉田茂の長いチャイナ・サーヴィスからの卒業論文、ないしそのレポートの要旨ともいうべき覚書「対満政策私見」からほんの一節だけを引いて、満四十九歳の外交官吉田茂の内実をうかがうこととしよう。吉田は昭和二年六月二十七日から十一日間、田中外相の招集によって東京で開かれた東方会議に、駐華公使芳沢謙吉や関東長官児玉秀雄らとともに列席し、中国主権尊重のもとに日中の共存共栄をはかるべしとの穏当な意見を述べて、いったん奉天に帰った。だが翌昭和三年一月、奉天からの帰国を命ぜられ、スウェーデン公使に任ぜられるはずだったのが、外務次官出淵《でぶち》勝次の駐米大使転出のことを知って、その後任に入ることを狙い、外務政務次官森恪《かく》の助力を得て田中外相に直訴し、同年七月にこれに成功する。その次官就任がまだ決まらぬころ、三月から四月上旬にかけて書かれたと思われる長文の覚書である。ダワー氏はこれを「日本史のこの時点における「帝国意識」の独創的な表現を意味するもの」と評する。「その分野におけるちょっとした古典の域に迫っている」とも評している（ダワー前掲書、上・一二二、一二三頁）。「古典」である以上、ここでは原文（外交史料館蔵）の表記で、「対満政策私見」の結論の部分だけを引用しておこう。

対満政策の実行方法

対満政策従来の病竇《びょうとう》〔病因〕は、政策の目標を誤れるに非ず。其実行の手段方法の過《あやま》てるなり。満州経営に依《よつ》て以て我国民生活の安定を計らんとする国策の遂行を、国力自体の発動に求めずして、一にこれを空漠なる日支親善に求むるの結果、我上下を挙げて支那側の機嫌取りにのみ汲々たらしめ、遂に自屈に陥て自ら覚らざるに至れるのみならず、事大主義なる支那人をして徒《いたず》らに驕慢ならしめつつあり。固《もと》より支那側の善解好意を求むべきは当然ながら、之《こ》れ国力自体の発動を覚悟しての後なるべきものにして、他国領土に国力の進展を企画するに当り、相手方国官民の好意にのみ訴へて成功せる国際の例あるを知らず。また国力進展を計らんとする国策の遂行に当り、相手方に不評なればとて躊躇逡巡すべきに非ず。英の印度政策はもとより印度人の好感を以て迎ゆるところに非ず。仏人はアルゼリヤに人望なければとて、其国策を放擲せず。米人は中央亜米利加に於て蛇蝎視せられつつあり。何れの土人と雖《いえど》も侵入者を箪食壺漿《たんしよくこしよう》して〔自分たちを救ってくれる義兵として歓迎し、ねぎらって〕、迎ゆるものなかるべきに、独り我は対支対満政策の遂行を期する一面に支那の排日感情を恐る。真に了解に苦しまざるを得ず。対支対満発展を企図する以上、排日は覚悟すべく、況んや支那側の排日運動の恐るべからざるは、既往の事例之《これ》を示すところ、且つ満州に於ては支那側の敢てこれを為しえざる事情にあるの明かなる以上、我国策の遂行に何の遅疑する要あらんや。思ふに張作霖の軍政はやがて各方面に破綻を来すべく、満州の治安及財界の混乱は期して俟つべき所。之が当面の対策は機会あるが毎に先づ天津、山海関、洮南、吉林、臨江、間島の各地に増兵若《も》しくは派兵を断行し、関内の兵乱の満州に波及するを防ぎ、進んで張政府に対し施政改善の要求を致すべきなり。施政改善は曩《さき》に大正十五年四月、帝国政府の名に於て張に対し奉天総領事をして要望せしめたり。……

日本の対満州進出がうまくゆかないでいるのは、その政治目標が間違っているのではなくて、実行の方法を間違い、相手のご機嫌とりばかりして、排日運動の前に躊躇逡巡《ちゆうちよ》したりしているからだ、というところから始まって、なるほど、ダワー氏の評するように「帝国意識」の「古典」的表現といっていいような文章である。中国国民に対する蔑視、偏見も「古典」的に露骨である。近代中国においては、外国からの干渉なしでは内乱が治まったためしはない、満州の張作霖軍政の混乱もいずれは近く破綻を来《きた》すであろうから、要所要所に派兵しておいて同地域に関内（長城以南）の内乱が波及せぬようにしなければならぬ、というところまで、実にあけすけな帝国主義外交の表明というべきであろう。

「固《もと》より支那側の善解好意を求むべきは当然ながら」と一言はことわりながらも、あとはいわゆる外交辞令の偽善をいっさい排している。公表を予期しない覚書として田中外相のもとに提出されたものだとしても、この文字どおり歯に衣をきせぬ主張が吉田の一貫した持ち味、よきにつけ悪しきにつけ、土佐自由民権流の剛刀の名残りの切れ味であったと評する以外にないだろう。酷薄といってよいほどのこの政治的リアリズムは、なるほど先輩幣原喜重郎のスマートさとはあまり肌が合わなかったであろうことを思わせ、むしろ明治の日本帝国建設の指導者たち、陸奥宗光や小村寿太郎のスタイルに近いものを感じさせる。

　右の引用のなかでも、わずか数行の間に二度繰り返して使われる「国力自体の発動」という言葉は、単純に武力だけを意味するのではなく、政治力・経済力・技術力まで含んで用いられるのではあろうが、不気味な迫力を担った語彙にちがいない。そしてその「発動」を覚悟した上でこそ満州経営に当るべきであり、「他国領土に国力の進展を企画するに当り、相手方国官民の好意にのみ訴へて成功せる国際の例あるを知らず。……相手方に不評なればとて躊躇逡巡すべきに非ず」として、インドにおけるイギリス、アルジェリアにおけるフランス、中米におけるアメリカを植民地化強硬策の成功の先例としてあげているのは、今日読むと、まさに真実をついているがゆえに、とくに辛辣にひびいて興味深い。遅れてきた帝国主義国家日本が、中国領の一部を植民地化しようとすることに、吉田ももちろんある種の痛みを感じており、その痛覚をいくらかでも和らげる一法として、ここに英仏米などの、より悪どい先例をあげてみずにはいられなかったのであろう。

15

よく知られた吉田のキャリアをここでこれ以上追う必要も余裕もないが、ここまで見てきてふと思うことの一つは、このような男、このような戦前昭和の外交官に妻として仕えるというのは、さぞかし心労が多くて大変だったろうということである。

吉田茂夫人・雪子（一八八九―一九四一）は、近代日本の外交・政治史上の名門のエリート牧野伸顕（一八六一―一九四九）の長女であった。その伸顕は明治・大正・昭和を一貫して親英米派の外交官、反軍部のリベラル国際派としてのステーツマン、そして元老西園寺公望にもっとも近い宮中の重臣として力を尽しつづけた人である。その上に彼は明治の元勲大久保利通の次男であり、父が明治四年（一八七一）歳末に、私たちに親しい岩倉遣米欧使節団の副使として横浜を出帆したとき、それに同行した青少年留学生約五十名のなかにわずか満十歳の伸顕はすでにその一員として加わっていた。このときの約三年のアメリカ留学が彼の生涯のキャリアの出発点となったのでもあるから、本書のこの最終章の末尾に、大久保の孫、牧野の娘、そして吉田茂の妻としての雪子のことに触れてみるのは、いわば首尾一貫するということにもなるのかもしれない。

雪子は父伸顕が在英の後に在伊の公使館書記官として勤務していたときに、ローマで生まれた。

父と同じ薩摩鹿児島藩士の三島通庸《みちつね》の娘峯子が母であったが、その母と似て美貌の（しかし純日本美人風の母とは違う眼の大きな華やかな雰囲気の）少女であったという。明治四十二年、満十九歳の年に、自分より十一歳年上の土佐系の外交官吉田茂と結婚した。吉田は父牧野の眼鏡にも十分にかなった気骨ある有望の士だったのであろう。結婚後すぐに雪子は夫とともにロンドンに、ついでローマに赴いた。その三年後から、安東に始まる夫のあの長いきつい チャイナ・サーヴィスがつづいたのである。

雪子は自分の父が明治三十年から、二度目のローマに、そしてウィーンに特命全権公使として赴任したときには、母とともに同行して、少くとも五年間はかの地に暮したというから、少女時代から語学もよくでき、欧州文明の古都の生活にも十分に慣れた、吉田茂にはもったいないほどの文字どおりの才色兼備の外交官夫人だった。だが彼女がはじめて短歌を作り、父を介して佐佐木信綱にこれを見て貰って、短歌誌『心の花』に載せたりするようになるのは、茂が田中義一、幣原喜重郎の下で外務次官を勤めあげ、昭和六年（一九三一）イタリア大使として赴任するのに同行してからのことだという。おそらくそれまでは、彼女にとっても、歌ごころを働かせる暇もないほどに緊張の多い多忙な歳月がつづいたのであったろう（カトリックの信者雪子

駐伊大使館書記官時代の吉田茂と雪子夫人（右端）。膝の上に抱かれているのは長女桜子。

はこの二度目のローマ滞在中に、その地でスペイン系のカトリック女子修道会［聖心侍女修道会］のシスターたちと親しく交わり、やがて昭和九年彼女らが日本での上流女子教育の普及を求めて来日すると、この修道会の活動とその根拠地探しに奔走し、熱心に助力した。これが今日につづく東京の清泉女子大学開学の端緒となったのである）。

さて、その雪子が今度はロンドンで、英語の *Whispering Leaves in Grosvenor Square 1936-37*『グロヴナー・スクエアの木の葉のささやき　一九三六—三七年』という、一種の日記体回想記を書いて刊行したのである（Longmans, Green and Co., London, New York, Toronto, 1938）。それは、駐英日本大使夫人として生涯二度目の英都に滞在中のことだった。親日派の元駐日大使、吉田夫妻の最良の友人、フランシス・リンドレーの序文（一九三八年六月六日付）がそえられた、まことに楚々として美しい小さな本である。

一九三六年（昭和十一）の春、アメリカ経由でロンドンのグロヴナー広場の古ぼけた大使公邸に着いたところから始まって、翌年の年末、イングランド南岸の保養地ボーンマスに行ったが、夫は日々の仕事に疲労困憊して車の中で眠りこけ、雪子はその夜、波音を聞くにつけ中国で始まって間もない戦乱（支那事変）の行方を思いやって心を悩ませ、まんじりともできないでいるところで終わる。いわば、平安末鎌倉初めの女流歌人が、にわかに第二次大戦前夜の英京に移され、多忙な上流社交界でのつとめを果たしながらも、祖国と夫の運命のゆくえに胸を痛め、その憂鬱を美しい四季の風景のうつろいに託してささやくように綴った、といったおもむきの歌日記である。

グロヴナー・スクエアとはどんな所だったのか。ロンドン市街の地理に詳しい人ならすぐに指し示すことができるだろうが、あの広大なハイド・パークの東北側から始まって、東にニューボンド街まで真っ直ぐにつづくグロヴナー通りの一ブロックを占める広場《スクエア》である。その公園広場にはゆたかな木立ちがあり、グロヴナー通りにははるか向こうまで立派な並木がつづいていた。日本大使館はその公園のすぐ西側、いまのアメリカ大使館の在るあたりにあったのか、雪子は公館二階の自分のベッドルームの大きな窓から、季節ごとに、朝夕に変わるこの大きな木々の姿を眺めるのが大好きだった。ある秋の夕べには、裸になりかけたそれらの木立ちの向こうから大きな満月が昇るのを見たこともあった。みな彼女の傷みやすい心をなぐさめてくれる眺めだった。

雪子のこの『木の葉のささやき』の、いかにも貴婦人の筆らしい楚々とした英文日記には、ところどころに自分の和歌がローマ字綴りの原作に自分の英訳をそえて載せられているのだが、昭和十一年の秋のことらしいその十月の末の條《くだり》には、つぎのような前文の一節のあとに「グロヴナー・スクエアにて」と題する歌一首が引かれている。

十月の末近くになると、私はスクエアの木々の葉が黄いろになってゆくのに気がつきました。そして木の葉は日に日に散りはじめました。或る日の午後おそく、私の寝室の窓から外を眺めていると、夕日がその落ち葉の上に射し入り、やがて一人の老人がベンチから立ちあがってゆっくりと歩いてゆきました。忠実な犬がそのあとについてゆきました。或る朝私はこの小さな広場に行って、ベンチでひと休みしました。

グロヴナー・スクエアにて

空澄みて
黄金《こがね》に木の葉
散る朝を
憂きこと忘れ
おだやかにをらん
Translation:
Under the limpid sky of morn,
Softly the golden leaves fall,
Alone I would be,
To forget the tearful world
And for a while be one
With this tranquillity.

（原書二一〇頁、新版六三頁。引用者訳）

雪子の和歌は格別にうまいとか、斬新さがあるとか言うものではないだろう。いかにも佐佐木信綱の竹柏会《ちくはくかい》風のおだやかで平明で上品な作風と言うべきものだろう。それでも右の一首に「憂きこと忘れ（この悲しい世を忘れてしばしば）おだやかにをらん」と述べるのは、やはりこのころの大使夫人の心情をよく言いあらわしていた。言うまでもない、日中戦争（日支事変）の勃発を翌年夏に控えた東アジアの日中関係の急速な悪化と、その情勢をめぐって日英関係に射しはじめた暗い影への、少女時代からの英国贔屓《びいき》雪子の不安である。

この年の夏八月の後半には、吉田夫妻は休暇をとってスコットランドに車の旅をし、久しぶりに田舎の緑あふれる風景や人々の暮しのなつかしさに触れて心を安らげてきたが、ロンドンに帰るとすぐに日英協会(Japan Society)の夕食会に初めて出席しなければならなかった。雪子は日英両国の大きな国旗を背に、前駐日大使フランシス・リンドレー卿と宮内卿クローマー卿の二人の協会会長にはさまれて席についた。食事中の会話でなにかのはずみに雪子が「なにしろ日本は貧しいですから」と口をはさむと、クローマー卿はすぐにこう応じた。「それもあなた方が北シナに遠出《とおで》をしては大変な出費をしているからですね。」——雪子はこのときは卿が冗談を言ったのだと思っていた。やがて事変が始まれば、日本の国庫はシナとの戦争に大きな負担を荷なうことになるなどとは、予想もできないでいたからだった(*Whispering Leaves*, 初版二〇頁、新版六三頁)。

日中関係の悪化は大使夫人雪子にこうして胸中の晴れぬ思いをつのらせていったが、それは夫吉田茂にはさらにも鬱屈を強い、それにともなう英国国内の対日輿論の悪化も彼の大使としての使命と努力に反して進み、彼を日に日に苦しめていった。そんなさなかにベルリンから駐独大使館付武官(陸軍少将)大島浩がわざわざロンドンに来訪し、日独防共協定(一九三六年十一月調印)について吉田の了解を得ようと試みたことさえあった(Jan Nilh, p. 39)。吉田はもともと、西園寺—牧野、それに元海軍軍務局長の堀悌吉中将らに連なる条約派(反独・反伊の国際派)の重要な一員であったから、もちろんこの大島の要請を受けいれるはずがなかったが、この一件も彼の帝国陸軍における評価をいっそう危くしていった。

吉田茂は元来自信家で現実派で土佐系の男っぽい男だと言われたが、それに反し妻雪子は音楽も美術も詩歌もよく心得た繊細な藝術家肌の女性であり、茂自身娘（麻生）和子に向かって「ママは天使のような人」とも語っていたそうだから、夫妻ははじめから「琴瑟《きんしつ》相和す」とはいかない二人ではあったらしい。茂はロンドン大使館から自宅の妻に電話するときには、いつも日本語ではなく英語で話していた。それはどうして、と若い書記官加瀬俊一があるとき大使に訊ねると、「日本語でしゃべるとすぐに妻と口喧嘩になってしまう。英語で話すと、私の英語は喧嘩するほどには上手じゃないからね」と吉田流に少々ユーモラスに答えたともいう（Dorothy Britton, p. 28）。

吉田雪子がグロヴナー小公園のベンチに坐って「憂きこと忘れ／おだやかにをらん」とつぶやいたのには、夫との性格的・心理的距離が最近いよいよ大きくなるのを感じ、それをもっぱら自分の心構えのせいにして、多事に苦しむ夫に申しわけないなどと自分を責めたりする日々がつづいていた――それが対中問題よりも実はいっそう重く彼女の心を圧していたからかもしれないのである。

それだからこそ、雪子は一九三七年五月、国王ジョージ六世の戴冠式には、夫茂とともに最高の礼服に身を包み、昭和天皇の名代として来英した秩父宮御夫妻とともにウエストミンスター寺院での式典に参列した。前年（一九三六）十二月のエドワード八世のシンプソン夫人との愛のための退位表明のスピーチは、これを雪子は同月十一日朝、霧にとざされた窓辺の自分のラジオで聴いて驚き、深く心を動かされていた。だが新国王の戴冠式のための秩父宮の来英は、長年の日英親善の絶好の再保証の機会として、吉田大使夫妻は御夫妻の三七年四月のロンドン到着から同年九月のポーツマス港でのお見送りまで、終始最善を尽しておもてなしにつとめた。戴冠式後のバッキンガム宮殿での盛大な晩餐会や舞踏会にももちろん招かれて御一緒に参上した。

その前後にも吉田夫妻は首相になる直前の大蔵卿A・ネヴィル・チェンバレン夫妻や外相ロバート・A・イーデン夫妻と招き招かれして親しく交わり、なかでも美しくて優しいチェンバレン夫人を雪子は「観音さま」と呼んで、何首かの和歌を作って花束とともに彼女に献上したこともあった。イーデン氏は実にスマートな男性だったが、同夫人も若々しい美貌のひとだった。夫妻をグロヴナー・スクエアの公邸での晩餐に招待したときには、雪子みずから一切を取りしきり、踊り子たちに自分のデザインによる衣装をつけた舞踊を「月光ソナタ」にあわせて演じさせる、などという工夫をこらしたこともあった。

駐ソ大使重光葵の来訪の折には、駐英ソ連大使、中国大使夫妻を晩餐に招いて、雪子が中国大使郭泰祺に、自分の七年半の中国生活を語り、あの広大な土地に春がくるときの美しさを讃えたこともあった。あるパーティーで、雪子あこがれの『源氏』の訳者アーサー・ウェイリーに会い、薄茶色のチェックの背広にその赤い水玉模様の蝶ネクタイをつけたすがたが素敵だと思いながらしばし話したが、ウェイリーのほうは雪子を退屈だと思ったのか、やがてよその人のほうに顔を向けてしまった。そんなこともあった。

そのほか、さまざまなイギリス人の友人をその田舎の館に訪ねたこと、病気がちになった妻をいたわるためか、過労の夫を休ませるためか、週末とか休暇になれば茂・雪子の二人でひんぱんに出かけた小旅行のことなど、茂側の記録にはあまりしるされていない二年間の瑣事が、『木の葉のささやき』にはさまざまに盛られている。だが頁を繰っていっていつのまにか胸に残るのは、この美しい人の、懸命に尽くすだけになおいじらしい健気さであり、なにとはない淋しさである。

あちこちに夕日を眺める記事が出てくる。海のかなたに、木立ちのなかに、ホテルの窓に、雪子はことのほか日が沈むのを眺めるのが好きだったようだ。ことに三七年七月七日、盧溝橋事件勃発の後は、彼女の発病・入院などのこともあり、毎朝『タイムズ』の日本関連の記事を読むのさえ胸に痛い日々がつづくこととなる。最後までタフで才気煥発であったキャサリン・サンソム夫人のすがたを思い浮かべるにつけても、対照的に雪子夫人の心労のほどがしのばれて痛々しい。

雪子は夫・茂とともに翌昭和十三年（一九三八）秋に帰国すると、それから三年後の秋に亡くなった。乳癌から転移した喉頭癌だったという。まだ五十二歳だった。ただ救いは、その死が日米開戦のちょうど二カ月前（昭和十六年十月七日）で、雪子が開戦を知らないですんだということだったかもしれない。

＊

オールコックから陸奥宗光、クローデルなどを経てこの吉田茂まで、「外交官の文章」をたどり、読んできてみると、私はそこに刻みこまれた先達たちの、この国の運命とこの国の文化への思いの深さ、強さ、熱さに、またあらためて心うごかされ、感謝と敬愛の念を抱かずにはいられない。

参考文献一覧

第一章

Rutherford Alcock, *The Capital of the Tycoon, A Narrative of a Three Years' Residence in Japan*, 2 vols., London & New York, 1863 (Reprint: Greenwood Press, New York, 1969)
ラザフォード・オールコック（山口光朔訳）『大君の都――幕末日本滞在記』上・中・下、岩波文庫、一九六二（本稿中の引用はこれに手を加えた）
ラザフォード・オールコックの本国外務省宛て「報告書」（dispatches）、東京大学史料編纂所所蔵マイクロフィルム。
渡辺昭夫「文明論と外交論――ラザフォード・オールコックの場合」、『教養学科紀要』11（東大教養学部）、一九七八
増田毅『幕末期の英国人――R・オールコック覚書』有斐閣、一九八〇（ミヒーの『オールコック伝』からの引用はこれによる）
芳賀徹「外交官ジャポニスムの系譜――オールコックの日本発見」、『文化の往還――比較文化のたのしみ』福武書店、一九八九、所載
太田昭子「日本人の見た西洋・西洋人の見た日本――久米邦武とオールコック」、『比較文学研究』40（東京大学比較文学会）、一九八一
太田昭子「R・オールコック『大君の都』」、佐伯彰一・芳賀徹編『外国人による日本論の名著』中公新書、一九八七

Yokoyama Toshio, *Japan in the Victorian Mind 1850-80*, London, Macmillan, 1987
イアン・ニッシュ（宮本盛太郎監訳）『日本の外交政策　1869-1942』ミネルヴァ書房、一九九二
佐野真由子『オールコックの江戸――初代英国公使が見た幕末日本』中公新書、二〇〇三

第二章

栗本鋤雲『匏庵遺稿』裳華書房、一九〇〇
吉野作造他『明治文化全集 第七巻 外国文化篇』日本評論新社、一九五五
塩田良平編『成島柳北・服部撫松・栗本鋤雲集』明治文学全集4、筑摩書房、一九六九
大塚武松編『川勝家文書』日本史籍協会叢書、一九三〇（覆刻版、東京大学出版会、一九七〇）
大塚武松『幕末外交史の研究』宝文館、一九五二
亀井勝一郎『日本人の典型』角川新書、一九五六
遠山茂樹他「座談会　栗本鋤雲――埋れた先覚者」、『世界』一九五七・一〇
石井孝『増訂・明治維新の国際的環境』吉川弘文館、一九六六
柴田三千雄・朝子「幕末におけるフランスの対日政策――「フランス輸出入会社」の設立計画をめぐって」、『史学雑誌』第76編第8号、一九六七・八
芳賀徹「幕臣栗本鋤雲の生涯――日本近代化過程における一知識人の転身」、『日本近代化とその国際的環境』（東京大学教養学部）、一九六五・三
芳賀徹「近代への開発者――蝦夷の日の栗本鋤雲」、『批評』19（番町書房）、一九七〇春
小野寺龍太『栗本鋤雲』ミネルヴァ書房、ミネルヴァ日本評伝選、二〇一〇

第三章

田辺太一『幕末外交談』冨山房、一八九八
田辺太一（坂田精一訳・校注）『幕末外交談』1・2、平凡社東洋文庫69・72、一九六六
福地源一郎『懐往事談』改造文庫、一九四一
福地源一郎（石塚裕道校注）『幕府衰亡論』平凡社東洋文庫84、一九六七
『島崎藤村全集』12、新潮社、一九四九
René Sieffert (ed.): *Le Japon et la France, Images d'une découverte*, Paris, Publications Orientalistes de France, 1974.
井田進也校注『幕末維新パリ見聞記——成島柳北「航西日乗」・栗本鋤雲「暁窓追録」』岩波文庫、二〇〇九

第四章

久米邦武編述『特命全権大使米欧回覧実記』一—五、博聞社、一八七八
久米邦武編述（田中彰校注）『特命全権大使米欧回覧実記』一—五、岩波文庫、一九七七—八二
Kume Kunitake (tr. Martin Collcutt et al), *The Iwakura Embassy 1871-73*, I-V, The Japan Documents & Princeton U. P., 2002a
久米邦武編著（水沢周訳・注）『現代語訳　特命全権大使米欧回覧実記』一—五、総索引、慶應義塾大学出版会、二〇〇五（普及版二〇〇八）
久米美術館『特命全権大使「米欧回覧実記」銅版画集』同館、一九八五
芳賀徹「明治初期一知識人の西洋体験——久米邦武の米欧回覧実記」、『島田謹二教授還暦記念論文集・比較

文学比較文化』弘文堂、一九六一
大久保利謙編『岩倉使節の研究』宗高書房、一九七六
田中彰『岩倉使節団――明治維新のなかの米欧』講談社現代新書、一九七八
マリウス・B・ジャンセン（加藤幹雄訳）『日本――二百年の変貌』岩波書店、一九八二
泉三郎『明治四年のアンバッサドル――岩倉使節団文明開化の旅』日本経済新聞社、一九八四
宮永孝『アメリカの岩倉使節団』ちくまライブラリー、一九九二
泉三郎『「米欧回覧」百二十年の旅――岩倉使節団の足跡を追って・米英編』図書出版社、一九九三
田中彰・高田誠二編著『「米欧回覧実記」の学際的研究』北海道大学図書刊行会、一九九三
西川長夫・松宮秀治編『「米欧回覧実記」を読む――一八七〇年代の世界と日本』法律文化社、一九九五
田中彰『岩倉使節団の歴史的研究』岩波書店、二〇〇二
イアン・ニッシュ編（麻田貞雄他訳）『欧米から見た岩倉使節団』ミネルヴァ書房、二〇〇二
芳賀徹編『岩倉使節団の比較文化史的研究』思文閣出版、二〇〇三
米欧回覧の会編『岩倉使節団の再発見』思文閣出版、二〇〇三
米欧回覧の会編著『小論集岩倉使節団と米欧回覧実記』同会刊、二〇一二
泉三郎『岩倉使節団誇り高き男たちの物語』祥伝社黄金文庫、二〇一二
高田誠二「科学史からみた久米邦武」、『久米美術館研究報告』V、一九九三

第五章

黄遵憲（実藤恵秀・豊田穣訳）『日本雑事詩』平凡社東洋文庫111、一九六八
さねとう けいしゅう編訳『大河内文書――明治日中文化人の交遊』平凡社東洋文庫18、一九六四

島田久美子注『黄遵憲』中国詩人選集二集15、岩波書店、一九六三
張偉雄『文人外交官の明治日本――中国初代駐日公使団の異文化体験』柏書房、一九九九

第六章

林董『後は昔の記』時事新報社、一九一〇
林董（由井正臣校注）『後は昔の記他　林董回顧録』平凡社東洋文庫173、一九七〇
川路柳虹『黒船記〈開国史話〉』法政大学出版局、一九五三
篠丸頼彦『佐倉藩学史』千葉県立佐倉高校、一九六一
外務省編纂『日本外交文書』第三十五巻、日本国際連合協会、一九五七

第七章

陸奥宗光『蹇蹇録』岩波文庫、初版一九三三、改版一九四一、新訂版（中塚明校注）一九八三
陸奥宗光伯七十周年記念会編『陸奥宗光伯――小伝・年譜・付録文集』陸奥宗光伯七十周年記念会、一九六六
Gordon Mark Berger (ed. & tr.), *Kenkenroku, A Diplomatic Record of the Sino-Japanese War, 1894-95*, The Japan Foundation, Princeton U. P. & University of Tokyo Press, 1982
外務省編纂『日本外交文書』第二十七巻第一冊、第二十八巻第二冊、日本国際連合協会、一九五三
萩原延寿責任編集『陸奥宗光』日本の名著35、中公バックス、一九八四
マリウス・B・ジャンセン「陸奥宗光」、A・M・クレイグ／D・H・シャイヴリ編（本山幸彦、金井圓、芳賀徹監訳）『日本の歴史と個性』下、ミネルヴァ書房　一九七四

岡崎久彦『陸奥宗光』上・下、ＰＨＰ研究所、一九八七―八八
中塚明『「蹇蹇録」の世界』みすず書房、一九九二
角田房子『閔妃《ミンビ》暗殺――朝鮮王朝末期の国母』新潮社、一九八八
森山茂徳『近代日韓関係史研究――朝鮮植民地化と国際関係』東京大学出版会、一九八七
Marius B. Jansen, *Japan and China: from War to Peace, 1894-1972*, Rand McNally, 1975
坂野潤治『近代日本の出発』大系日本の歴史13、小学館ライブラリー、一九九三
Lionel Babicz, Le Japon de Meiji et la Corée, *Ebisu*, nº. 4, Maison franco-japonaise de Tokyo, 1994. 2
岡本隆司『李鴻章――東アジアの近代』岩波新書、二〇一一

第八章

ドナルド・キーン「日清戦争と日本文化」、『日本人の美意識』（金関寿夫訳）中公文庫、一九九九／『ドナルド・キーン著作集』第七巻、新潮社、二〇一三
Donald Keene, *Landscapes and Portraits. Appreciations of Japanese Calture*, Kodansha International, 1971.
『福澤諭吉全集』第十五巻（時事新報論集八）岩波書店、一九六一
外務省編纂『日本外交文書』第三十七巻・第三十八巻別冊　日露戦争Ｖ、第三十八巻第一冊、日本国際連合協会、一九六〇、一九五八
外務省編纂『小村外交史』上・下、新聞月鑑社、一九五三
大竹博吉訳『ウイッテ伯回想記・日露戦争と露西亜革命』上・中・下、南北書院、一九三一
吉村昭『ポーツマスの旗――外相・小村寿太郎』新潮社、一九七九
イアン・ニッシュ（宮本盛太郎監訳）『日本の外交政策　1869-1942――霞が関から三宅坂へ』ミネルヴァ書

房、一九九四
岡本俊平「明治日本の対中国態度の一断面――小村寿太郎の場合」、佐藤誠三郎他編『近代日本の対外態度』所収、東京大学出版会、一九七四
Donald Keene, *Landscapes and Portraits, Appreciations of Japanese Culture*, Kodansha International, 1971

第九章

Paul Claudel, *Œuvre poétique*, Bibliothèque de la Pléiade, Gallimard, 1957
Paul Claudel, *Œuvre en prose*, Bibliothèque de la Pléiade, Gallimard, 1965
Paul Claudel, *Journal*, Tome I (1904-1932), Bibliothèque de la Pléiade, Gallimard, 1968
Paul-André Lesort, *Paul Claudel par lui-même*, Ed. du Seuil, 1963
Paul Claudel, *Correspondance diplomatique, Tokyo 1921-1927*, Gallimard, 1995
ポール・クローデル（奈良道子訳）『孤独な帝国　日本の一九二〇年代――ポール・クローデル外交書簡一九二一―二七』草思社、一九九九
Paul Claudel, *La Crise, Amérique 1927-1932, Corespondance diplomatique*, Ed. Métailié, 2009
山内義雄『山内義雄譯詩集』角川文庫、一九五四
渡邊守章「クローデルと日本」、『東西文明圏と文学』講座比較文学6、東京大学出版会、一九七四
渡邊守章『ポール・クローデル　劇的想像力の世界』中央公論社、一九七五
モーリス・パンゲ（竹下信夫他訳）『テクストとしての日本』筑摩書房、一九八七
ポール・クローデル（内藤高訳）『朝日の中の黒い鳥』講談社学術文庫、一九八八
『日仏文化』No.23（ポール・クローデル生誕百年記念特集号）日仏会館、一九六八・三

Paul Claudel, *Correspondance diplomatique, Tokyo 1921–1927*, Gallimard, 1995
ポール・クローデル（奈良道子訳）『孤独な帝国　日本の一九二〇年代』草思社、一九九九（右に挙げた駐日大使クローデルのパリ外務省宛報告書集の訳）
芳賀徹「朝日のなかのクローデル――『百扇帖』から「さらば、日本！」へ」、『詩の国 詩人の国』筑摩書房、一九九七所収
芳賀徹『ひびきあう詩心――俳句とフランスの詩人たち』TBSブリタニカ、二〇〇二
中條忍『ポール・クローデルの日本――〈詩人大使〉が見た大正』法政大学出版局、二〇一八
L'Oiseau Noir, IV（一九八三）、VII（一九九三）、上智大学（日本）クローデル研究会編

第十章

幣原平和財団編『幣原喜重郎』幣原平和財団、一九五五
幣原喜重郎『外交五十年』原書房、一九八四
石射猪太郎『外交官の一生』中公文庫、一九八六
イアン・ニッシュ（宮本盛太郎監訳）『日本の外交政策　1869–1942――霞が関から三宅坂へ』ミネルヴァ書房、一九九四
外務省編纂『日本外交文書』「ワシントン会議　軍備制限問題」、「ワシントン会議　極東問題」、「ワシントン会議　上・下」外務省、一九七四―七八
外務省編纂『日本外交年表竝主要文書』下、原書房、一九六六
酒井哲哉『大正デモクラシー体制の崩壊――内政と外交』東京大学出版会、一九九二

第十一章

キャサリン・サンソム（大久保美春訳）『東京に暮す　一九二八―一九三六』岩波文庫、一九九四

Katharine Sansom, *Sir George Sansom and Japan A Memoir*, Florida, The Diplomatic Press, 1972

牧野陽子「赤裸々の人間賛歌」、「キャサリン・サンソムの東京時代」、平川祐弘編『異文化を生きた人々』叢書比較文学比較文化2　中央公論社、一九九三

Gordon Daniels, Sir George Sansom (1883–1965): Historian and Diplomat, in Sir Hugh Cortazzi and Gordon Daniels ed. *Britain and Japan 1859–1991, Themes and Personalities*, Routledge, 1991

G・B・サンソム（福井利吉郎訳）『日本文化史』改訂版（解説・川上涇）、創元選書、一九七六

G・B・サンソム（金井圓・多田実・芳賀徹・平川祐弘訳）『西欧世界と日本』上・中・下、ちくま学芸文庫、一九九五

矢代幸雄『私の美術遍歴』岩波書店、一九七二

矢代幸雄『世界に於ける日本美術の位置』講談社学術文庫、一九八八

第十二章

Katharine Sansom, *Sir George Sansom and Japan, A Memoir*. The Diplomatic Press, 1972

吉田茂記念事業財団編『人間　吉田茂』中央公論社、一九九一

吉田茂記念事業財団編『吉田茂書翰』中央公論社、一九九四

原田熊雄『西園寺公と政局』第一―八巻、別巻、岩波書店、一九五〇―一九五二、一九五六

外務省編纂『日本外交文書』大正三年第二冊、外務省、一九六五

外務省編纂『日本外交文書』大正十四年第二冊下巻、大正十五年第二冊上巻、外務省、一九八四―八五
ジョン・ダワー（大窪愿二訳）『吉田茂とその時代』上・下、中公文庫、一九九一
イアン・ニッシュ（宮本盛太郎監訳）『日本の外交政策　1869-1942――霞が関から三宅坂へ』ミネルヴァ書房、一九九四
Yuki Yoshida, *Whispering Leaves in Grosvenor Square, 1936-37*, Longmans, Green and Co., 1938（入手困難につき、財団法人吉田茂国際基金〈旧・財団法人吉田茂記念事業財団〉より御提供頂きました）
照沼好文「吉田茂と『雪子歌集』」（前掲『人間吉田茂』所収）
加瀬俊一『吉田茂の遺言』読売新聞社、一九六七
吉田茂『回想十年』4、中公文庫、一九九八

父にておはせし人――「あとがき」に代えて

芳賀　満

本書は『外交フォーラム』（都市出版）の一九九三年一月号から一九九五年九月号まで、二十八回にわたって連載されたものを元とする。父が外務省で講義を行い、その体験を雑誌の編集長で友人の粕谷一希氏に話したところ連載を頼まれたらしい。当初は一年（十二回）程度を予定していたらしいが、興に乗るとそんなことはお構いなしになる父の性格と、編集長が旧制高校以来の知友という気安さもあり、二年半を超えて続くことになったようだ。

連載終了後に単行本化が企画され、数社から依頼があるも、当初は都市出版から刊行されることとなった。ところがいざまとめるとなると時間がかかる。そこで、粕谷氏とも往き来があった筑摩書房の湯原法史氏の手で、二〇〇二年中に出版される予定となった。作業はさらに遅延を重ねたが、『文明としての徳川日本』（筑摩書房、二〇一七年九月刊）と『桃源の水脈――東アジア詩画の比較文化史』（名古屋大学出版会、二〇一九年九月刊）の二冊の刊行を経て、ようやく二〇一九年七月から再開された。その後は初校に隅々まで赤字を入れるなど、仕事は順調に進んでいた。

しかし父は、二〇二〇年正月明けに体調を崩し急遽入院し、加療かなわず二月二十日夜八時四十八分に、胆嚢癌により他界した。私や次男敏、その妻たち、孫たち、徹の妹たちといった多くの家族に見守られ手を握る中で最期の息を引きとる、八十八歳の幸せな大往生であった。実に多くの方々、友人、仕事仲間、家族に囲まれた、豊かで奥行きある濃い薔薇色の幸に溢れた人生であった。

入院中は薬の影響で譫妄状態になる時もあった。家族の皆で心配してベッドを囲んでいると急に眼を開き「なんだ、ここは涅槃か」と言ったのは父得意の冗談であったのか本気であったのか。じゃ我々も死んでいるのかと聞き返したら、「あっ、そうか」と笑う。そのような中でも湯原氏が病室に現れるとたちまちに明晰になり本書の最後の確認作業を行い、終《つい》にこの初夏、刊行された次第である。

常々「人文学は人だ、文章は人だ」と話していた父である。最後まで気にかけ、歿後最初の著作となる本書の末尾を借りて、その人となりを紹介することに意味もあろう。

芳賀徹は一九三一年五月九日に山形市で生まれた。父親の芳賀幸四郎は頑固な山形の親父で、日本史の研究者・教育者、そして息子徹が自慢の良き父であり、母洋子も強い東北の女で教育者、良き母であった。その両親のもと、メンゴイ妹たちと共に、昭和の大変な時代ではあったが、山形で多くの人々と豊かな自然に囲まれた少年時代を過ごした。それは父の「桃源郷」となった。斎藤茂吉の母や宮沢賢治の妹を論じるときにその念頭にあったのは自分の母と妹への思いであったと思う。

終戦のあと東京に戻り四修で一高に入学、その後一九五三年に東京大学教養学部教養学科フランス分科を卒業する。一九五五年にフランスに留学するが、その前に日仏学院で生涯最愛の女性知子に出会う。妻知子は、家族は勿論、生涯徹の研究を支えたパートナーで徹の美と創作の源であった。

同時に、父は少年・青年の頃から人生の最期に至るまで、多くの友人に恵まれた。大学関係だけでも、平川祐弘氏、高階秀爾氏、川西進氏、本間長世氏などの名前がすぐに思い浮かぶ。父は人が大好きで、人に好かれた男であった。

研究に於いては、島田謹二、竹山道雄、富士川英郎、前田陽一などの尊敬する先生方に導かれ、「若く美しい学問」、「悦ばしき学問」である比較文学比較文化、特に日本近代の比較文化史研究において芳潤で多彩な業績を残したのではないかと思う。江戸日本を文学と美術の視点で世界の中において捉え、その豊かな「秋津島」に「徳川の平和」(Pax Tokugawana)を見出した。さらにそれがあったからこその明治・大正・昭和の文化と歴史の研究である。蕪村を中心とした詩歌の研究も心から楽しみ、しかも日本にとどまらず古今東西の文藝を自在に往還した。その学風は明るく自由闊達で春風駘蕩たるものであった。研究者でありながら詩と絵を愛した詩人で、研究論文でありながら艶やかに朗々と響くその文章は言語による藝術である。

研究は、『大君の使節――幕末日本人の西欧体験』(中公新書、一九六八)に始まり、『明治維新と日本人』(文藝春秋、一九六九)、『渡辺崋山――優しい旅びと』(淡交社、一九七四)、『みだれ髪の系譜』(美術公論社、一九八一)、『平賀源内』(朝日新聞社、一九八一)、『絵画の領分――近代日本比較文化史研究』(朝日新聞社、一九八四)、『與謝蕪村の小さな世界』(中央公論社、一九八六)、『文化の往還――比較文化のたのしみ』(福武書店、一九八九)、『きのふの空』(中央公論美術出版、一九九二)、『絵の中の東京』(岩波書店、一九九三)、『詩の国 詩人の国』(筑摩書房、一九九七)、『ひびきあう詩心――俳句とフランスの詩人たち』(TBSブリタニカ、二〇〇二)、『詩歌の森へ――日本詩へのいざない』(中公新書、二〇〇二)、『岩倉使節団の比較文化史的研究』(編著、思文閣、二〇〇三)、『藝術の国日本――画文交響』（角川学芸出版、二〇一〇）、そして冒頭に挙げた二冊などの多くの著作や論文や随筆に結実した。

最初の著作『大君の使節――幕末日本人の西欧体験』が明治日本の最初の外交の文章であった『特命全権大使米欧回覧実記』を発見し論じたものであることを考えると、本書『外交官の文章』はその輪をゆるやかに閉じるものであり、また同時に新たな境地を拓いたものでもあろう。いわゆる詩文でない硬派の文章にも美を見出すのも父の流儀であり、新井白石、杉田玄白、上田秋成、夏目漱石、幸田露伴、さらには久米邦武、そして外交官の散文にも詩と歴史を見出した。まだ人が発見していない宝をザックザックと見つけ「エクスプリカシオン・ド・テクスト」と書斎で読み解き喜ぶ父の姿を思い出す。比較文学比較文化はそのような宝が満載の学問だと常々言っていた。

職歴は、最初から順風満帆だったわけではない。国会図書館の司書だった妻がながらく家計を支えていた。父に定職はなく、そのストレスゆえかしばしば十二指腸潰瘍でアルバイト先の教壇で倒れたと聞く。しかし幸いなことに一九六三年に東京大学教養学部の講師に就く。その後は、六五年助教授、七五年教授、九二年名誉教授（文学博士）と履歴を重ねた。他に、一九六五―六七年にはプリンストン大学東アジア研究科客員研究員、一九七五―七六年にはワシントンのウッドロー・ウィルソン国際研究センター所員を務めた。一九九一年から国際日本文化研究センター教授（一九九七年、同名誉教授）、一九九八年から二〇一一年は岡崎市美術博物館長、一九九九年から京都造形芸術大学学長（二〇〇七年、同名誉学長）、二〇一〇年から静岡県立美術館館長（二〇一七年、同名誉館長）、二〇一八年から日本藝術院会員等々の場を得た。そこで研究を重ね働き、多くの同僚とそして芳賀徹自慢の日本、韓国、中国、米欧からの光彩陸離たる優秀な多くの学生に囲まれ大変に楽しそうであった。気が強く皮肉もよく言う人でいろいろあったとも思うが、良い先生であったかと思う。

芳賀徹との宴会も楽しかったものである。酒を飲み煙草を喫みつつ、そこにいる皆を徳川や日本やフランスや桃源などの物語に巻き込んでさんざめく宴。和気藹々に談論風発を楽しむ明るい社交性。「愉快！ 愉快！」が口癖であった。日本の風土が心から好きで、そのまま中国と韓国とアジアも好きであった。陶淵明から金素雲氏などの中国、韓国の先生を敬愛し、アジアの学生を愛していた。フランス、イタリア、スペインなどの西洋の文学と文化と人々と友をも愛し、その古今の東と西の対照と往還とのなかで、双方の文明への理解と思慕がより練られ深まった。大らかで朗らかな人で、その学問は東西に広く且つ濃密であった。

かくしてその交友網は世界に広がり、日本を正しく世界の中において捉え、その日本を世界に示すことができる知的エリートとしての「文化外交官」でもあった。息子としてはその一端でも引き継ぎたいものである。

この一文を書くにあたり、「親が書いていることを、息子は実践しているんだよなあ」と父が言っていたことを、湯原氏から教えられた。私は知らないことだったが、あらためてうれしく思う。

私は明らかに父の強い影響で「永遠的客体」としての人間に惹かれ、東西の文化の往還に興味を持った。ゆえに古代ユーラシア大陸をフィールドとする東西文化交流史を専門とする。しかし一方で、比較と交流は峻別すべきであると考えた。父の学問が比較文学比較文化であるとき、私は文字資料と共に、不動産の遺構や動産の遺物（大半が日常雑器であり、主に常民を対象とするのが父への反発である）といった物的な第一次資料に依拠する、より実証的な歴史考古学をその方法論とした（但し美術の「領分」をも対象にしたのはやはり父の影響でもあり、小さな発見を文明間の交流の証拠とする考古学の方法も思えば父の学風に通ずる）。かくしてアフガニスタンとウズベキスタンの国境を成すアム河の右岸に位置するギリシア・クシャン系のシルクロード都市を発掘現場とした。文化の比較の研究は貴族が書斎で椅子に座って頭でやることならば、文化の交流の研究は騎士が大地に立って肉体でやることだ、などといった青くさい意気込んだ手紙を発掘現場から父に送ったこともある。

紀元前四世紀頃から紀元後六世紀頃までの中央ユーラシアでのギリシア・ローマ美術と東方美術の交流、特にギリシア・ローマの神々のガンダーラ仏教美術の中への変容と融合の研究は面白い。従来のヘレニズムの概念においては、西洋の学者は西洋の視座から、ギリシア文明のその外への「伝播」を強調する。しかしそこに東方の「吸引」の力を強く認めるべきであると私は考える。西洋の学者は謂わば「西高東低」、高い西から低い東へと水が流れるように西の文化が伝播したと見るが、そうではなくて東は西を十全に理解した上で西を自主的に選択的に吸引しているのである。例えば涅槃図のヘラクレス、酒宴場面や接吻場面等のディオニュソスとアリアドネ、あるいは出家踰城図のテュケーなど多くの事例がある。仏が権《かり》にヘラクレスの姿として現われた権現とも謂える事例もあると考えている。このような吸引の最も強力な磁場として仏教美術があり、そこでは西の神々はその物語や権能を知悉した東によって吸引され解釈され「翻訳」され、異文明に由来する奥深い背景を背負いつつ、その現場に合わせて更に一段高く鮮烈に変容させられ東に受容されているのである。

これはまさに父が特に詳らかに鮮やかに解き明かした諸文明間の文化現象である。芳賀徹はたとえば十九世紀末のフランス詩人シャルル・ゲランの詩の、永井荷風による『珊瑚集』の中の訳詩「暮方の食事」を題材にして、訳詩あるいは「翻訳」を研究する意義を以下のように述べる。

すぐれた訳詩とは、異国文化と日本詩歌の伝統との直接遭遇の現場にほかならず、両者の対決と交流のなかから思いもかけぬ混血の美が輝きでるからである。混血作品は日本人の詩的感受性を新しい方向にひろげ、豊かにしたばかりでなく、原詩をひきたて、海のこちらによみがえらせる。

(『詩歌の森へ』中公新書、六三―六四頁)

例えば『ぎやどぺかどる』や上田敏の『海潮音』である。『旧約聖書』の明治二十年の訳書もそうであろう。他にも多くの事例を父は明らかにした。『詩経』や『万葉集』から斎藤茂吉や中村草田男へ。『論語』から『徒然草』へ。陶淵明からの水脈に連なる、金素雲訳『朝鮮詩集』の中の金尚鎔「南に窓を」。白楽天の『文集』から『枕草子』、『風雅和歌集』へ。唐の羅鄴《らぎょう》から種田山頭火へ。「瀟湘八景」から「近江八景」、はては春信の「座敷八景」へ。デューラーの銅版画『騎士と死と悪魔』から中村草田男の連作へ。ゲーテの「ミニョンの歌」は森鷗外の『於母影』へ。ボードレールの『悪の華』から永井荷風の『珊瑚集』へ。ゴッホの『星月夜』の糸杉から斎藤茂吉や宮沢賢治の歌へ。はた、インドからポルトガルへ贈られた犀を描いたデューラーから谷文晁の絵筆へと「彷徨える犀」等々。さながら天衣無縫、縦横無尽に人々の眼前に次々に道を拓いてみせる善知識であった。

父という山の中を息子は彷徨い歩くのであろう。その山は夏山蒼翠でもあるが、むしろ春山淡冶かと思う。決して真面目一方で冷たい秋山や冬山ではない。老成することない博学のディレッタント、生涯如笑の紅顔の美青年であったから。いずれにせよ父は京を囲む山々のように近く親しくまた仰ぎ見る存在であった。私も祖父や父と同様に「一山《いっさん》行《ゆき》盡《つくせば》一山《いっさん》青《あおし》」（羅鄴）と、これからもその路を行くのだろうか。

この正月、父に死んだらどうなると思うと問うたところ、「なぁに、そこら辺にいるんだろう」とのことであった。実際そうかもしれないし、思い出や本書など多くの文章の中からいつまでも饒舌に話しかけてくる。父は蕪村の辞世の句「しら梅に明くる夜ばかりとなりにけり」が大好きであった。「これをよむと死ぬのがこわくなくなるね」と言っていたのを思い起こす。これからもそのあたりにいるとは、夜のほどろのなかにひろがる白い香気と純白の微光のごとくにあたりを包んでいることなのだろう。本当に父は「めでたき生涯をとげたまひけり」（几董《きとう》『夜半翁終焉記《やはんおうしゅうえんき》』）

父が病床で天井を見上げ、「これが晩年か」とつぶやいた時には、「あかあかと一本の道とほりたりたまきはる我が命なりけり」（斎藤茂吉）との思いだったのかもしれない。人は生涯にどれほどの道を歩くものだろうか、とはじまる文の終わりに父は以下のように述べる。

私の最後のほんとうのねがいは、徳川の小径の詩人蕪村がいうように——

花いばら故郷の路に似たる哉

路たえて香にせまり咲くいばらかな

と、野いばらのむせ返るような初夏の香りのなかを、遠い少年の日へと丘のべの小道をひとりたどり返すことなのであろう。

（「道の詩史」、『詩の国 詩人の国』所収、筑摩書房、一九五—一九六頁）

その小道を辿り、父は今頃かの桃源の地に着き、そこで父母や妻知子、懐かしい祖父母や親戚、友人たちと再会し得意げに語り葡萄酒を飲んで微笑んでいることであろう。我々もいつかそこに行くのかもしれないが、今は父が今生多くの方々から戴いたご縁とご厚意に篤く御礼申し上げる。本稿の題は、父もよく言及した『折たく柴の記』の新井白石が父親の晩年を語る箇所から採った。分不相応かとは思うが、敬慕の思い、あるいは夕けぶりにむせぶもうれしい気持ちは同じである。

以上、書肆の求めに応じ、いささかの思い出を記して責を果たす次第である。

人名索引

【か行】

【さ行】

【た行】

【な行】

【は行】

【ま行】

【や行】

芳賀徹（はが・とおる）
一九三一―二〇二〇年。東京大学教養学部教養学科卒、同大学大学院人文科学研究科比較文学比較文化専攻博士課程修了。文学博士（東京大学）。東京大学教養学部教授、プリンストン大学客員研究員、国際日本文化研究センター教授、京都造形芸術大学学長、岡崎市美術博物館、静岡県立美術館の館長などを経て、東京大学名誉教授、国際日本文化研究センター名誉教授、日本藝術院会員。
主な著書に『大君の使節』、『渡辺崋山――優しい旅びと』、『明治維新と日本人』、『みだれ髪の系譜』、『平賀源内』（サントリー学芸賞）、『絵画の領分――近代日本比較文化史研究』（大佛次郎賞）、『與謝蕪村の小さな世界』、『詩の国 詩人の国』、『詩歌の森へ――日本詩へのいざない』、『藝術の国日本――画文交響』（蓮如賞）、『文明としての徳川日本　一六〇三―一八五三年』（恩賜賞・日本芸術院賞）、『桃源の水脈――東アジア詩画の比較文化史』などがある。

外交官《がいこうかん》の文章《ぶんしょう》
――もう一《ひと》つの近代《きんだい》日本《にほん》比較《ひかく》文化《ぶんか》史《し》

二〇二〇年六月二五日　初版第一刷発行
二〇二一年四月　十　日　初版第二刷発行

著　者　芳賀《はが》　徹《とおる》
発行者　喜入冬子
発行所　株式会社　筑摩書房
東京都台東区蔵前二―五―三　郵便番号一一一―八七五五
電話番号　〇三―五六八七―二六〇一（代表）
装幀者　間村俊一
印　刷　株式会社精興社
製　本　牧製本印刷株式会社

ISBN978-4-480-86119-1　C0021

◉筑摩書房の本◉

神聖天皇のゆくえ
近代日本社会の基軸

島薗進

なぜ天皇はかくも大きな存在になったのか。宗教学の大家が、近代日本において天皇崇敬が促された経緯を辿り、神聖天皇が社会に浸透していく過程を読み解く。

法学の誕生
近代日本にとって「法」とは何であったか

内田貴

日本の近代化の鍵は「法」にあった。西洋の法や法学という、きわめて異質な思考様式を受容し、「この国のかたち」を築き上げた、明治の先人たちの知的苦闘を描く。

政治学は何を考えてきたか

佐々木毅

グローバリズムによる「市場」は利益政治を解体し、一国民主主義は〈帝国〉に翻弄されている。経済発展から民主化へというリベラル・プロジェクトは生き残れるか。

◉筑摩書房の本◉

〈筑摩選書〉
文明としての徳川日本
一六〇三―一八五三年
✿第七四回恩賜賞・日本芸術院賞〈評論・翻訳〉受賞
芳賀徹

「徳川の平和」はどのような文化的達成を成し遂げたのか。琳派から本草学、蕪村、芭蕉を経て白石や玄白、源内、崋山まで、比較文化史の第一人者が縦横に物語る。

〈筑摩選書〉
徳川の幕末
人材と政局
松浦玲

幕末維新の政局中、徳川幕府は常に大きな存在であった。それぞれの幕臣たちが、歴史のどの場面で、どのような役割を果たしたのか。綿密な考証に基づいて描く。

〈筑摩選書〉
宣教師ザビエルと被差別民
沖浦和光

ザビエルの日本およびアジア各地での布教活動の跡をたどりながら、キリシタン渡来が被差別民にもたらしたものが何だったのかを解明する。
解説　川上隆志